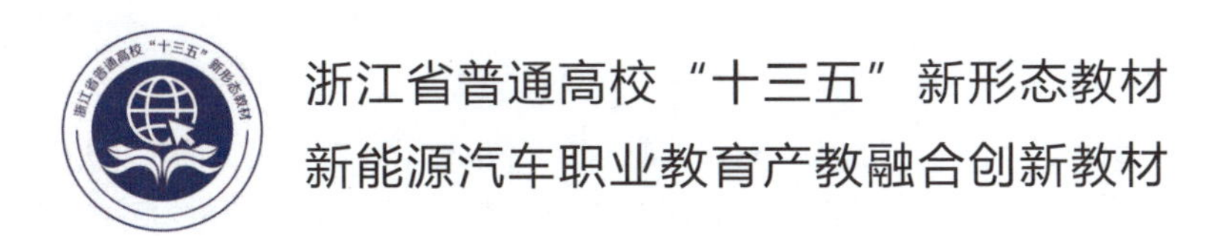

纯电动/混合动力汽车结构原理与检修

（配实训工单）

◎ 主　编　金希计　吴荣辉
◎ 副主编　王　颖　刘存山　刘晓宇

本书是2020年浙江省普通高校“十三五”新形态教材建设项目，以目前保有量很大的纯电动汽车与混合动力汽车车型为例，全面、系统地介绍纯电动汽车与混合动力汽车的知识和技能，包括纯电动 / 混合动力汽车的类型、运行模式与结构特征，纯电动 / 混合动力汽车使用及充电，纯电动 / 混合动力汽车的动力电池及管理系统检修，驱动电机及控制器检修、充电及辅助系统检修。

本书通俗易懂，图文并茂，形式生动活泼，有利于激发学生的学习兴趣。本书配套丰富的教学资源，可以通过二维码扫描观看视频，并配套有教学 PPT、实训工单等资源供参考和实际应用。

本书适合于职业院校新能源汽车专业学生使用，也适用其他汽车专业方向的学生学习及汽车维修技术人员参考。

图书在版编目（CIP）数据

纯电动 / 混合动力汽车结构原理与检修：配实训工单/金希计，吴荣辉主编. —北京：机械工业出版社，2022.2（2025.1重印）
新能源汽车职业教育产教融合创新教材
ISBN 978-7-111-58759-0

Ⅰ. ①纯… Ⅱ. ①金… ②吴… Ⅲ. ①电动汽车-构造-高等职业教育-教材 ②电动汽车-车辆检修-高等职业教育-教材 ③混合动力汽车-构造-高等职业教育-教材 ④混合动力汽车-车辆检修-高等职业教育-教材 Ⅳ. ① U469.7

中国版本图书馆CIP数据核字（2022）第017121号

机械工业出版社（北京市百万庄大街22号 邮政编码100037）
策划编辑：齐福江 责任编辑：齐福江
责任校对：陈 越 王明欣 封面设计：张 静
责任印制：刘 媛
涿州市般润文化传播有限公司印刷

2025年1月第1版第5次印刷
184mm × 260mm · 13.25印张 · 341千字
标准书号：ISBN 978-7-111-58759-0
定价：59.90元

电话服务
客服电话：010-88361066
010-88379833
010-68326294
封底无防伪标均为盗版

网络服务
机 工 官 网：www.cmpbook.com
机 工 官 博：weibo.com/cmp1952
金 书 网：www.golden-book.com
机工教育服务网：www.cmpedu.com

前言

汽车产业快速发展带来的交通拥堵、能源危机和环境污染是限制汽车发展的主要瓶颈，因此，新能源汽车产业是国家重点发展和大力扶持的产业。近年来，新能源汽车行业得到了飞速发展，由此带来的汽车后市场将需要大量新能源汽车销售、维修及其他各方面的人才，因此目前全国大多数的职业院校开设了新能源汽车专业或新能源汽车相关课程，以满足行业对人才的需求。

根据工信部发布的《新能源汽车生产企业及产品准入管理规定》对新能源汽车的定义：新能源汽车是指采用新型动力系统，完全或者主要依靠新型能源驱动的汽车，包括插电式混合动力（含增程式）汽车、纯电动汽车和燃料电池汽车等。根据目前的市场状况，纯电动汽车与混合动力汽车是新能源汽车的主流类型。为满足职业教育及汽车维修行业的迫切需求，满足职业院校新能源汽车相关课程对教材的需求，我们组织新能源汽车一线培训专家、维修技师及职业院校资深教师编写了这本《纯电动/混合动力汽车结构原理与检修》。同时，本书由职业教育专家对整体的结构进行全面把控，使内容符合职业教育的特点，按照项目与任务的结构进行编写，更方便教学组合。本书中涉及的纯电动汽车与混合动力汽车品牌车型以北汽新能源、上汽荣威、比亚迪汽车、吉利帝豪、丰田混合动力等市场主流车型为主，综合主流新能源汽车厂家的共性和差异，解决职业院校实训设备车型配置差异的问题。

本书共分为五个项目。项目一介绍纯电动/混合动力汽车总体认识，内容为纯电动汽车类型、运行模式与结构特征识别，混合动力汽车类型、运行模式与结构特征识别；项目二介绍纯电动/混合动力汽车使用及充电，内容为纯电动/混合动力汽车起动及操控，纯电动/混合动力汽车充电操作；项目三介绍纯电动/混合动力汽车动力电池及管理系统检修，内容为动力电池结构原理与检修，动力电池管理系统结构原理与检修；项目四介绍纯电动/混合动力汽车驱动电机及控制器检修，内容为驱动电机结构原理与检修，驱动电机控制器结构原理与检修；项目五介绍纯电动/混合动力汽车充电及辅助系统检修，内容为充电系统结构原理与检修，辅助系统结构原理与检修。

本书通俗易懂，图文并茂，形式生动活泼，有利于激发学生的学习兴趣。本书配套丰富的教学资源，可以通过二维码扫描观看视频，并配套有教学 PPT、实训工单等资源供参考和实际应用。

本书适合于职业院校新能源汽车专业学生使用，也适用其他汽车专业方向的学生学习及汽车维修技术人员阅读参考。

本书由台州职业技术学院金希计、汽车行业专家吴荣辉任主编，台州职业技术学院王颖、东莞职业技术学院刘存山、内蒙古农业大学职业技术学院刘晓宇任副主编，参加编写人员有笛威汽车科技有限公司张能和丁建方、重庆经贸职业技术学院金朝昆、上海思博职业技术学院李颖。

限于编者的水平，书中难免存在不当之处，敬请广大读者批评指正。本书在编写过程中，参考了大量国内外相关著作、汽车厂家的培训课件及其他文献资料，在此一并向有关作者及汽车厂家表示最真诚的感谢！

编　者

二维码目录

目 录

Contents

项目一
纯电动 / 混合动力汽车概述

本项目介绍纯电动 / 混合动力汽车概述，分为两个工作任务，分别为：任务一纯电动汽车类型、运行模式与结构特征识别；任务二混合动力汽车类型、运行模式与结构特征识别。通过两个工作任务的学习，你能够掌握纯电动汽车、混合动力汽车的类型、运行模式与结构特征，能够识别纯电动汽车与混合动力汽车的类型，以及与传统汽车的区别。

任务一 纯电动汽车类型、运行模式与结构特征识别

情境导入

情境描述

作为汽车行业从业人员，你需要为一位客户介绍吉利帝豪纯电动汽车与传统燃油汽车相比的优势，你能正确介绍吗?

情境提示

纯电动汽车不再有传统的内燃机，能源由动力电池提供，因此其类型、结构特征以及运行模式，都与传统汽车不一样。

学习目标

知识目标

1. 能描述新能源汽车的类型。
2. 能描述纯电动汽车的类型。
3. 能描述纯电动汽车的工作过程与运行模式。
4. 能描述纯电动汽车的结构特征。

技能目标

1. 能识别纯电动汽车的类型。
2. 能识别纯电动汽车的结构。
3. 能进行纯电动汽车维修开关拆卸与安装。

一 基本知识

1. 新能源汽车的类型

根据动力系统获取能源的方式，汽车可以分为以下类型（图 1-1-1）。

类型一　燃油汽车：通过传统内燃机驱动的汽车，全部的动力能源都来自内燃机输出。采用的燃料是汽油或柴油。

类型二　替代燃料汽车：在内燃机基础上研发以替代燃料技术为主的替代燃料汽车，如燃气类汽车、醇类汽车、氢气汽车等。

类型三　电动汽车：以电力驱动技术为主的电动汽车。电动汽车从动力结构的角度可以分为纯电动汽车、混合动力汽车，同时也包括燃料电池汽车及其他类型的电动汽车，如太阳能汽车和超级电容汽车等。对于将燃料电池汽车、太阳能汽车和超级电容汽车归类到电动汽车类型中，主要原因在于此类汽车的能源最终都是转换成电力形式，通过电机驱动车辆的。

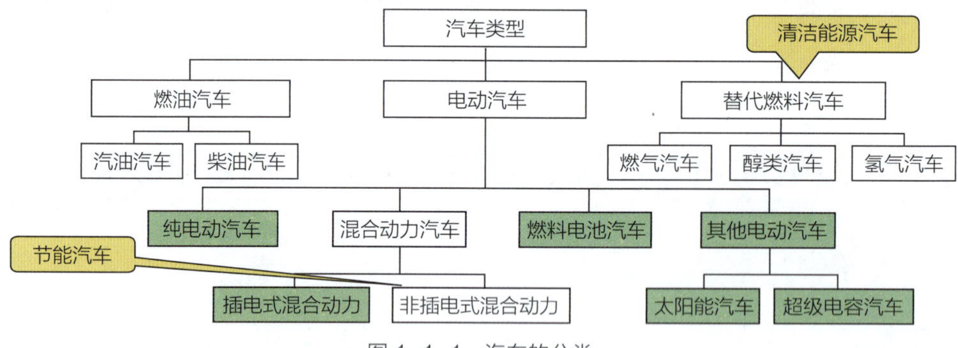

图 1-1-1　汽车的分类

根据国家对新能源汽车的定义，只有纯电动汽车（包括太阳能汽车、超级电容汽车）、插电式混合动力（包括增程式）汽车和燃料电池汽车才属于新能源汽车，其他类型则属于节能汽车、清洁能源汽车的范畴。

根据目前市场的实际情况，大部分新能源汽车属于纯电动汽车或油、电类型混合动力汽车，因此以下的内容在没有特别说明的情况下，所述的新能源汽车即为上述两种类型。

2. 纯电动汽车的类型

纯电动汽车（Battery Electric Vehicle，简称 BEV 或 EV），指全部采用电力驱动的汽车，由动力电池提供电能，利用驱动电机来驱动车辆。图 1-1-2 是帝豪 EV450 纯电动汽车前机舱图片及主要动力参数，与传统燃油车辆有明显的区别。

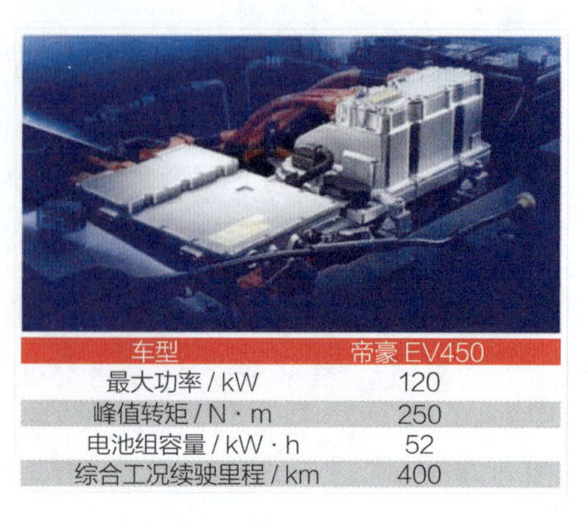

车型	帝豪 EV450
最大功率 / kW	120
峰值转矩 / N · m	250
电池组容量 / kW · h	52
综合工况续驶里程 / km	400

图 1-1-2　纯电动汽车前机舱及主要动力参数

目前市场上有多种类型的纯电动汽车，下面根据纯电动汽车的动力源和动力布置方式进行分类。

（1）根据纯电动汽车的动力源分类

纯电动汽车的动力传输目前有单一车载动力电池和辅助动力源两种类型。

1）用单一车载动力电池作为动力源的纯电动汽车

该类型纯电动汽车只装置了动力电池作为动力源，其动力传输系统如图 1–1–3 所示。

图 1–1–3　单一动力源的纯电动汽车动力传输路径

2）装有辅助动力源的纯电动汽车

用单一动力电池作为动力源的纯电动汽车，会存在电池的效率较低，电池组的质量和体积较大等缺点。因此，在某些纯电动汽车上增加辅助动力源，如超级电容器、惯性储能飞轮或太阳能等，由此改善纯电动汽车续驶里程。装有辅助动力源的纯电动汽车动力传输系统如图 1–1–4 所示。

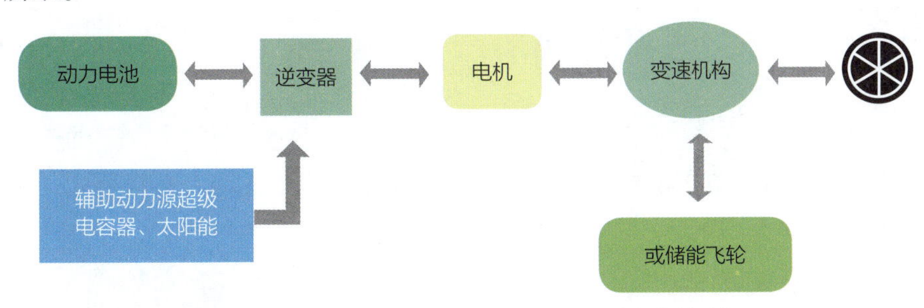

图 1–1–4　装有辅助动力源的纯电动汽车动力传输路径

目前市场上的纯电动车辆主要采用的是单一动力电池的方式，例如典型的北汽新能源纯电动汽车系列、比亚迪 e5/e6、荣威 e50、吉利帝豪 EV300/EV450 等车型。

（2）根据纯电动汽车的动力布置形式分类

纯电动汽车根据驱动电机与驱动车轴之间的连接关系，主要有以下 3 种布置形式。

1）替代内燃机布置

如图 1–1–5 所示，替代内燃机布置形式只是将内燃机换成电机，仍然保留了离合器、变速器和驱动桥部分。这种布置可以提高纯电动汽车的起动转矩，增加低速时的后备功率。

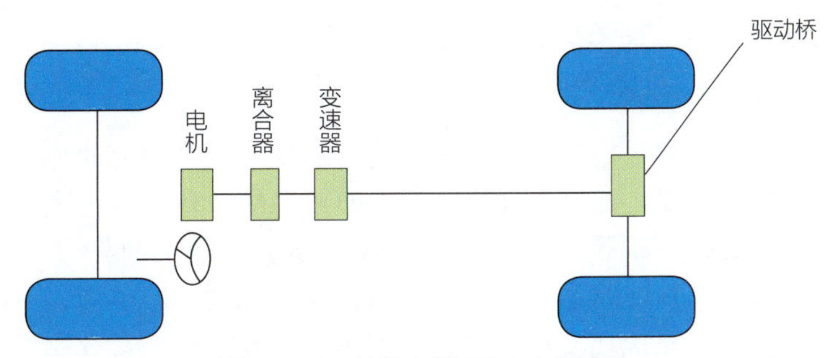

图 1–1–5　替代内燃机动力布置形式

2）电机齿轮机构集成布置

如图 1–1–6 所示，电机齿轮机构集成布置形式取消了离合器和变速器，但保留减速差速机构，由 1 台电机驱动两车轮旋转，可以是前驱，也可以是后驱。它的优点是可以继续沿用当前内燃机汽车中的动力传动装置，只需要一组电机和逆变器。这种方式对电机的要求较高，不仅要求电机具有较高的起动转矩，而且要求具有较大的后备功率，以保证纯电动汽车的起动、爬坡、加速超车等动力性。

3）轮毂电机布置

如图 1–1–7 所示，轮毂电机布置形式是将电机直接装到驱动轴上，直接由电机实现变速和差速转换。这种传动方式同样对电机有较高的要求，要求有大的起动转矩和后备功率，同时不仅要求控制系统有较高的控制精度，而且要具备良好的可靠性，从而保证纯电动汽车行驶的安全、平稳。

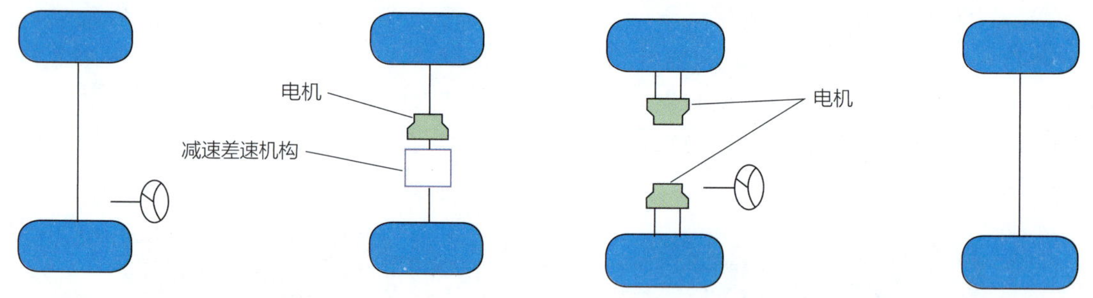

图 1-1-6　电机齿轮机构集成动力布置形式

图 1-1-7　轮毂电机动力布置形式

目前，市场上的纯电动汽车主要采用的是电机齿轮机构集成动力布置形式，其驱动系统结构如图 1–1–8 所示。

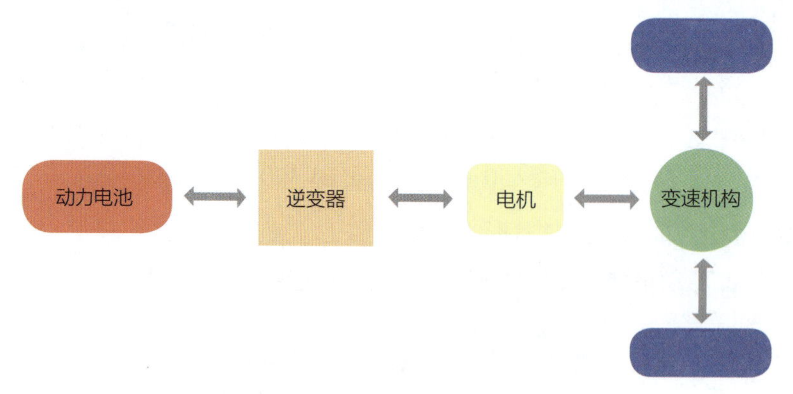

图 1-1-8　纯电动汽车典型驱动形式

3. 纯电动汽车的工作过程与运行模式

（1）纯电动汽车的工作过程

传统汽车驱动车辆是依靠内燃机做功，通过变速器调节输出动力的传动比与方向，再通过传动轴和车轮实现驱动车辆。而纯电动汽车用电驱动系统替代了传统汽车的内燃机和变速器，依靠动力电池、逆变器和带驱动电机的变速驱动单元实现车辆的驱动。

纯电动汽车能够实现在不同路况环境下，快速反应并顺利驱动车辆，不仅是依靠几个驱动部件来完成的，整个驱动系统还需要一套完善的控制模块，即整车控制器（VCU）、驱动电机控制器（MCU，与逆变器集成一体）和动力电池管理系统（BMS），这三个控制器是纯电动汽车的核心技术，对整车的动力性、经济性、可靠性和安全性等有着重要影响。

纯电动汽车的主控模块是整车控制器 VCU。纯电动汽车运行时，VCU 读取换档信息（PRND）及制动开关信号，根据加速踏板的位置信号，发送给逆变器控制电机功率、运转方向的输出。VCU 不间断利用各个传感器采集车辆状态，计算并输出期望的转矩。

如图 1-1-9 所示，当驾驶人踩下加速踏板时，整车控制器 VCU 控制动力电池输出电能，然后通过控制逆变器驱动电机运转，电机输出的转矩经齿轮机构带动车轮前进或后退。

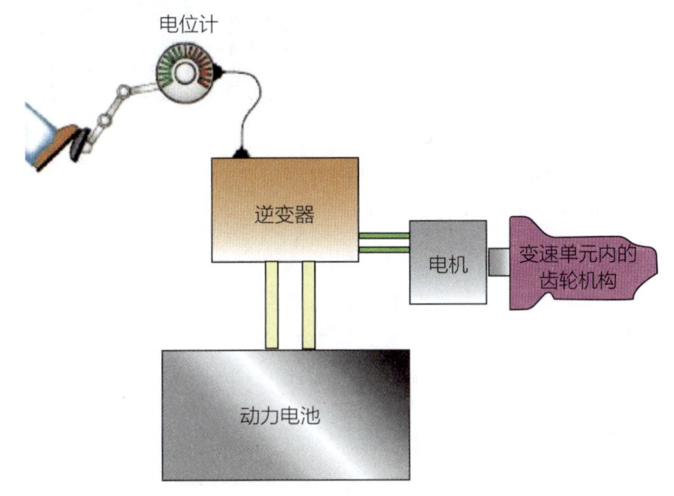

图 1-1-9　纯电动汽车基本驱动系统结构示意图

如图 1-1-10 所示，纯电动汽车运行过程中的能量流动主要有以下两个路径：

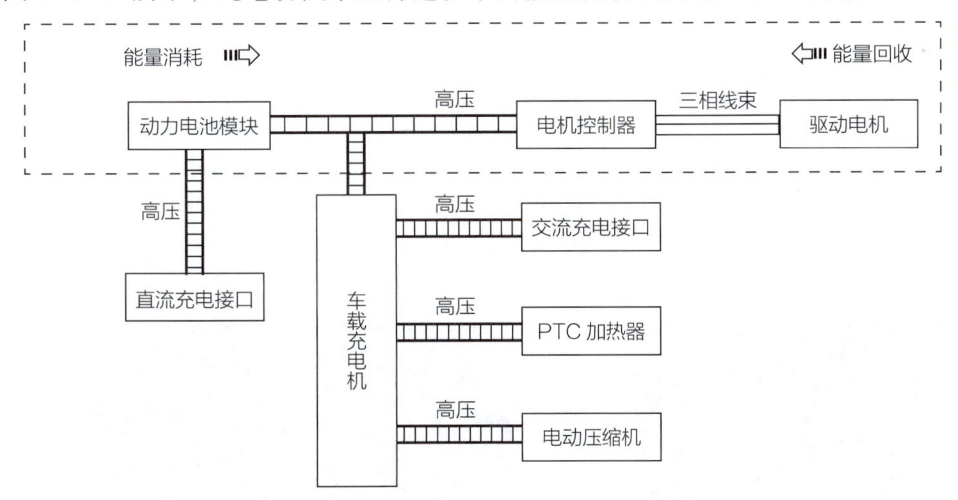

图 1-1-10　纯电动汽车运行过程中能量的流动（帝豪 EV450）

1）驱动车辆时的能量流动

驱动时，来自动力电池的能量通过高压配电箱（BDU）、逆变器，再进入电机变速单元实现车辆驱动。

另外，整车控制器 VCU 还会同时协调动力电池管理系统、热管理系统和仪表显示等辅助功能。动力电池的管理系统 BMS 随时监测电池的运行状态，并及时传送给 VCU，VCU 结合这些状态信息及当前的功率输出需求，来平衡高压电能功率器件的使用，并将信息通过仪表显示给驾驶人。例如，VCU 持续计算剩余的电池能量和当前的驾驶模式，根据车辆剩余的可用电能，车辆通常也会采取相应的提示和限制措施。图 1-1-11 给出了仪表显示动力电池能量状态的方法。

2）制动减速时的能量回收

制动或车辆减速时，变速单元内的驱动电机将变成发电机，将能量通过逆变器、BDU 传回动力电池，为电池充电。

➢ **注意：** 当 ABS 被激活或者 ABS 出故障的时候，整车控制器 VCU 将关闭能量回收功能。

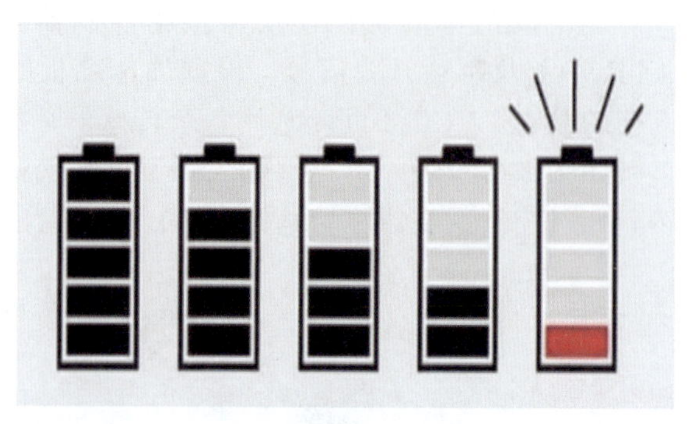

图 1-1-11　仪表显示的动力电池能量状态

（2）纯电动汽车的运行模式

纯电动汽车运行时，由 VCU 采集加速踏板和档位状态信息，来判断驾驶人的驾驶意图，并结合动力系统部件状态，协调动力驱动系统输出动力。另外，VCU 还会同时协调动力电池、热交换系统的运行，并实现仪表显示等辅助功能。

1）加速前进

整车控制器 VCU 读取换档 PRND 信息及制动开关信号，根据加速踏板的位置信号，发送信号给逆变器，控制电机功率、转动方向的输出。

➢ **注意：** 当外部充电线连接在车上时，系统将禁止车辆移动。

2）减速与制动

滑行或者减速的时候，整车控制器 VCU 能够进行制动能量的回收。制动能量通过驱动电机转换为电能储存到动力电池中。

➢ **注意：** 当 ABS 被激活或者 ABS 故障的时候，VCU 将关闭该功能。

3）运行中的动力模式管理

整车控制器 VCU 不间断利用各个传感器采集车辆状态，计算并输出期望的转矩。

动力电池的 BMS 随时检测动力电池的运行状态，并及时传送给 VCU，VCU 结合这些状态信息及当前的功率输出需求，来平衡高压电能功率器件的使用，并通过仪表显示给驾驶人。如图 1-1-12 所示。

图 1-1-12　帝豪 EV300 动力模式在车辆上的显示

4. 纯电动汽车的结构特征

纯电动汽车的基础仍然是汽车，只是驱动车辆的能源形式变了。

与传统汽车相比，纯电动汽车具备以下结构特征。

特征一：保留了传统汽车的大部分部件，如车身、灯光、底盘等。外形的结构与传统汽车基本一致，为了迎合时代的潮流，新能源汽车外形设计通常比较“时尚”。图 1-1-13 所示是特斯拉纯电动汽车的外形，图 1-1-14 是吉利帝豪 EV450 纯电动汽车的外形。

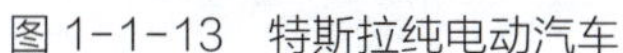

图 1-1-13 特斯拉纯电动汽车

图 1-1-14 吉利帝豪 EV450 纯电动汽车

特征二：改变了驱动车辆的动力形式。纯电动汽车采用了动力电池加电机及驱动单元的方式，取代了传统汽车的内燃机和变速器。

纯电动汽车行驶的动力全部依靠驱动电机（简称电机或电动机），电机的驱动电能来自动力电池（也称动力蓄电池、高压电池包等）。如图 1-1-15 所示，纯电动汽车的驱动系统上不再有传统汽车的内燃机和变速器了，取而代之的是位于车辆后部或底部的动力电池，以及位于原内燃机位置的一个带有电机的变速驱动单元，同时也包含控制电机的逆变器（驱动电机控制器）及其他高压部件。

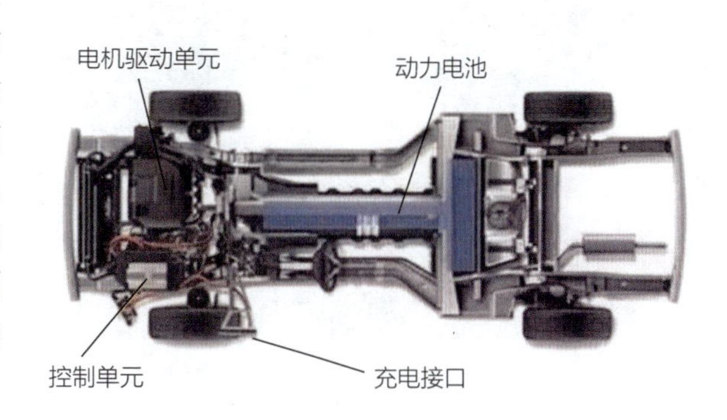

图 1-1-15 纯电动汽车典型驱动结构

特征三：因为驱动系统和运行模式的改变，部分辅助系统也相应地做了改变。例如，空调与暖风系统、低压电源系统以及补充能源的形式等。

以下介绍纯电动汽车在结构上与传统燃油汽车的区别。

（1）外观标识

纯电动汽车通常在车身上标识有 EV 等字样，这是最“直接”的识别方式，如图 1-1-16 所示。

图 1-1-16 纯电动汽车标识

（2）铭牌参数

除了与传统汽车基本一致的车辆识别码（VIN 码）外，纯电动汽车铭牌上都会注明动力电池、驱动电机相关的技术信息。图 1-1-17 是帝豪 EV450 纯电动汽车的铭牌。

（3）高压电缆

纯电动汽车使用高压电，需要高压电缆（或称高压导线）向各高压部件输送高压电，连接高压电器部件之间的电缆都属于高压电缆。高压电缆的外部绝缘层颜色采用标准的橙色。高压电缆及电缆之间的插接器需要满足国家高压电器安全标准。同时，由于高压部件之间电流很大，所以采用的电缆直径都在 5mm 以上。图 1–1–18 是高压电缆及插接器。

图 1–1–17　纯电动汽车的铭牌

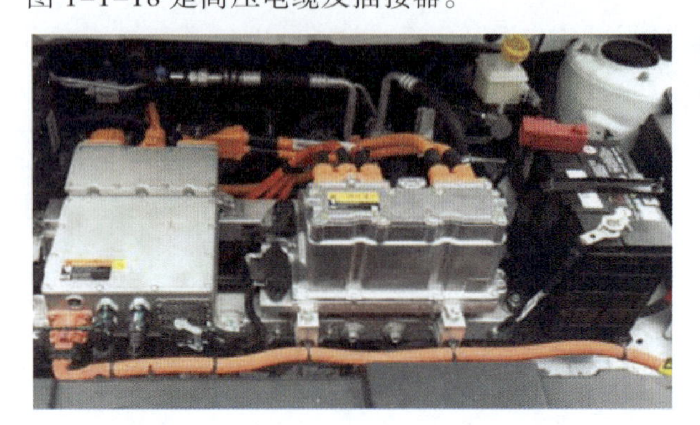

图 1–1–18　高压电缆及插接器

（4）充电口

纯电动汽车和插电式混合动力汽车，需要通过外部充电的方式来获取电能，因此可以通过充电口（通常位于传统汽车加油口或车标位置）这个特征进行判别。

图 1–1–19 所示的是正在充电的吉利帝豪 EV450 纯电动汽车，图 1–1–20 所示的是 EV450 车型的充电口。

图 1–1–19　正在充电的纯电动汽车

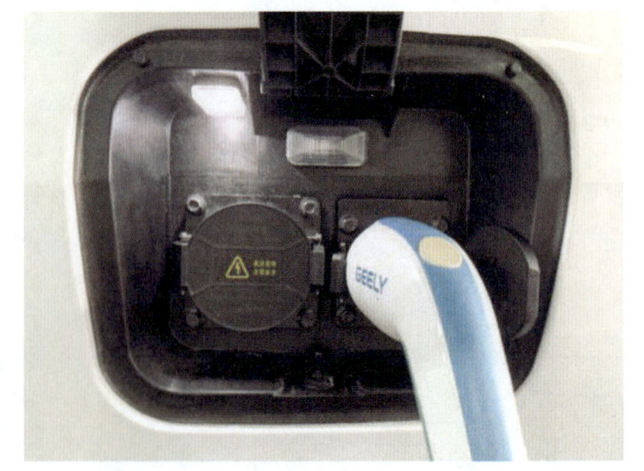

图 1–1–20　吉利帝豪 EV450 充电口

（5）动力电池

动力电池是纯电动汽车唯一的动力源，混合动力汽车辅助的动力源。

图 1–1–21 所示的是动力电池结构示意图。动力电池由 BMS 进行控制，在向全车提供电能的同时，还对动力电池进行电量计算评估、安全监测、充放电控制、漏电监测，以及控制电池的电量平衡。

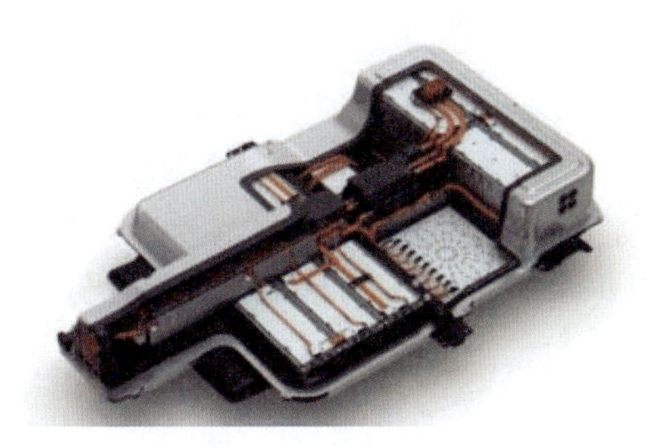
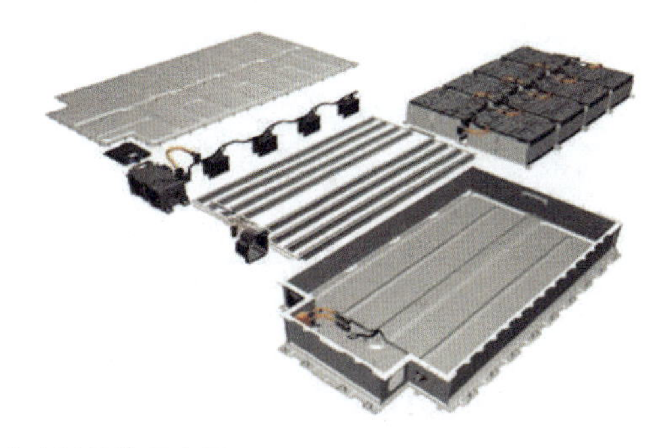

图 1-1-21　动力电池结构示意图

（6）变速驱动单元及驱动电机

变速驱动单元是新能源汽车，特别是纯电动汽车动力输出的关键部件，内部主要包括驱动电机和减速齿轮机构。驱动电机将电能转换为机械能来实现驱动车辆。对于前驱的车辆，变速驱动单元安装在前机舱内，后驱车辆则安装在底盘后部。

图 1-1-22　变速驱动单元结构示意图

图 1-1-22 所示的是纯电动汽车变速驱动单元的结构，在其内部可以看到驱动电机和连接电机转子的齿轮机构。此外，更明显的是变速驱动单元的上方还连接有逆变器（驱动电机控制器）的三根橙色高压电缆。图 1-1-23 是吉利帝豪纯电动汽车驱动电机及技术参数。

图 1-1-23　吉利帝豪纯电动汽车驱动电机及技术参数

（7）逆变器 / 驱动电机控制器

逆变器是变速驱动单元的主控部件，通常位于变速驱动单元的上部。逆变器一端连接来自动力电池的高压电缆（两条），另一端连接驱动电机的三相交流电缆（三条），主要用于将来自动力电池的直流电转换为可用于驱动电机的三相交流电，同时在车辆减速制动能量回收时，用来将电机产生的交流电转换成直流电，反馈给动力电池充电。大多数车辆将逆变器与电机控制单元集成在一起，称“驱动电机控制器”，实现逆变器的功能和控制电机的运转。

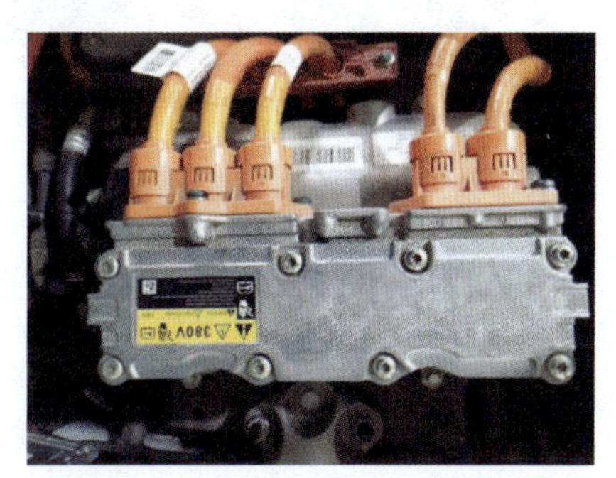

图 1-1-24　驱动电机控制器外形图（帝豪 EV300）

图 1-1-24 所示的是帝豪 EV300 车型驱动电机控制器

的外形图。

（8）DC/DC 变换器

传统燃油汽车是通过发动机带动发电机为 12V 蓄电池充电，并为车载电器提供工作电源的。纯电动汽车不再设计有发电机，动力电池的高压电通过 DC/DC 变换器变换为 12V 低压电源，为 12V 蓄电池充电，并为常规的车载电器提供工作电源。常规的车载电器部件包括灯光、中控门锁、信息娱乐系统、电动门窗等。

图 1-1-25 是纯电动汽车高压和 12V 低压电源系统的变换过程。

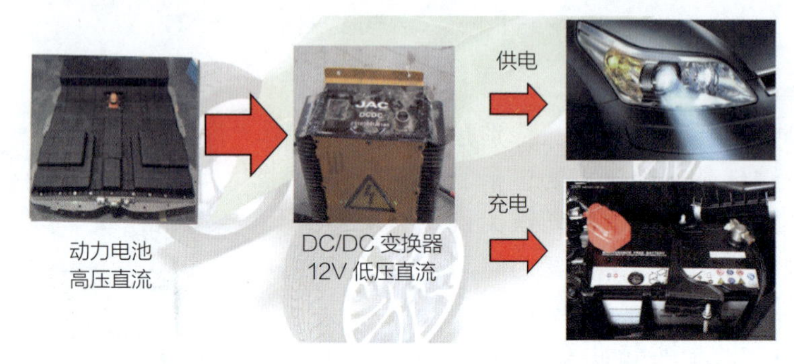

图 1-1-25　纯电动汽车 12V 电源系统的变换过程

DC/DC 变换器通常安装在前机舱内，将动力电池的高压直流电转换为低压 12V 直流电。有的车型（如比亚迪 e6）的 DC/DC 变换器包含空调驱动器功能，接收空调控制器（控制单元）的信息来为空调压缩机和暖风加热器 PTC 提供电源。也有的车型（如比亚迪 e5）将 DC/DC 变换器和其他高压部件，如车载充电器、驱动电机控制器集成一体。

如图 1-1-26 所示，比亚迪 e6 前机舱左侧的是 DC/DC 变换器（与空调驱动器集成一体），右侧是驱动电机控制器。

图 1-1-27 所示为帝豪 EV300 DC/DC 变换器（集成于电机控制器内）。

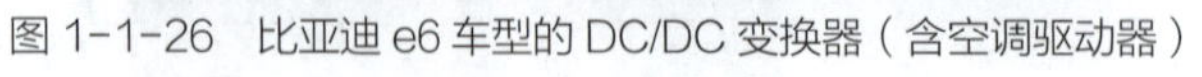

图 1-1-26　比亚迪 e6 车型的 DC/DC 变换器（含空调驱动器）

图 1-1-27　帝豪 EV300 车型的 DC/DC 变换器

（9）高压配电箱

在纯电动汽车应用中，一般将动力电池与驱动电机逆变器之间的高压配电箱单元称为 BDU（Battery Disconnecting Unit），也有公司将其称为“高压控制盒”等。BDU 是整车高压配电装置，主要作用是高压电源的分配、接通、断开。纯电动汽车在运行时，动力电池输出的电能主要去向有五个方向。

动力电池→ BDU →逆变器：为驱动电机提供电能，并接收制动能量回收电能；

动力电池→ BDU →高压压缩机：为车载空调系统提供制冷电能；

动力电池→ BDU → DC/DC 变换器：为车辆低压电器提供电源和为 12V 蓄电池充电；

动力电池→ BDU → PTC 暖风加热器：为车载暖风系统提供加热电能；

外部 220V 电源→车载充电机→ BDU →动力电池：使用外部 220V 电源为动力电池充电。

BDU 的电能分配单元内部主要是继电器和控制电路，由车辆动力系统控制模块（包括整车控制器 VCU 和 BMS），根据点火开关或充电需求，控制对应继电器的接通和断开。图 1–1–28 所示为帝豪 EV300 高压配电箱 BDU 的外形和内部结构。

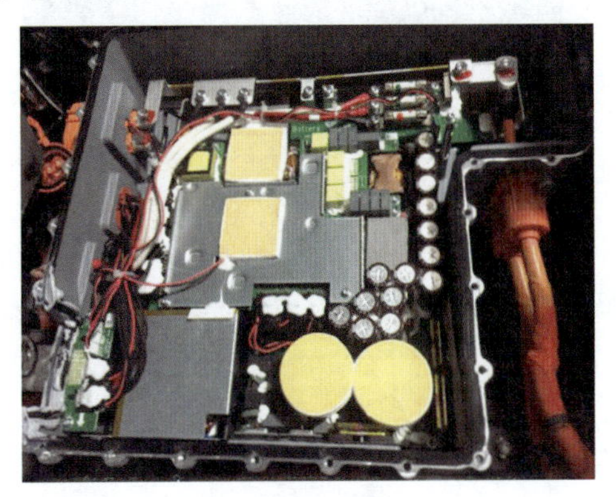

图 1–1–28　帝豪 EV300 高压配电箱 BDU 外形和内部结构图

（10）整车控制器

整车控制器（简称 VCU 或 VCM）通常安装在前机舱或驾驶室内（图 1–1–29）。VCU 是全车动力系统的主控制模块，是实现整车控制决策的核心，类似于传统汽车动力系统控制模块 PCM 的功能。VCU 通过采集变速器档位、加速踏板、制动踏板等位置信号来判断驾驶人的驾驶意图；通过监测车辆状态（车速、温度等）信息，由 VCU 判断处理后，向动力系统、动力电池系统发送控制命令，同时控制车辆其他系统的运行。

（11）漏电传感器

漏电传感器主要用于监测动力电池与车身的漏电电流。图 1–1–30 所示为比亚迪 e6 的漏电传感器。有的车型，如帝豪 EV300 的漏电传感器位于动力电池内部。

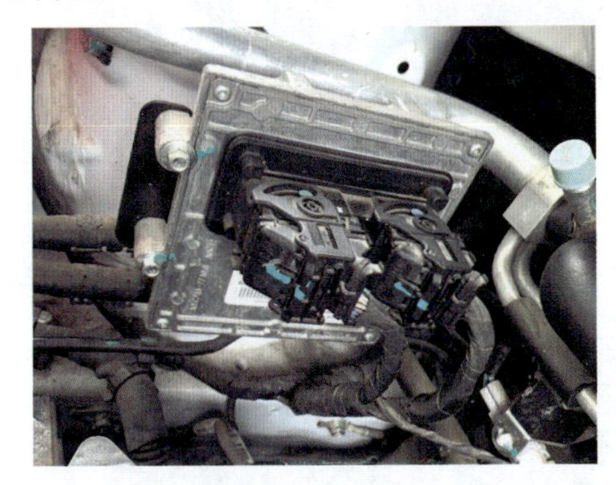

图 1–1–29　帝豪 EV300 整车控制器 VCU

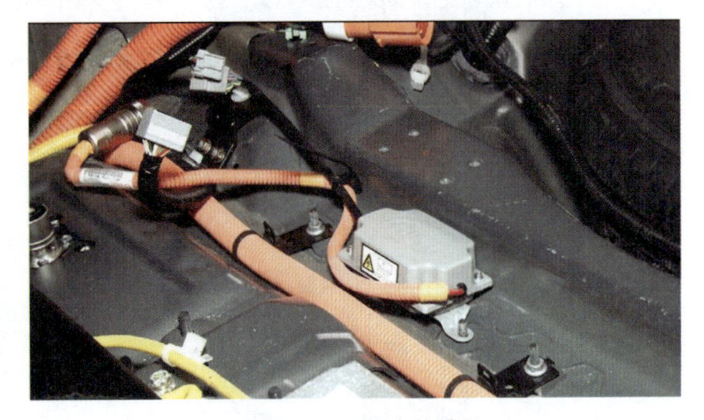

图 1–1–30　漏电传感器

（12）维修开关

维修开关是电动车辆（包括纯电动和混合动力汽车）中一种常用的手动操作设备，用于直接断开车辆中的高压电，以保证能安全地对车辆进行维修检查工作。图 1–1–31 所示为帝豪 EV300 的维修开关。

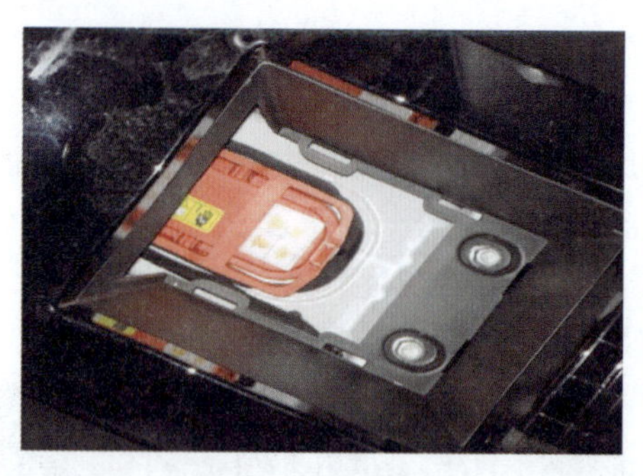

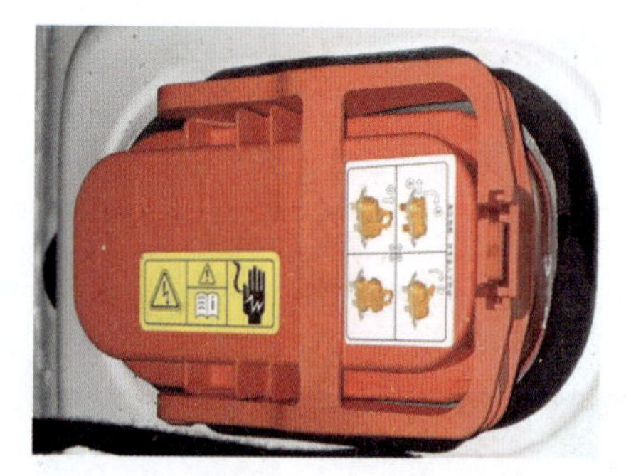

图 1-1-31 帝豪 EV300 维修开关

(13) 空调与暖风系统

纯电动汽车和大部分混合动力汽车的空调采用电动方式（高电压）来驱动压缩机，区别于传统汽车通过内燃机曲轴传动带驱动形式，但空调的制冷原理与传统车辆相同，如图 1-1-32 所示。

在供暖实现的形式上，由于没有了内燃机 70℃以上的热量来源，驱动电机产生的热能也达不到合适温度，纯电动汽车通常是利用电加热的方式来产生暖风。电加热的方式有两种，一种是通过高压电加热类似传统空调与暖风系统中的冷却液，再经过循环为暖风水箱提供热量；另一种是直接通过高压电驱动 PTC（Positive Temperature Coefficient 的缩写，意思是正温度系数，温度越高电阻越大，泛指正温度系数很大的半导体材料或元器件）加热器，来加热经过蒸发箱的空气，实现供暖，如图 1-1-33 所示。

a）传统汽车曲轴传动带驱动压缩机

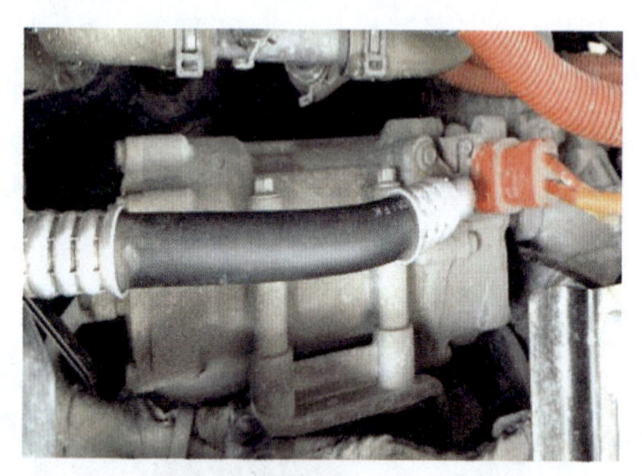

b）帝豪 EV300 高压电驱动压缩机

图 1-1-32 传统内燃机汽车与新能源汽车空调系统压缩机

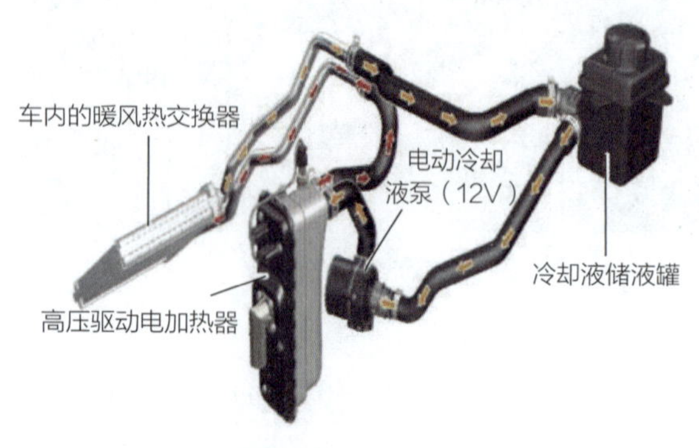

a）利用高压加热冷却液再制暖方式

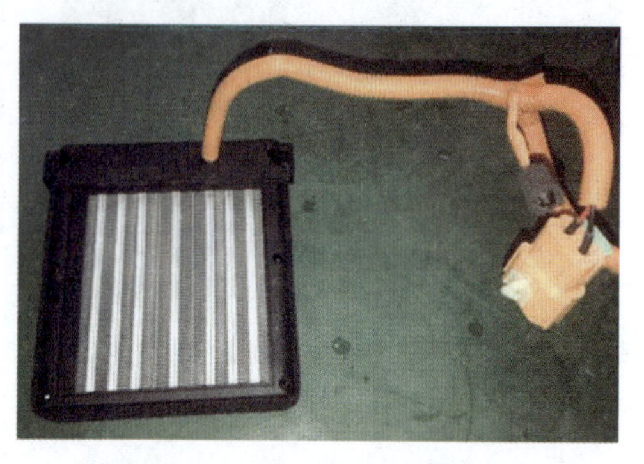

b）利用 PTC 直接加热进风空气制暖方式

图 1-1-33 纯电动汽车暖风加热系统

（14）制动系统

纯电动汽车的液压制动系统与传统燃油汽车基本组成结构区别不大，但是纯电动汽车液压制动的辅助助力不再有来自内燃机的真空源，为保证制动安全，通常需要单独设计一个电动真空系统来为真空助力器提供真空源。图 1–1–34 所示为电动真空制动系统结构示意图。

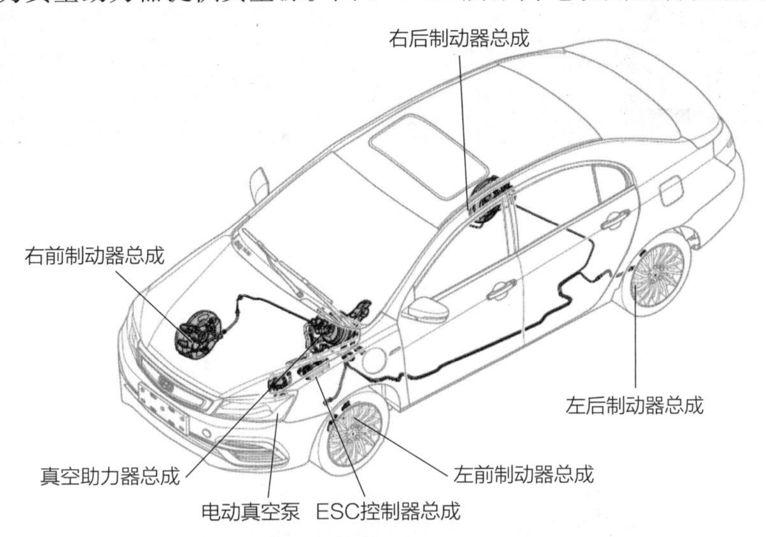

图 1–1–34　带电动真空助力器的制动系统结构示意图

（15）转向系统

由于纯电动汽车不能通过内燃机来驱动液压助力转向泵的方式，来实现液压转向助力，因此纯电动汽车都采用电动助力转向系统，即在原机械转向系统基础上安装一个电机，作为转向的辅助动力。转向系统电机从车辆电源系统（通常是 42V）获取电能。图 1–1–35 所示为电动转向机构结构示意图。

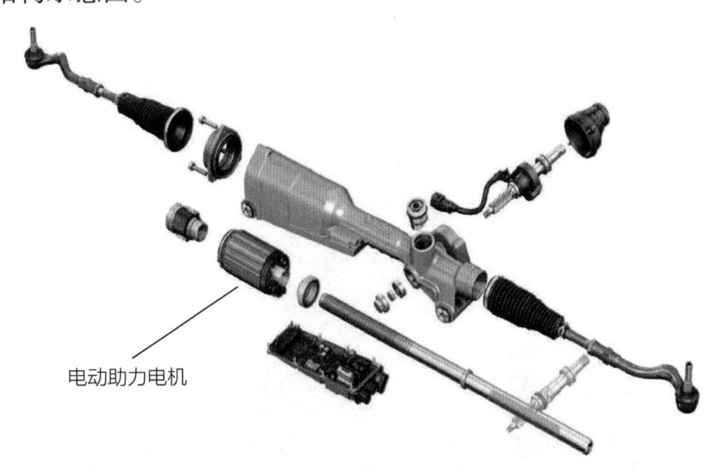

图 1–1–35　电动转向机构结构示意图

（16）组合仪表

与传统汽车相比，纯电动汽车的组合仪表减少了各种指针，而用纯液晶显示屏代替，在显示的内容上面，有行车信息显示区域、车速表、续驶里程以及各种指示灯、警告灯等。中间显示车速和行车信息，仪表的两侧，取消了发动机转数和燃油表指针，换成了电机功率和剩余电量（SOC）。图 1–1–36 所示为纯电动汽车的组合仪表。

图 1-1-36　帝豪 EV450 纯电动汽车的组合仪表

（17）高压电控总成

早期的纯电动汽车与高压相关的部件都是独立设计的（图 1-1-37 所示为北汽 E150EV 前机舱部件位置），随着技术的发展，新能源汽车生产厂家纷纷将高压部件集成为一体。如图 1-1-38 所示，北汽新能源从 2016 年以后生产的纯电动汽车，已将 DC/DC 变换器、高压控制盒（即 BDU）、车载充电机集成到一个部件——PDU（动力控制总成）中，由 PDU 完成上述三个部件的功能。

图 1-1-37　北汽 E150EV 前机舱部件位置

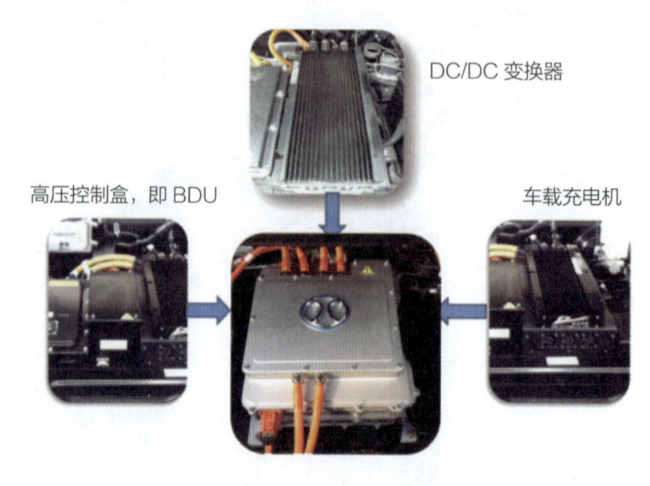

图 1-1-38　北汽新能源动力控制总成 PDU

如图 1-1-39 所示，比亚迪 e5 将驱动电机控制器（逆变器）、高压配电箱、DC/DC 变换器、车载充电机“四合一”设计，称“高压电控总成”，功能如下：

1）控制高压交 / 直流电双向逆变，驱动电机运转，实现充、放电功能（即驱动电机控制器、车载充电机）。

2）实现高压直流电转化低压直流电，为整车低压电器系统供电（即 DC/DC 变换器）。

3）实现整车高压回路配电功能以及漏电检测功能（即高压配电箱和漏电传感器）。

4）直流充电升降压功能。

5）车载局域网 CAN 通信、故障处理记录、在线编程以及自检等功能。

如图 1-1-40 所示，帝豪 EV450 采用将驱动电机控制器（逆变器）、DC/DC 变换器集成在一体，高压配电箱、车载充电机集成一体的设计。

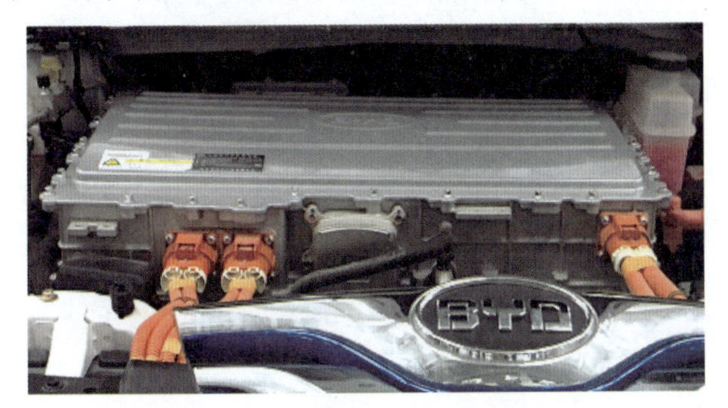

图 1-1-39　比亚迪 e5 高压电控总成

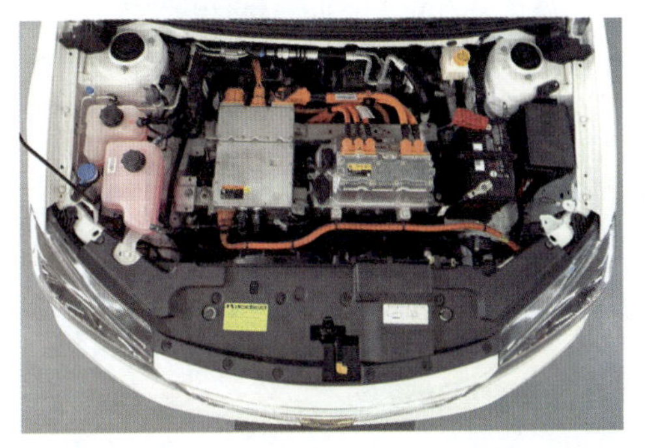
图 1-1-40　吉利帝豪 EV450 机舱整体图

二 基本技能

1. 纯电动汽车类型与结构的识别

参照前文“基本知识”的内容，识别纯电动汽车的类型，以及纯电动汽车与传统汽车在结构上的区别。

纯电动汽车
结构识别

2. 纯电动汽车维修开关拆卸与安装

下面以吉利帝豪 EV300/EV450 为例，介绍维修开关的拆卸与安装程序，其他车型和部件请参照原厂维修手册及相关资料。

（1）拆卸程序

1）打开前机舱盖，并断开低压蓄电池负极电缆。

2）如图 1-1-41 所示，打开储物盒盖板。

3）如图 1-1-42 所示，拆卸储物盒。取下储物盒后，即可看到橙色的维修开关。

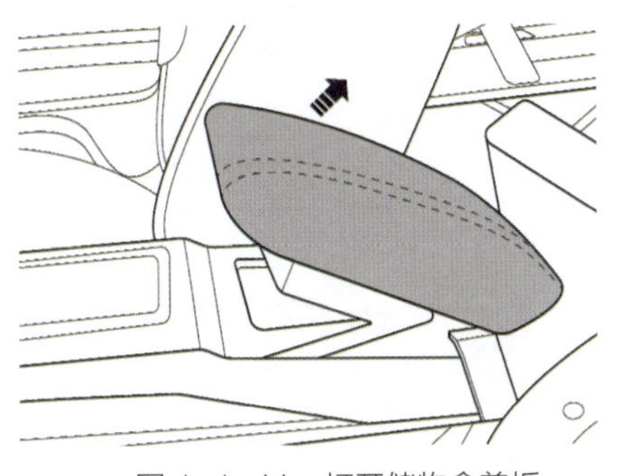
图 1-1-41　打开储物盒盖板

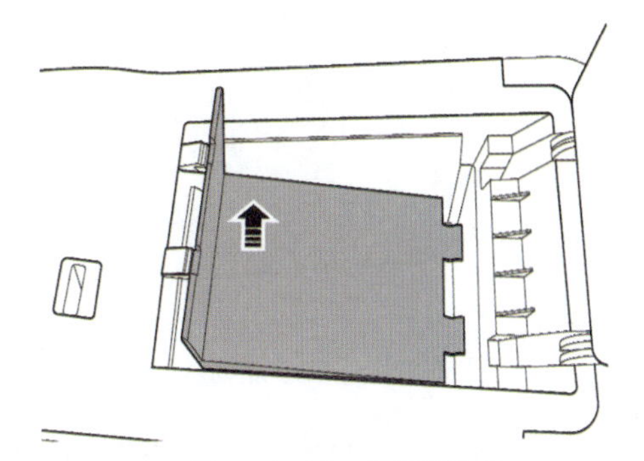
图 1-1-42　拆卸储物盒

4）如图 1-1-43 所示，用拇指按住维修开关把手卡扣，其余手指按住把手，当把手由水平位置到垂直位置时，向上垂直拔出维修开关插头。取下整个维修开关，并妥善放置。

5）如图 1-1-44 所示，关闭储物盒盖板。

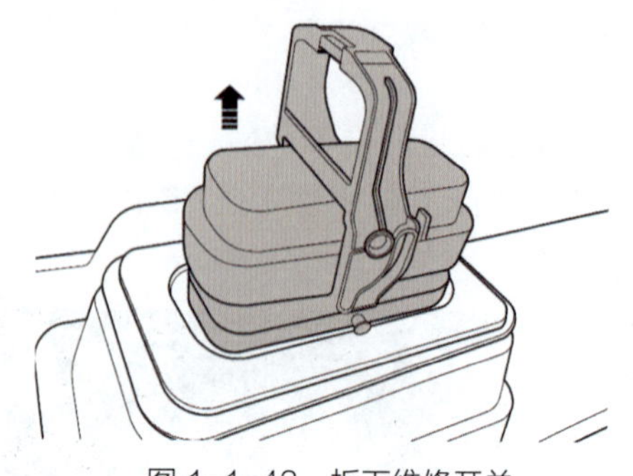
图 1-1-43 拆下维修开关

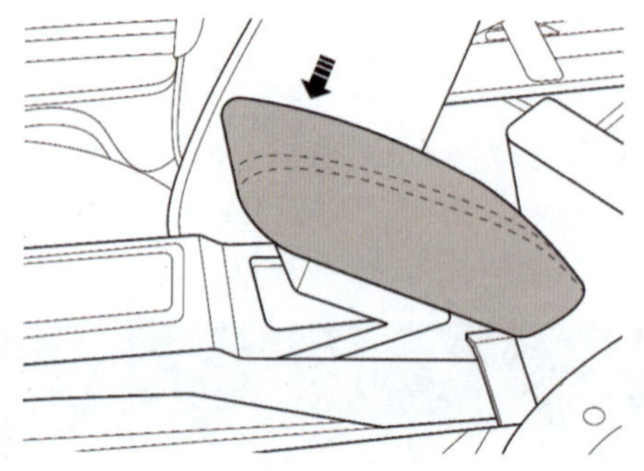
图 1-1-44 关闭储物盒盖板

➤ **注意：** 防止异物落入维修开关插座，以免造成维修开关短路。

➤ **提示：** 拆卸维修开关后，请采用万用表再次确认需拆卸的高压部件不再有高压电。

（2）安装程序

1）如图 1-1-45 所示，打开储物盒盖板。

2）如图 1-1-46 所示，连接维修开关。维修开关插头垂直对准插座轻按，如受到阻力则旋转插头 180° 再轻轻向下按，然后使把手卡口卡到位或听到轻微 “ 咔嚓 ” 声。

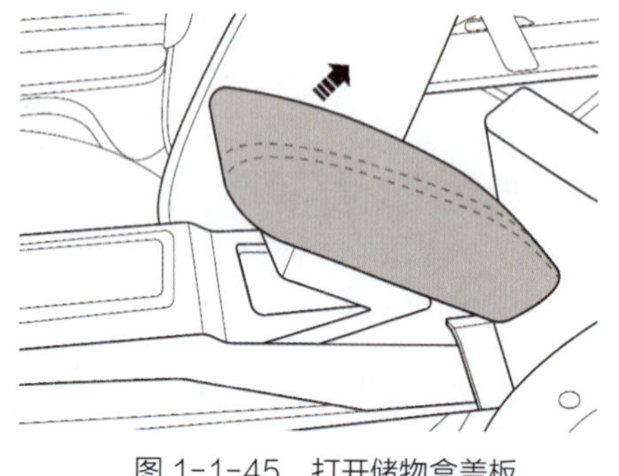
图 1-1-45 打开储物盒盖板

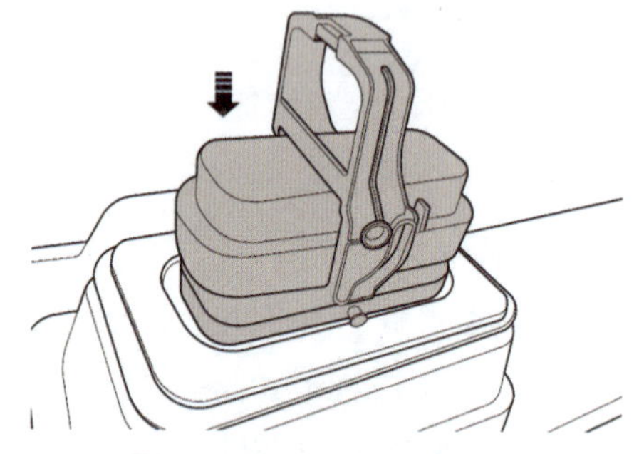
图 1-1-46 连接维修开关

3）如图 1-1-47 所示，安装储物盒。

4）如图 1-1-48 所示，关闭储物盒盖板。

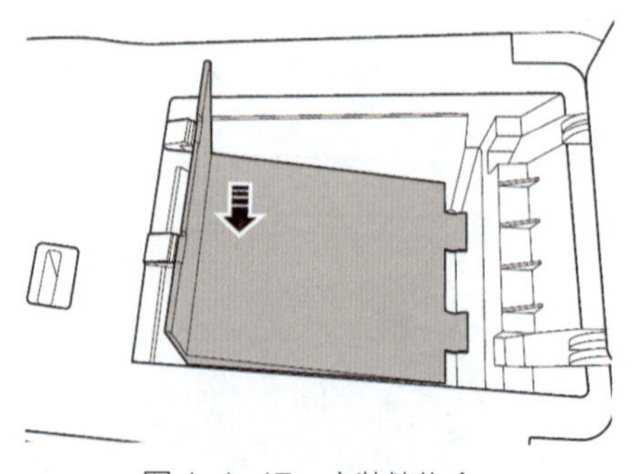
图 1-1-47 安装储物盒

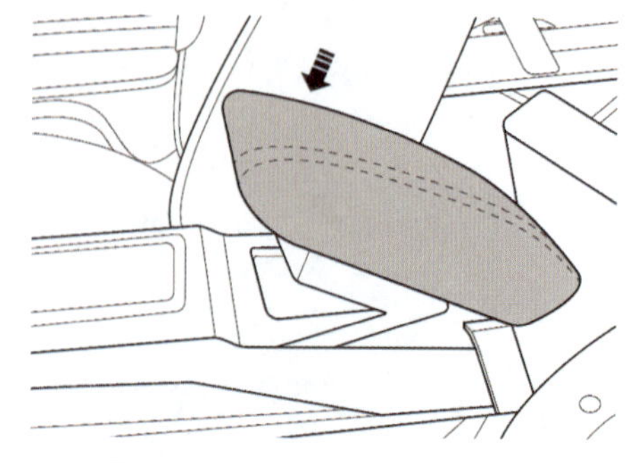
图 1-1-48 关闭储物盒盖板

5）连接低压蓄电池负极，并关闭前机舱盖。

任务二　混合动力汽车类型、运行模式与结构特征识别

情境导入

情境描述

作为汽车行业从业人员，你的同事请你为一位客户介绍丰田混合动力汽车相比于传统汽车的优势，你能完成这个任务吗？

情境提示

混合动力汽车虽然有传统的内燃机发动机，但增加了动力电池、驱动电机提供辅助动力，因此其类型、运行模式以及结构特征与传统汽车有所区别。

学习目标

知识目标

1. 能描述混合动力汽车的类型。
2. 能描述混合动力汽车的工作过程与运行模式。
3. 能描述混合动力汽车的结构特征。

技能目标

1. 能识别混合动力汽车的类型。
2. 能识别混合动力汽车的结构。
3. 能进行混合动力汽车高压安全断电操作。

一　基本知识

1. 混合动力汽车的类型

混合动力汽车（Hybrid Electric Vehicle，简称HEV），通常是指油、电类型的混合动力汽车，即内燃机与动力电池、驱动电机的驱动混合。

国际电子技术委员会（IEC）对混合动力汽车的定义为：在特定的工作条件下，可以从两种或两种以上的能量存储器、能量源或能量转化器中获取驱动能量的汽车，其中至少一种存储器或转化器要安装在汽车上。

如图1-2-1所示，混合动力汽车介于传统内燃机汽车与纯电动汽车之间，是两种动力汽车的中间产物。与纯电动汽车相比，混合动力汽车上配置有内燃机；与传统汽车相比，混合动力汽车上又新增有动力电池和电机。但是，混合动力汽车中的变速驱动单元却完美地将内燃机的动力与电机的动力结合在一起。

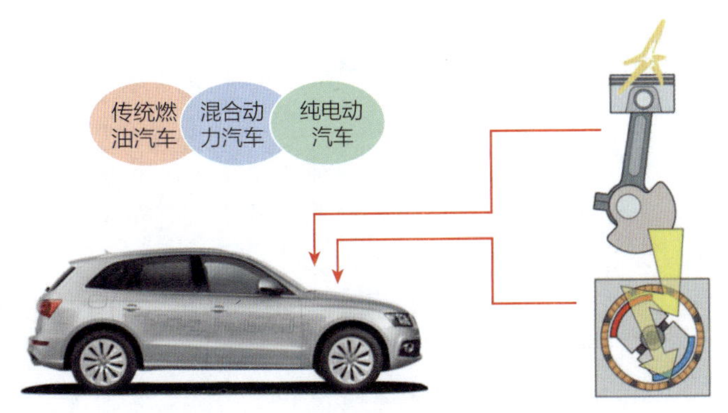

图1-2-1　混合动力汽车关系示意图

图1-2-2所示为混合动力汽车结

构示意图。在混合动力的车型中，在传统内燃机汽车基础上主要增加高压的动力电池和改进的变速驱动单元，并为特定车辆需求增加一些其他附属部件。

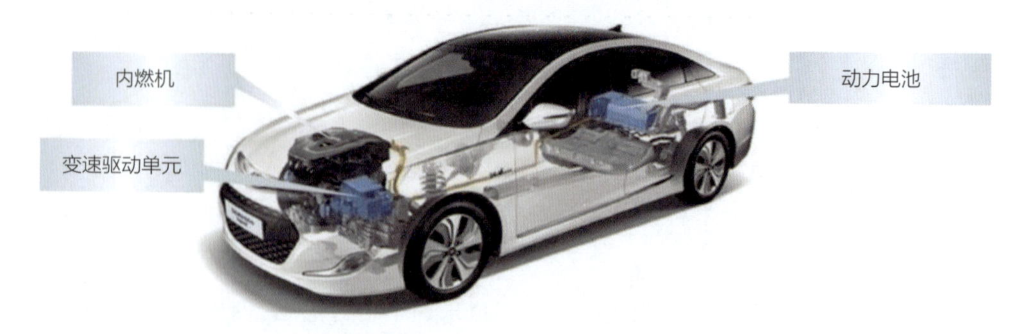

图 1-2-2 混合动力汽车结构示意图

混合动力汽车的结构复杂多样，从不同的角度可以细分为多种类型。

（1）根据驱动连接方式分类

根据内燃机和驱动电机之间的连接关系（即：内燃机的输出动力与驱动电机的输出动力到车辆驱动轴的连接方式），可以将混合动力汽车分成串联式、并联式和混联式三种类型。

1）串联式混合动力

在串联式混合动力设计中，车辆的驱动仅仅是由驱动电机来单独完成的，动力电池的电能来自外部电源和内燃机进行充电，如图 1-2-3 所示。

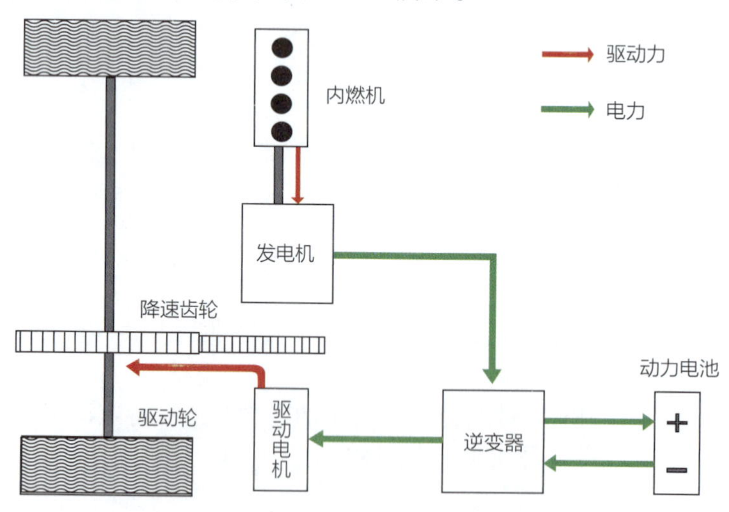

图 1-2-3 串联式混合动力示意图

串联式混合动力类型的优点是内燃机能够在最佳的转速和负荷运行，同时车辆也取消了变速器、离合器等部件。缺点是车辆仅通过电机驱动，因此必须设计有较大功率的电机来满足车辆在爬坡、急加速等大负荷运行工况的需求，导致整车重量加大。

这种混合动力类型主要应用于城市大客车上，在乘用轿车中很少见，理想汽车公司的“增程式”电动汽车即采用串联式设计方式。

2）并联式混合动力

在并联式混合动力设计中，车辆的驱动是由内燃机和驱动电机组合完成的。动力电池获取电能的途径是内燃机的充电及能量回收，如图 1-2-4 所示。

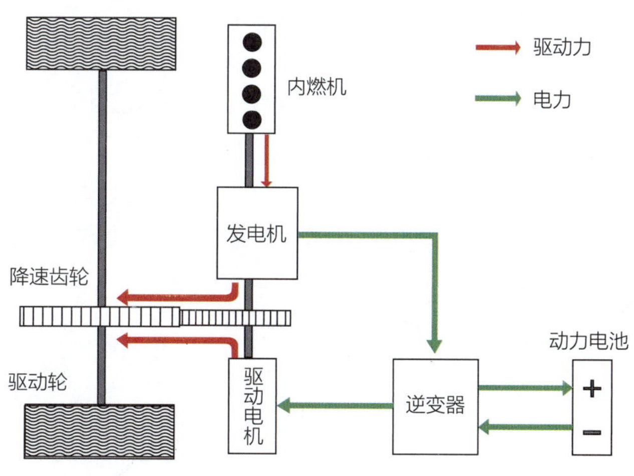

图 1-2-4　并联式混合动力示意图

并联式混合动力类型的优点是采用了一个或多个电机辅助内燃机，使得内燃机的设计可以更小更轻。缺点是需要用复杂的软件，来优化驱动电机和内燃机同时输向驱动轴的力矩。并联式混合动力在国外的高端品牌及日本进口、合资车型上采用较多。例如，奔驰 S400 HYBRID 配备的平行（即并联）混合动力驱动系统，大众、奥迪、宝马、本田、丰田等公司的混合动力系统，大部分采用并联设计方式。

3）混联式混合动力

混联式混合动力也称为“串并联式”混合动力系统，因为它是集合了串联式和并联式的优点而设计的，如图 1-2-5 所示。

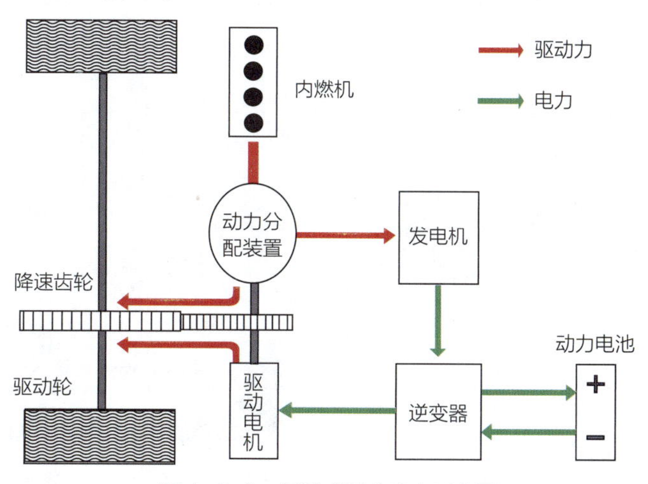

图 1-2-5　混联式混合动力示意图

混联式混合动力类型的优点是可以实现由驱动电机单独驱动车辆；内燃机自动停机或起动为系统充电；也可以实现内燃机和驱动电机共同驱动车辆。缺点是动力分配装置内部设计和管理系统较为复杂，需要较高的技术积累和研发投入。

目前市场上的混合动力汽车大多数采用这种设计类型，例如丰田、比亚迪、上汽荣威等混合动力车型。

（2）根据混合程度分类

根据驱动电机的有效功率占车辆驱动系统总功率的百分比，可以将混合动力汽车分为轻度混合动力、中度混合动力和重度混合动力三个等级。

1）轻度混合动力

也称“弱混”，一般采用36V或42V动力电池组，并搭载一个低功率的一体化起动/发电机通过曲轴传动带来辅助内燃机。电机不能够单独驱动车辆行驶，只起辅助作用，在自动起停、内燃机起动平滑辅助和制动能量回收时起作用。该系统的优点是成本低，但节省的燃油也更少，一般只能省油8%~15%。图1-2-6所示是轻度混合动力系统结构示意图。

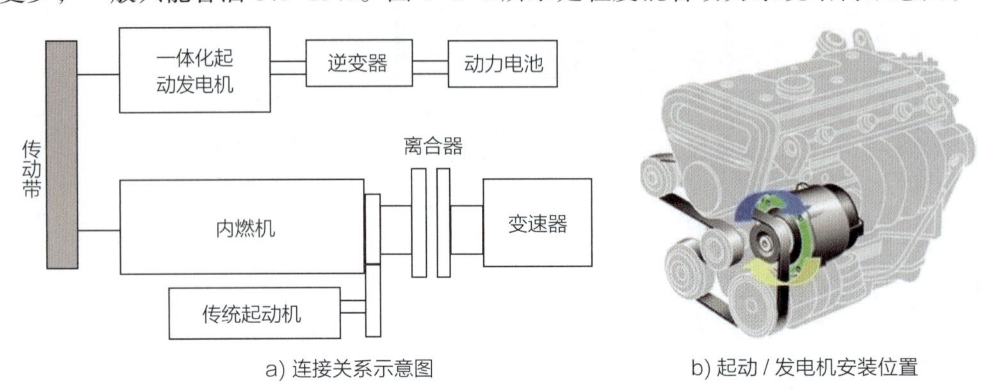

a) 连接关系示意图　　b) 起动/发电机安装位置

图1-2-6　轻度混合动力系统结构示意图

轻度混合动力汽车的典型代表技术有别克君越的BAS（Basic Assist System）；奔驰Smart的MHD（Micro Hybrid Drive）怠速熄火系统；奇瑞汽车的BSG(Belt-driven Starter/Generator)系统。这些系统的共同特点都是由曲轴传动带驱动的起动/发电机取代了传统内燃机的发电机，由这个新型的起动/发电机提供车载电力系统的同时，还能快速起动车辆的内燃机。

2）中度混合动力

一般采用100V以上的动力电池，混合程度在30%左右。在车辆加速或者大负荷工况时，驱动电机能够辅助内燃机驱动车辆，补充内燃机本身动力输出的不足。这种系统的混合程度较高，在城市循环工况下节省燃油可以达到20%~30%。图1-2-7所示是中度混合动力系统的结构示意图。

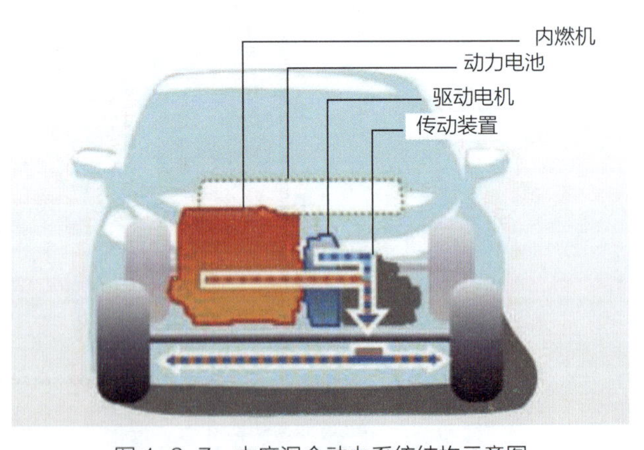

图1-2-7　中度混合动力系统结构示意图

中度混合动力汽车的典型代表技术有本田雅阁、思域，丰田的雷凌。需要强调的是，中度混合动力汽车仍然无法完全脱离内燃机的驱动并完全依靠电力驱动，根据国家标准，仅属于节能汽车。

3）重度混合动力

也称“强混”，一般采用200~650V的高电压，混合程度可以达到50%以上，在城市循环工况下节油率可以达到30%~50%。重度混合动力汽车采用内燃机为基础动力，动力电池为辅助动力；支持低速纯电动行驶；在急加速和爬坡运行工况下车辆需要较大的驱动力时，驱动电机和内燃机同时提供动力。图1-2-8所示是重度混合动力系统结构示意图。

随着驱动电机、动力电池技术的进步，重度混合动力系统逐渐成为混合动力技术的主要发展方向，丰田普锐斯、通用凯雷德双模混合动力汽车采用的就是重度混合动力系统。

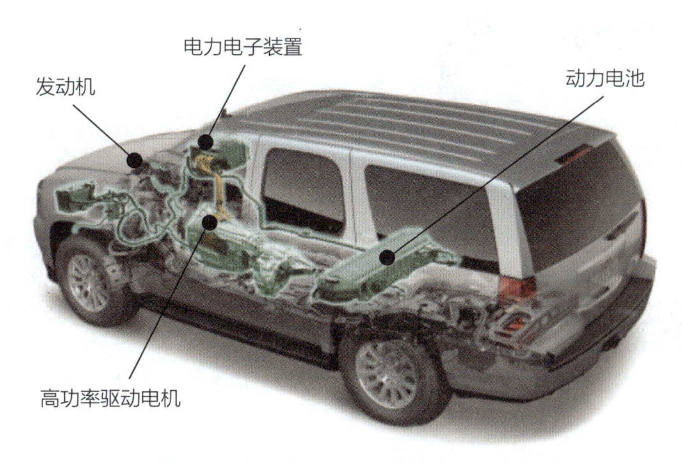

图 1-2-8 重度混合动力系统结构示意图

（3）根据充电方式分类

根据混合动力汽车的充电方式，可以分为非插电式混合动力和插电式混合动力汽车两种类型。

非插电式混合动力汽车的动力电池电能仅来自内燃机及能量回收，不能通过外部电源进行充电。图 1-2-9 所示的丰田卡罗拉双擎混合动力汽车即属于这种类型。

插电式混合动力汽车（Plug-in Hybrid Electric Vehicle，简称 PHEV），可以通过外部连接的电源进行充电。同时，在动力电池充满电的状态下具有一定的纯电动行驶能力，是重度混合动力车型的一种特殊形态。插电式混合动力可以采用串联或并联的结构，驱动电机功率比纯电动汽车的稍小。插电式混合动力汽车已成为主流发展方向之一。

图 1-2-10 所示是比亚迪秦插电式混合动力汽车，它可以通过外部电源进行充电。行驶过程中，如果电量耗尽，又可利用内燃机作为额外驱动力行驶一定的里程。如果想要继续行驶，用户只需为车辆充电或加油即可。

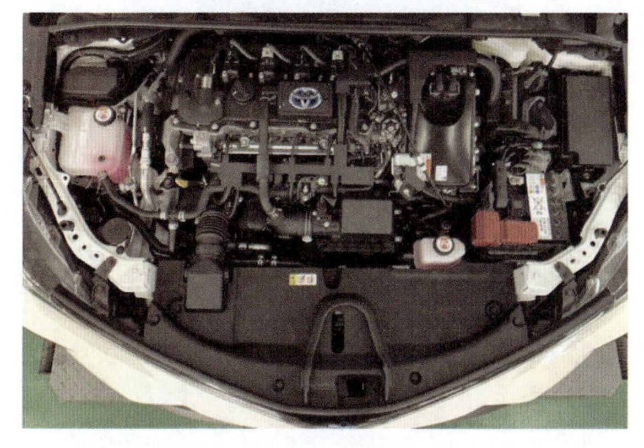

图 1-2-9 丰田卡罗拉双擎混合动力汽车机舱图

图 1-2-10 比亚迪秦插电式混合动力汽车

（4）根据燃料种类分类

根据混合动力汽车内燃机采用的燃料种类不同，可以分为汽油机混合动力和柴油机混合动力两种类型。目前，国内市场上混合动力汽车的主流都是汽油机混合动力。图 1-2-11 所示的丰田卡罗拉双擎混合动力汽车，就采用了汽油机。国际市场上柴油机混合动力车型发展也很快，图 1-2-12 所示为路虎柴油机混合动力汽车。

图 1-2-11 丰田卡罗拉汽油机混合动力汽车

图 1-2-12 路虎柴油机混合动力汽车

2. 混合动力汽车的工作过程与运行模式

混合动力汽车在工作过程中，具有以下几种运行模式。

（1）纯电力模式

由动力电池为驱动电机供电，再由驱动电机驱动车辆行驶，如图 1–2–13 所示。

在车辆低速行驶时，内燃机处于关闭状态，只靠驱动电机驱动车辆行驶，即纯电力运行模式。有些混合程度较重的车型，在起步时也是由纯电力驱动，内燃机处于关闭状态。

（2）传统燃油模式

由内燃机直接驱动车辆行驶，如图 1–2–14 所示。

在车辆处于高速巡航的状态下，驱动电机通常被关闭，只由内燃机进行驱动，以稳定的低油耗行驶。因为在这种工况下，内燃机也是运行在最经济的油耗下的。

图 1-2-13 纯电力模式

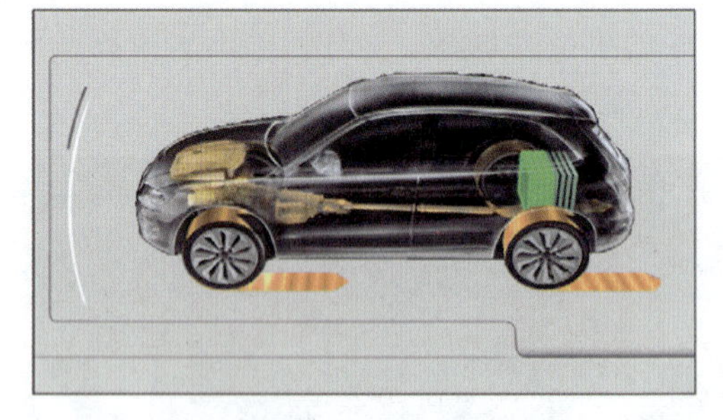

图 1-2-14 传统燃油模式

（3）全速驱动模式

需求更大加速度时，驱动电机和内燃机一起传输动力驱动车辆行驶，如图 1–2–15 所示。

在急加速状态下时，如果此时内燃机已经起动，那么会由驱动电机辅助内燃机提供强有力的加速动力。如果内燃机在未起动状态时，遇到大负荷情况下，系统会自动起动内燃机来为车辆提供更高的动力。

有的混合程度较轻的车型，在起步时驱动电机也会辅助内燃机驱动，提供强有力的加速能力，同时减少内燃机起步时因为惯性阻力增加而导致的油耗加大。

（4）能量回收模式

在制动或惯性滑行中释放出多余能量，通过发电机将其转化为电能，如图 1–2–16 所示。

车辆减速时，控制系统会优先执行制动能量回收，将制动能量转化为电能存储在动力电池中，此时内燃机会被关闭，以减少能耗，提高充电效率。

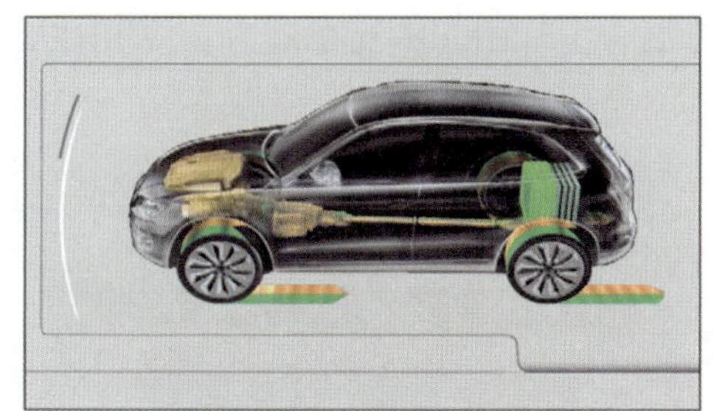

图 1-2-15　全速驱动模式

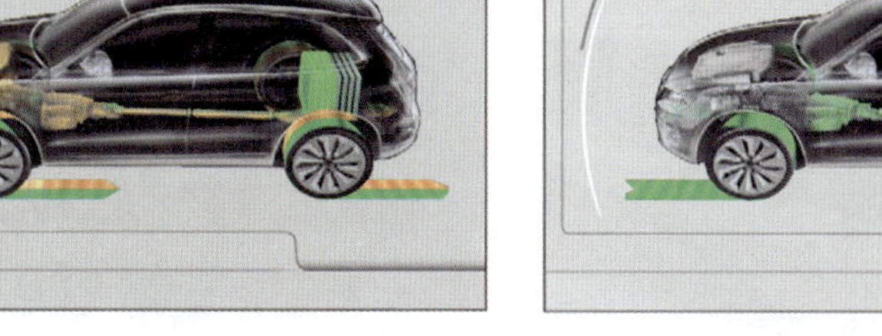

图 1-2-16　能量回收模式

（5）驱动与发电模式

当动力电池电量过低时，由内燃机驱动车辆行驶的同时，驱动轮牵引发电机给动力电池充电，如图 1-2-17 所示。

（6）怠速停机及充电模式

混合动力汽车具有的最大的特点是在怠速时，内燃机会被自动停止，此时能源消耗和排放为零，如图 1-2-18 所示。

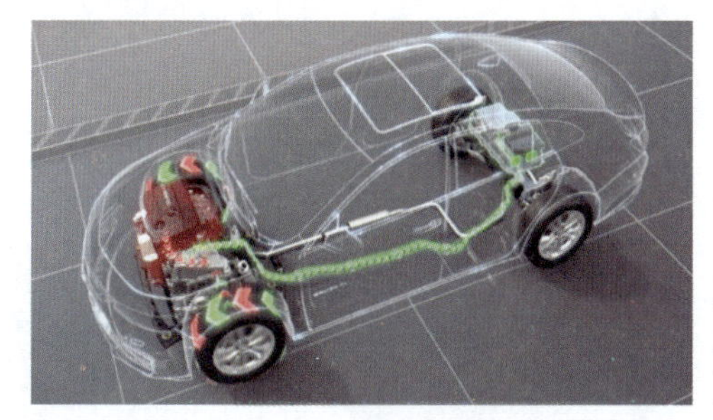

图 1-2-17　驱动与发电模式

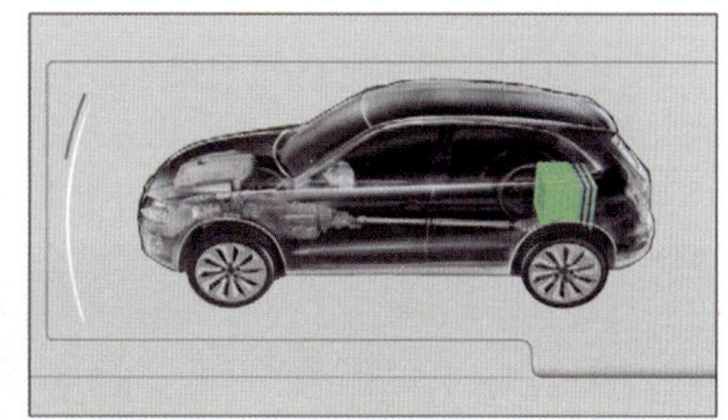

图 1-2-18　怠速自动停机模式

如果动力电池电量过低，怠速时由内燃机带动发电机给动力电池充电，如图 1-2-19 所示。

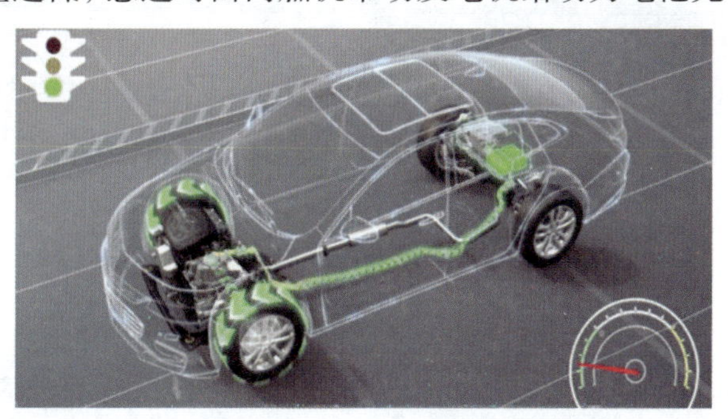

图 1-2-19　怠速充电模式

3. 混合动力汽车的结构特征

混合动力汽车的内燃机与传统燃油汽车的内燃机基本一致，动力电池、DC/DC 变换器等部件与纯电动汽车在结构原理上并无区别。但是，变速驱动单元的设计却是混合动力汽车的核心，既是车辆混合动力驱动形式的反映，也是一辆混合动力汽车技术性能的重要表现。

下面介绍混合动力汽车在结构上与传统燃油汽车的区别。

（1）外观标识

混合动力汽车，通常车辆上标识有 Hybrid（混合）、HEV（混合动力）或 PHEV（插电式混合动力）字样，如图 1-2-20 所示。

图 1-2-20 混合动力汽车标识

与纯电动汽车类似，如果是插电式混合动力汽车，还会有充电口。

（2）驱动结构的区别

根据运行的需要，混合动力汽车相比较传统汽车，主要的改进在车辆的驱动系统上，即在传统汽车的内燃机（发动机）、变速器、传动轴到车轮的线路上，还会增加一套由动力电池（HEV 蓄电池）、驱动电机组成的电动动力输出线路。图 1-2-21 所示为混合动力汽车的典型驱动结构。

如图 1-2-22 所示是卡罗拉混合动力汽车位于后排座椅下的动力电池。

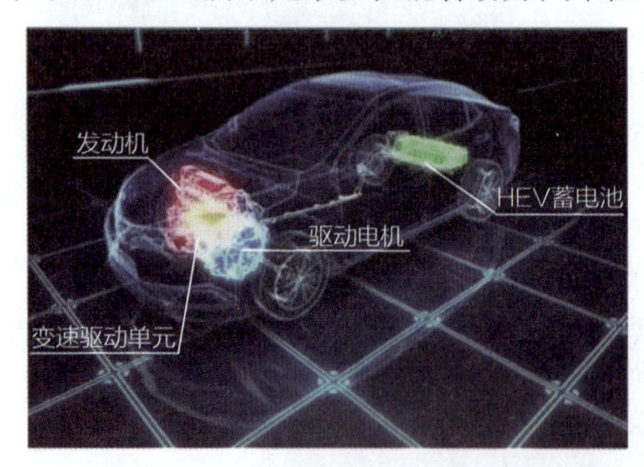

图 1-2-21 混合动力汽车典型驱动结构

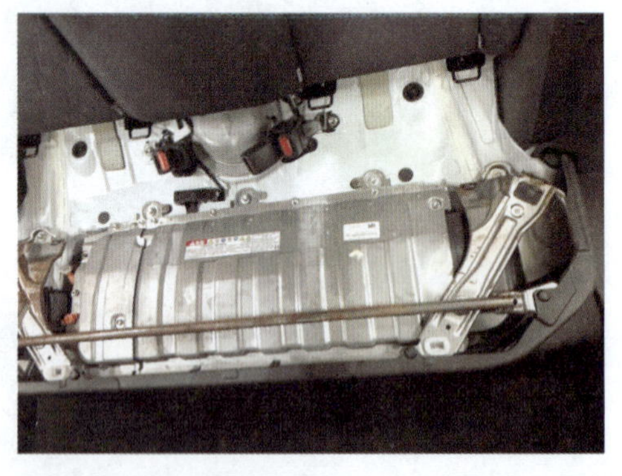

图 1-2-22 丰田卡罗拉混合动力汽车动力电池

图 1-2-23 所示是丰田普锐斯的前机舱，右侧金属模块是逆变器（驱动电机控制器）。

图 1-2-23 丰田普锐斯混合动力汽车前机舱

图 1-2-24 是比亚迪秦混合动力汽车的前机舱，明显可见发动机、驱动电机及控制器的位置。

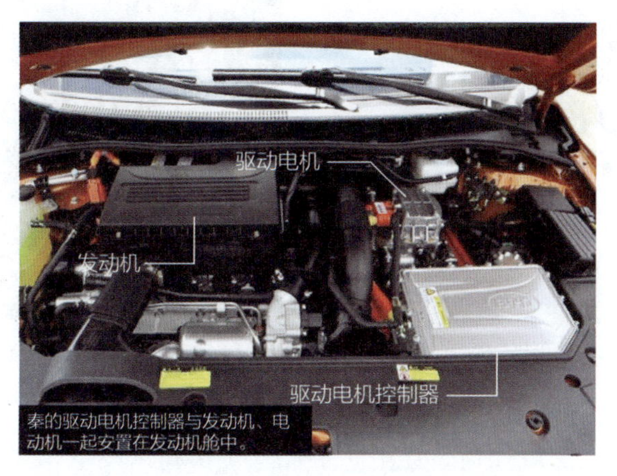

图 1-2-24　比亚迪秦混合动力汽车前机舱

在一般情况下，混合动力汽车的发动机不再通过曲轴驱动带来驱动空调压缩机和发电机了。混合动力汽车通常采用电动空调压缩机，有的车型发动机冷却液也采用了电子冷却液泵，但曲轴上的驱动带轮仍会保留，仅作为减振器用。图 1-2-25 所示是丰田普锐斯混合动力汽车的发动机示意图，曲轴驱动带驱动部件少了，仅保留一个冷却液泵和张紧轮。

由于混合动力汽车内燃机可能很少运行，还会设计有独立的封闭式燃油蒸发回收系统，利用更大的活性炭罐来吸收燃油箱内的蒸发燃油气体。图 1-2-26 所示的是为混合动力汽车设计的很大的活性炭罐。

图 1-2-25　普锐斯发动机曲轴驱动带驱动部件

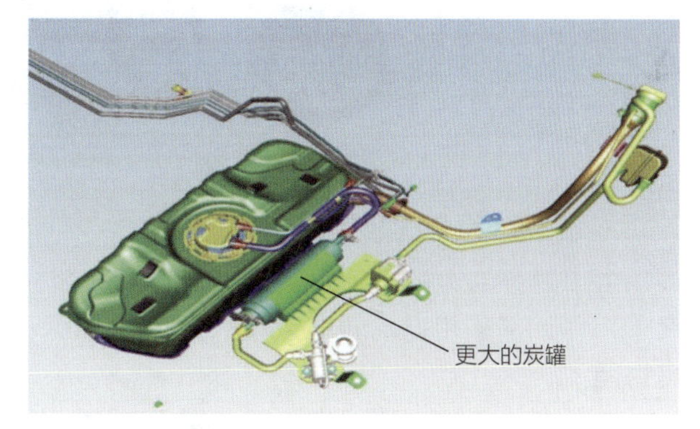

图 1-2-26　混合动力汽车的燃油蒸气回收系统

（3）制动系统的区别

由于混合动力汽车的内燃机可能随时关闭，无法提供持续的真空源，为保证制动安全，有些混合动力汽车不再设计有真空助力系统的制动系统，改用电控液压制动系统。驾驶人踩下制动踏板时不再是直接机械传递制动力到制动主缸，而是制动踏板位置传感器将信号先传递给 ECB（电子控制制动）控制单元，由 ECB 控制单元根据制动需求，驱动液压制动系统的制动压力实现制动。该系统的最大好处是可以无缝配合混合动力的制动能量回收控制系统，根据传感器收集驾驶人踩制动踏板的程度和所施加的力计算所需的制动力。

图 1-2-27 所示为丰田混合动力汽车电子制动系统结构示意图，图 1-2-28 所示为电子控制制动控制单元 ECB 的位置图。

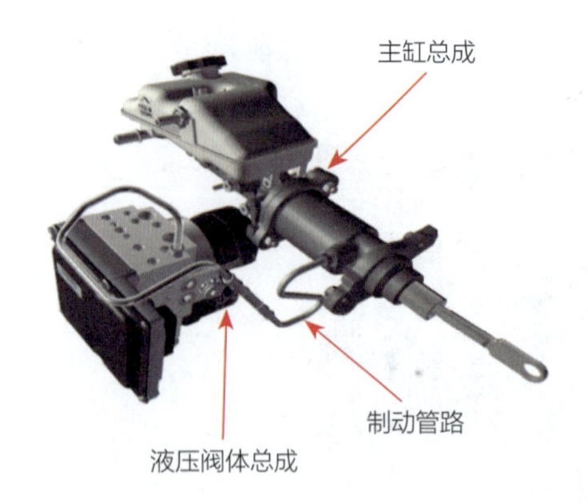

图 1-2-27 丰田混合动力汽车电子制动系统结构示意图

图 1-2-28 电子控制制动控制单元 ECB

为了减少能源损耗，新能源汽车（纯电动和混合动力汽车）都设计了制动能量回收系统：制动时，系统先给电机上加载负荷，让电机利用这个负荷来发电，是逆向拖动车辆制动的一种方式。制动能量回收可以有效降低因制动导致的摩擦能量消耗。图 1–2–29 所示为混合动力汽车制动能量回收系统结构示意图。

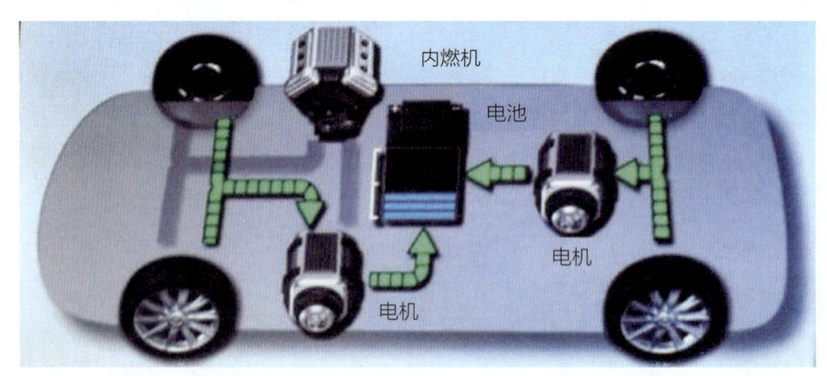

图 1-2-29 混合动力汽车制动能量回收系统结构示意图

（4）转向系统的区别

由于混合动力汽车的内燃机可能随时关闭，失去转向助力，因此混合动力汽车与纯电动汽车一样，都采用电动转向系统。图 1–2–30 所示的是丰田混合动力汽车电动转向机构总成实物图。

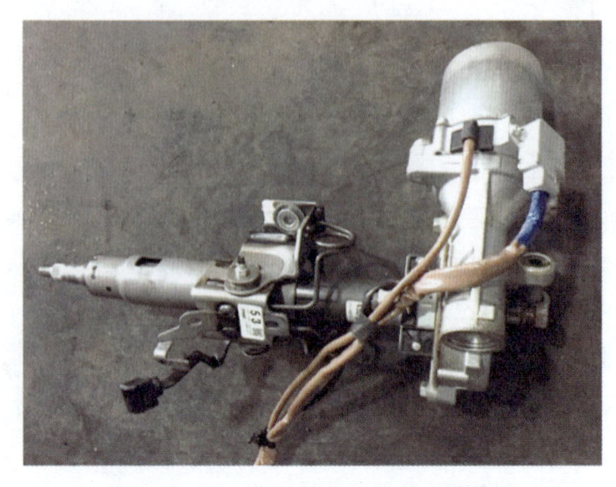

图 1-2-30 电动转向机构总成实物图

二 基本技能

混合动力汽车结构识别

1. 混合动力汽车类型与结构的识别

参照前文“基本知识”的内容，识别混合动力汽车的类型，以及混合动力汽车与传统汽车在结构上的区别。

2. 混合动力汽车高压安全断电操作程序

以下以丰田卡罗拉双擎车型为例，介绍混合动力汽车高压安全断电操作程序：

1）车辆停放于绝缘工位上，确认可靠驻车，操作起动开关至电源“OFF”状态。

2）如图 1-2-31 所示，打开行李舱前装饰板右侧，断开低压辅助蓄电池负极端子。

3）如图 1-2-32 所示，拆卸后排座椅。

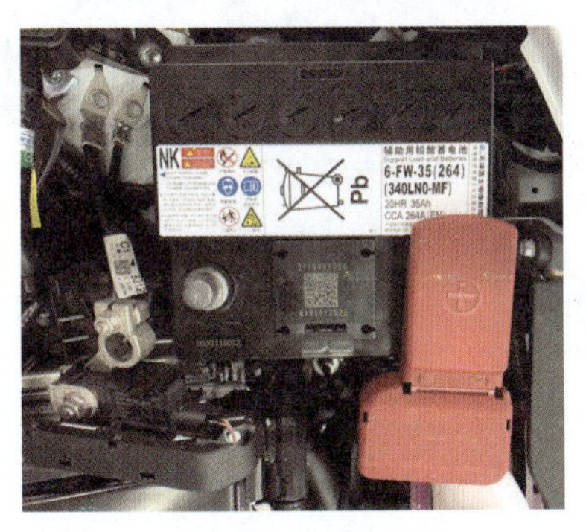

图 1-2-31 断开辅助蓄电池负极端子

图 1-2-32 后排座椅位置

混合动力汽车高压安全断电操作

4）拆卸手动维修开关装饰板。手动维修开关装饰板位置如图 1-2-33 所示。

5）拆卸手动维修开关处装饰板塑料卡子，如图 1-2-34 所示。

图 1-2-33 手动维修开关装饰板位置

图 1-2-34 手动维修开关处装饰板塑料卡子

6）佩戴绝缘手套，按照图 1-2-35 所示顺序拆卸手动维修开关。

顺序 1

顺序 2

顺序 3

图 1-2-35 卡罗拉双擎车型手动维修开关拆卸顺序

7）等待 10min 左右，保证逆变器中的电容放电完毕。拆卸 PCU 总成（包含逆变器）上高压 HV 母线线束插接器盖总成，如图 1-2-36 所示。

8）如图 1-2-37 所示，使用万用表直流电压档（750V 或更高量程）测量 HV 母线端子电压，确保此时已经无输出（0V）。

图 1-2-36　卡罗拉双擎车型 PCU 总成上 HV 母线线束插接器盖拆卸

图 1-2-37　卡罗拉双擎车型 HV 母线端子电压验电操作

9）重新安装 PCU 总成上 HV 母线线束插接器盖总成，并设置混合动力车辆维修相关高压安全警示牌，车辆标准断电流程完成。

项目二
纯电动 / 混合动力汽车使用及充电

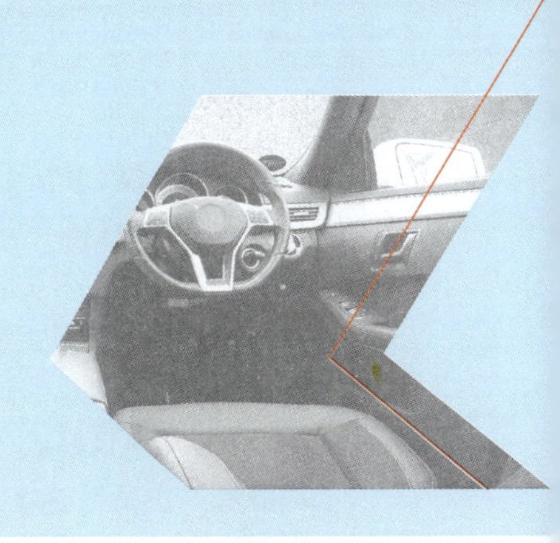

本项目介绍纯电动 / 混合动力汽车的使用及充电，分为两个工作任务，分别为：任务一纯电动 / 混合动力汽车起动及操控；任务二纯电动 / 混合动力汽车充电操作。通过两个工作任务的学习，你能够掌握纯电动汽车与混合动力汽车的起动、操控及充电方法，能够正确进行纯电动汽车与混合动力汽车的起动、操控及充电。

任务一　纯电动 / 混合动力汽车起动及操控

情境导入

情境描述

你所在企业的销售顾问请你协助向新购车的客户介绍新能源汽车的使用方法及注意事项，你能完成这个任务吗？

情境提示

纯电动汽车与混合动力汽车的结构特征以及运行模式都与传统燃油汽车不一样，因此起动与操控的方式也有所区别。

学习目标

知识目标

1. 能描述纯电动汽车的起动与操控方法。
2. 能描述混合动力汽车的起动与操控方法。

技能目标

1. 能进行纯电动汽车的起动与操控。
2. 能进行混合动力汽车的起动与操控。

一 基本知识

1. 纯电动汽车的起动与操控方法

（1）纯电动汽车的起动

绝大多数的纯电动汽车采用智能钥匙。起动时钥匙应在车内，按下一键起动开关即可起动车辆（即“上电”）。起动后，组合仪表“OK”或“READY”灯点亮。图 2–1–1 所示的是比亚迪 e5“POWER”一键起动开关与仪表 OK 指示灯；图 2–1–2 所示的是帝豪 EV300 仪表的 READY 指示灯。

起动车辆前，一定要遵循车辆已挂入 P 位、制动踏板被完全踩下的要求。

纯电动汽车在起动车辆时，不像传统内燃机汽车那样有运转的振动和声音。确认车辆已经处于起动状态下的主要依据是仪表中的 READY 或 OK 指示灯点亮。在 READY 或 OK 指示灯点亮的前提下，将档位从 P 位移出前，务必确认车辆运行方向没有行人和障碍物。

➤ **提示：** 在下列情况下，车辆将不能起动：

按下起动开关时，如果智能钥匙系统钥匙位置指示灯点亮，或者组合仪表信息显示屏显示“未检测到钥匙”，并伴随车辆蜂鸣器鸣叫，则表明智能钥匙不在车内。如果智能钥匙的电池电量可能已耗尽，需要按照用户手册要求，将钥匙放到指定的备用起动位置。

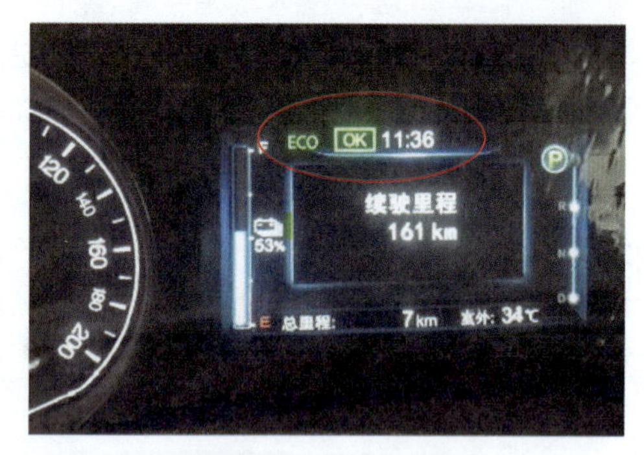

图 2–1–1 比亚迪 e5“POWER”一键起动开关与 OK 指示灯

图 2–1–2 帝豪 EV300 仪表的 READY 指示灯

纯电动汽车行驶过程中，不要操作一键起动开关，否则有可能导致车辆紧急下电，车辆失去动力，电动转向助力关闭转向变沉，制动真空泵无法工作不能持续提供制动真空等，影响车辆行驶安全。对于市场上部分使用机械钥匙点火开关的车型，行驶过程中关闭点火开关甚至还会导致转向盘锁啮合，不能转向。以吉利帝豪 EV300 纯电动汽车为例，如图 2–1–3 所示，一键起动开关可以操作车辆处于以下 4 种状态的其中一种。

1）OFF 状态

未操作一键起动开关时，一键起动开关 LED 指示灯保持熄灭状态，此时车辆处于 OFF 关闭状态，全车只有常电电源接通，点火电源 IGN1、IGN2 及 ACC 电源断电，此状态下车辆大多数电路不能工作。

2）ACC 状态

按下一次一键起动开关，一键起动开关 LED 指示灯点亮，灯光显示为橙色，此时车辆处于 ACC 状态，全车常电电源和 ACC 附件电源接通，点火电源 IGN1、IGN2 依然断电，此状态下个别附件电器可以工作。

3）ON 状态

系统处于 ACC 状态时，再按下一次一键起动开关，一键起动开关 LED 指示灯保持点亮，灯光显示同样为橙色，同时组合仪表背光亮起。此时，车辆处于 ON 状态，全车常电电源，ACC 电源及点火电源 IGN1、IGN2 均接通。此状态下，所有的仪表信息、警告灯和低压电路均可以工作。

4）READY 状态

系统处于 ON 状态时，踩下制动踏板，此时一键起动开关 LED 指示灯灯光显示由橙色变为绿色，再按下一键起动开关，车辆进入 READY 状态，全车常电电源，ACC 电源及点火电源 IGN1、IGN2 均接通。同时，车辆处于起动运行状态。此状态下，车辆高压系统正常上电，组合仪表上的绿色 READY 指示灯会亮起，提示车辆已经处于起动运行准备就绪状态。

OFF状态		B+通电
ACC状态		B+、ACC通电
ON状态		B+、ACC、IGN1 / IGN2通电
READY状态		B+、IGN1 / IGN2通电

图 2-1-3　车辆电源状态（帝豪 EV300）

（2）档位介绍

纯电动汽车一般采用单级减速传动机构，行驶过程中通过控制驱动电机转速调节车速，无需传统变速机构进行传动比变化的变速控制。一般纯电动汽车的变速杆具备 R、N、D 三个档位，控制车辆的行驶驱动状态，部分车型具备 P 位（驻车档）。

➤ **提示：** 有些车型在监测到高压系统故障时，变速杆不能换入 D 位和 R 位。

图 2-1-4　帝豪 EV300 电子变速杆

如图 2-1-4 所示，吉利帝豪 EV300 纯电动汽车的电子变速杆有四个位置：

1）“P”位（驻车档）

车辆驻车时，挂入此档位。挂入“P”位之前，请务必确保汽车已完全停下来，通过按下电子变速杆上方“P”位按钮挂入此档位。

在“P”位状态下，车辆电机驱动系统停止工作，电机不会输出动力，同时减速器上的“P”位电机工作，驱动锁止机构固定减速器输出齿轮，使车辆锁定不能移动。

车辆处于“P”位时，电子变速杆上“P”位指示灯点亮，同时组合仪表会显示车辆处于“P”

位状态。

2）“R”位（倒车档）

倒车时挂入此档位。挂入“R”位之前，请务必确保汽车已完全停下来。从“P”位或“N”位挂入“R”位时，必须确保车辆处于 READY 状态、踩下制动踏板，同时往前方推动一下电子变速杆挂入此档位。

在“R”位状态下，车辆电机驱动系统进入工作状态，电机按照车辆倒退方向输出动力，同时根据驾驶人操纵加速踏板和车辆负荷等信息，控制电机的转速和转矩。

3）“N”位（空档）

车辆从运行状态停止时，挂入此档位。从“R”位挂入“N”位时，必须踩下制动踏板，同时往后方拉动一下电子变速杆挂入此档位。从“D”位挂入“N”位时，必须踩下制动踏板，同时往前方推动一下电子变速杆挂入此档位。若需将变速杆从“N”位挂至其他档位，必须先踩下制动踏板，同时操作电子变速杆。

在“N”位状态下，车辆电机驱动系统停止工作，电机不会输出动力，但车辆减速器没有锁定，车辆可以被移动（需要人工推车或被拖车拖动时挂入此档位）。

4）“D”位（前进档）

正常向前行驶时挂入此档位。挂入“D”位之前，请务必确保汽车已完全停下来。从“P”位或“N”位挂入“D”位时，必须确保车辆处于 READY 状态、踩下制动踏板，同时往后方拉动一下电子变速杆挂入此档位。

在“D”位状态下，车辆电机驱动系统进入工作状态，电机按照车辆前进方向输出动力，同时根据驾驶人操纵加速踏板和车辆负荷等信息控制电机转速和转矩。

（3）车辆动力模式切换操作

以吉利帝豪EV300纯电动汽车为例，车辆动力模式可以在节能（ECO模式）和运动（SPORT 模式）间切换，在 ECO 模式下车辆动力输出比较温和，以达到节能、环保、舒适的目的，而在 SPORT 模式下，车辆动力输出响应快速、强劲。

车辆默认动力模式为 ECO 模式，通过电子变速杆旁边的运动模式按钮可以进行动力模式的切换，在 ECO 模式下按一下运动模式按钮（图 2-1-5）车辆切换成 SPORT 模式，同时仪表背光变成红色行驶模式，显示为“SPORT”，在 SPORT 模式下再次按一下运动模式按钮，可以切换回 ECO 模式。帝豪 EV300 运动模式切换按钮和运动模式仪表显示如图 2-1-6 所示。

图 2-1-5　运动模式按钮

图 2-1-6　帝豪 EV300 运动模式切换按钮和运动模式仪表显示

（4）车辆能量回收强度设置

新能源汽车都具有能量回收功能，在车辆滑行减速和制动时通过拖带驱动电机运转发电，实现能量回收，同时给车辆施加一个通过能量回收产生的制动力。该功能可以增加车辆的续驶里程并减少制动蹄片的磨损，但是能量回收的作用使得车辆在滑行减速时有拖拽感，同时也会减少滑行距离，在制动时能量回收的制动力是在制动系统制动的基础上以叠加方式介入，而且随着车速降低能量回收产生的制动力减弱，一定程度上增加了驾驶人对车辆制动力精准控制的难度，所以一般新能源汽车能量回收的强度可以进行设置，以满足驾驶人对车辆减速和制动时特性的不同需求。

以吉利帝豪 EV300 纯电动汽车为例，它的能量回收强度可以在中控屏幕相应的设置菜单中进行设置。帝豪 EV300 能量回收强度设置菜单如图 2-1-7 所示，能量回收强度设置界面如图 2-1-8 所示。

图 2-1-7　帝豪 EV300 能量回收强度设置菜单

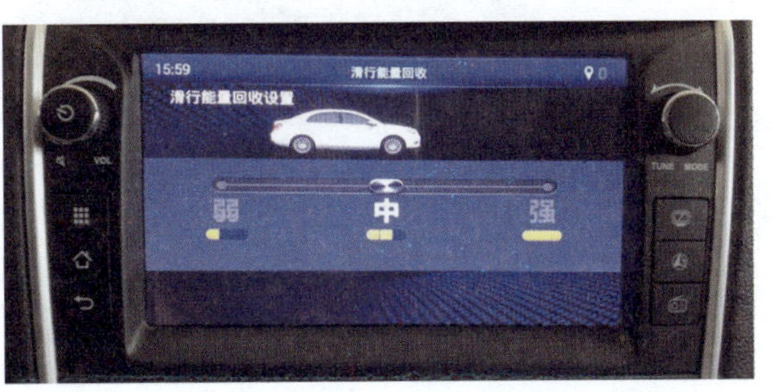

图 2-1-8　帝豪 EV300 能量回收强度设置界面

（5）电器操控

纯电动汽车的电器操控与传统燃油汽车基本相同。图 2-1-9 所示为帝豪 EV300 纯电动汽车的空调操作面板，与传统汽车基本相同。

图 2-1-9　帝豪 EV300 纯电动汽车的空调操作面板

2. 混合动力汽车的起动与操控方法

混合动力汽车的起动与操控，与传统汽车起动原理与操控方式基本相同，但是不同的汽车制造商可能在起动习惯与便捷性上做了更多的改进。

以下以比亚迪秦和丰田卡罗拉混合动力（双擎）汽车为例，介绍混合动力汽车的起动与操控方法。

（1）比亚迪秦混合动力汽车起动与操控

1）起动前的车辆检查

如图 2-1-10 所示，检查充电枪是否正在连接车辆，否则应将充电枪移出充电接口。

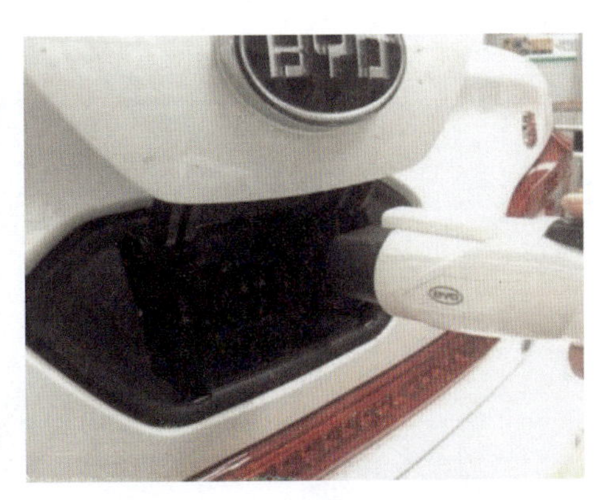
图 2-1-10　充电枪移出充电接口

2）起动车辆

确保起动钥匙在车内，踩下制动踏板，按下转向盘下方的一键起动开关起动车辆。起动成功后，组合仪表显示车辆运行状态信息（OK 指示灯点亮），如图 2-1-11 所示。

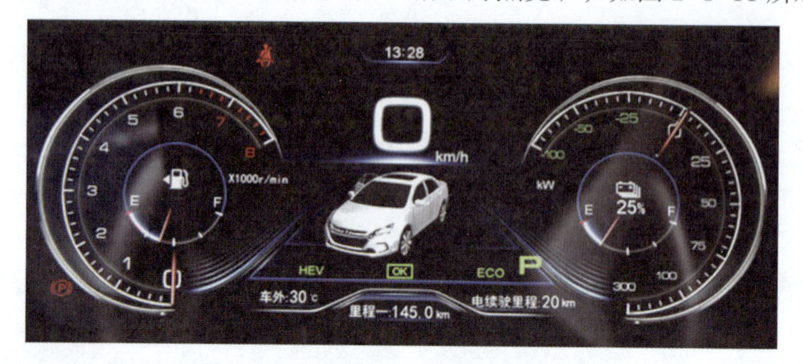

图 2-1-11　起动车辆以后仪表显示信息

3）移出 P 位驾驶车辆

与纯电动汽车不同的是，混合动力汽车有两套能源（内燃机和动力电池）系统。目前，大多数混合动力车辆的两套系统之间，是由车辆控制系统根据车辆运行状态自行切换的，但比亚迪秦混合动力汽车在变速杆附近设计有 HEV 和 EV 按钮，可以根据驾驶人的需求切换两种运行模式，如图 2-1-12 所示。

图 2-1-12　比亚迪秦的模式切换按钮

4）驾驶中的个性化设置

驾驶车辆过程中，可以通过信息娱乐系统中的信息显示屏，个性化设置车辆的辅助功能，如图 2-1-13、图 2-1-14 所示。

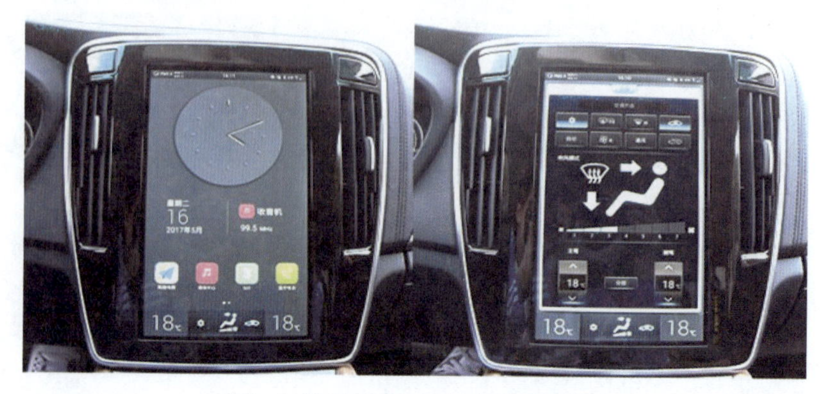

图 2-1-13　比亚迪秦的车辆信息显示屏

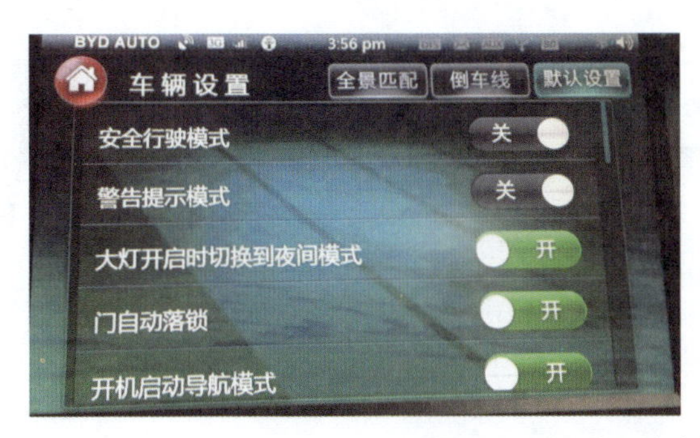

图 2-1-14　比亚迪秦的车辆设置显示菜单

（2）丰田混合动力汽车仪表及其他系统操控

图 2-1-15 所示为丰田卡罗拉混合动力（双擎）汽车仪表与信息系统，仪表显示界面可以显示车辆状态、运行状况、档位信息以及混合动力系统信息。

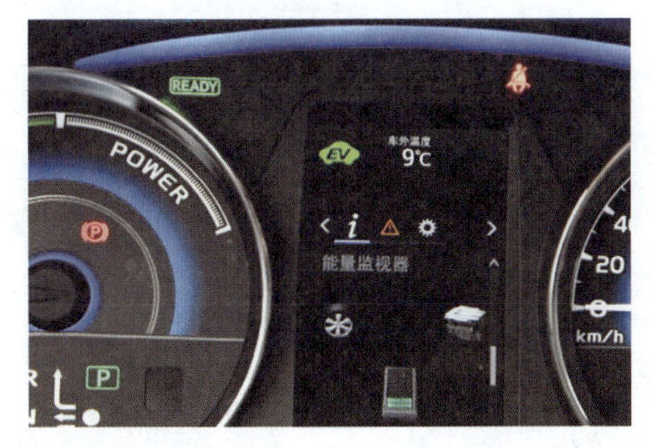

图 2-1-15　丰田卡罗拉仪表与信息系统

1）READY 指示灯和能量表

混合动力汽车取消了内燃机转速表，车辆在起动状态下内燃机可能不一定运转，因此设置单独的 READY 或 OK 指示灯，来提示车辆已经起动的信息。图 2-1-16 所示为丰田卡罗拉混合动力汽车的 READY 指示灯，以及能量表、速度表（车速表）。

图 2-1-16　丰田卡罗拉 READY 指示灯及能量表、速度表

2）驱动模式开关及模式切换

如图 2-1-17 所示，丰田卡罗拉混合动力汽车的行驶模式有纯电（EV MODE）模式和驱动（DRIVE MODE）模式，驱动模式包括 ECO（经济）和 PWR（运动 / 性能）模式，可以进行手动模式切换。

打开 EV 模式开关，模式指示灯将点亮。在 EV 行驶模式下，仅通过由动力电池供电的电机来驱动车辆。EV 行驶模式可以在以下情况被激活：

- 车辆行驶速度达一定数值（40km/h）。
- 内燃机已经暖机。
- 动力电池正常状态。

图 2-1-17　丰田卡罗拉模式切换开关

如图 2-1-18 所示，如果选择进入 PWR 运动模式后，指示灯会自动变成红色。如果动力电池电量不足，内燃机将对动力电池充电，即自动进入 CHG 充电模式。

如图 2-1-19 所示，当车辆进行制动减速时，混合动力系统自动进入能量回收模式，将车辆的动能转化为电能对动力电池充电，达到节能的目的。

图 2-1-18　丰田卡罗拉 PWR 运动模式、ECO 经济模式、CHG 充电模式仪表显示

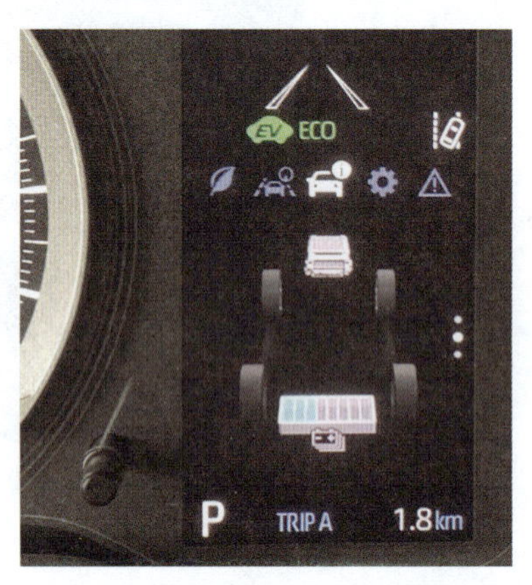

图 2-1-19　丰田卡罗拉制动能量回收模式仪表显示

3）仪表个性化设置

丰田卡罗拉混合动力汽车仪表行车电脑可显示丰富的信息，并且可以根据个人喜好进行自定义切换。

如图 2-1-20~ 图 2-1-22 所示是行车电脑显示的信息及显示切换状态。

图 2-1-20　丰田卡罗拉仪表行车电脑显示的丰富信息

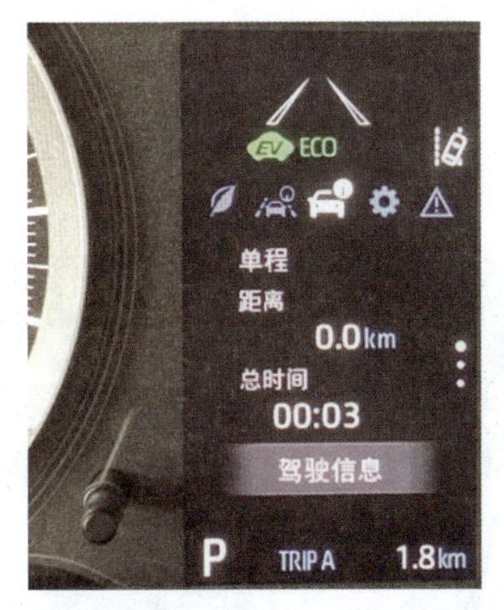

图 2-1-20　丰田卡罗拉仪表行车电脑显示的丰富信息（续）

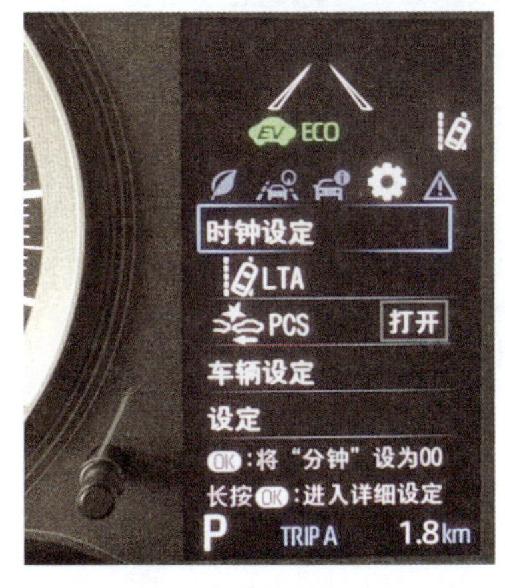

图 2-1-21　丰田卡罗拉仪表自定义界面切换

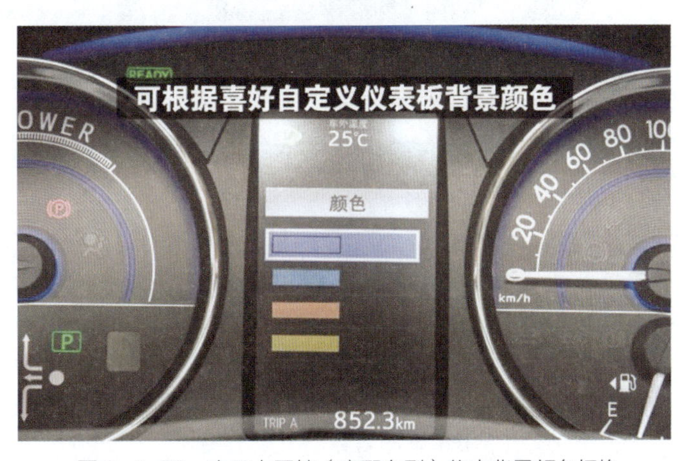

图 2-1-22　丰田卡罗拉（高配车型）仪表背景颜色切换

4）起动系统配置

丰田卡罗拉混合动力汽车全车系标配一键起动系统，起动按键设计为时尚的混动蓝，如图 2-1-23 所示。

如图 2-1-24 所示，丰田卡罗拉混合动力汽车的豪华车型配有卡片遥控钥匙，其他车型为普通遥控钥匙。为避免遥控钥匙因电量不足等原因造成不便，车辆配有备用机械钥匙，必要时可以用机械钥匙打开车门。

图 2-1-23　丰田卡罗拉一键起动按键

图 2-1-24　丰田卡罗拉起动钥匙配置

5）操控配置

丰田卡罗拉混合动力汽车变速器采用电子变速杆（俗称档把），档位切换力度较轻，如图 2-1-25 所示。部分车型采用电子驻车制动系统（俗称电子手刹），便于操作，如图 2-1-26 所示。

图 2-1-25　丰田卡罗拉电子变速杆

图 2-1-26　丰田卡罗拉电子驻车制动系统

（3）混合动力汽车能量图的识别

下面以丰田混合动力汽车为例，介绍混合动力汽车能量图的识别。

能量图显示形式：

起动车辆，并操作混合动力汽车信息显示屏，找到以下显示信息。

如图 2-1-27 所示，在混合动力汽车的娱乐系统显示屏内或仪表信息显示中心内，均设计有车辆运行状态的实时能量图。能量图指示了行车过程中动力电池与驱动电机之间电能的流动情况。

能量图会显示以下状态信息：

电源关闭：动力电池没有电能流向车轮。

电池驱动：当电能从动力电池流向车轮时，电池图标会被激活。

制动能量回收：当车辆进行制动或者滑行时，再生（回收）的电能会由车轮返回至动力电池。

如图 2-1-28 所示，有些混合动力汽车仪表中会设计一个有类似功能的能量指示符号，该符号指导以有效率的方式驾驶，要求保持屏幕中球体为绿色，且处于仪表中间，此时车辆的燃油经济性或电能的使用效率最高。

图 2-1-27　混合动力汽车能量图显示界面

图 2-1-28　混合动力汽车能量球

当加速时：如果球体变黄并向上运行，表示加速过猛，不利于效率最佳化。

当制动时：如果球体变黄并向下运行，表示制动过猛，也不利于效率最佳化。

二　基本技能

1. 纯电动汽车起动与操控

参照前文“基本知识”的内容，必要时阅读《用户手册》，识别纯电动汽车的起动开关、变速杆档位及其他电器开关，进行纯电动汽车起动与操控。

2. 混合动力汽车起动与操控

参照前文“基本知识”的内容，必要时阅读《用户手册》，识别混合动力汽车的起动开关、变速杆档位及其他电器开关，进行混合动力汽车起动与操控。

任务二　纯电动 / 混合动力汽车充电操作

情境导入

情境描述

你所在企业的销售顾问请你协助向新购车的客户介绍电动汽车的充电方法及注意事项，你能完成这个任务吗？

情境提示

纯电动与插电式混合动力汽车需要通过外接的电源充电，因为涉及高压电，必须正确操作并且掌握注意事项。

学习目标

知识目标

1. 能描述纯电动与插电式混合动力汽车充电系统的功能、充电桩的作用和类型。
2. 能描述纯电动与插电式混合动力汽车充电系统的类型。
3. 能描述纯电动与插电式混合动力汽车注意事项及充电方法。

技能目标

1. 能进行纯电动汽车的充电操作。
2. 能进行插电式混合动力汽车的充电操作。

一　基本知识

1. 纯电动与插电式混合动力汽车充电系统概述

（1）充电系统的功能

充电系统是纯电动汽车与插电式混合动力汽车（以下简称“电动汽车”）的能源补给系统，为动力电池提供电能，保障车辆能够持续行驶。

电动汽车的关键技术问题是如何能实现高效率的快速充电。快速充电系统需要强大的瞬时功率，因此确保充电时的安全性，以及保证电网的承载能力是电动汽车发展的关键制约因素。

充电系统应具备的主要功能如下：

1）将外部电网的电源进行电力变换，为电动汽车（动力电池）充电。

2）根据动力电池的实时状态控制充电的启动和停止，充满后应自动停止充电。

3）根据动力电池的电量、温度及其他条件，调节充电电流的大小。

4）可根据充电时长的需求来选择充电模式，即：快充或慢充模式。

5）采用国际通用的快速充电标准接口，输入电源可以用交流电，也可以用直流电。

（2）充电桩的作用和类型

电动汽车的充电电流比较大，如果用普通的家用电源插头，充电导线和插头承受不了那么大的电流，会把插头和导线烧毁，因此需要能够承受大电流的专用充电桩。作为电动汽车的配套设施，充电桩根据类型可分为交流充电桩（图 2-2-1）、直流充电桩（图 2-2-2）和交直流一体充电桩（图 2-2-3）。为提高公共充电桩的效率和实用性，有时也会增加一桩多充或为电动自行车充电的功能。

充电桩一般固定在路边或停车场内，利用专用充电接口，采用传导方式为电动汽车提供电能。充电桩应具备相应的通信、计费和安全防护功能，用户可通过运营管理部门制订的方式，为电动汽车支付充电费用。

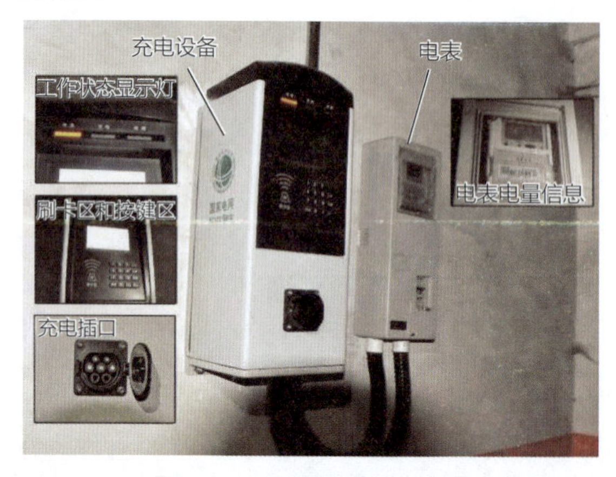

图 2-2-1　壁挂式交流充电桩

图 2-2-2　直流充电桩（多充）

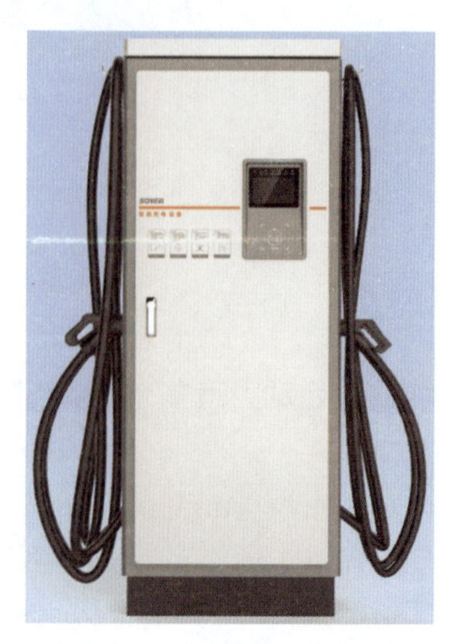

图 2-2-3　交直流一体充电桩

2. 纯电动与插电式混合动力汽车充电系统的类型

纯电动与插电式混合动力汽车的充电系统有多种分类方式。

图 2-2-4　接触式充电

（1）按充电方式分类

按充电方式分类，充电系统可以分为接触式和感应式两种类型。

1）接触式

接触式也称耦合式或传导式。接触式充电方式如图 2-2-4 所示，将一根带插头（充电枪）的高压电缆线直接插到电动汽车的充电口中为动力电池充电。

接触式充电方式的优点是简单、效率高；缺点是充电电流小，充电时间长。

2）感应式

感应式充电方式也称无线充电方式，如图 2-2-5 所示。感应充电器是利用高频交流磁场的变压器原理，通过电磁感应耦合的方式进行能量转换。充电器将 50~60Hz 的普通交流电转换成 80~300Hz 的高频电，然后将高频交流电感应到电动汽车上，从而为动力电池充电。

感应式充电方式的优点是使用方便，在恶劣的气候环境下进行充电也无触电的危险，充电时间大大缩短；缺点是技术难度大，并且会有一定的电磁辐射。

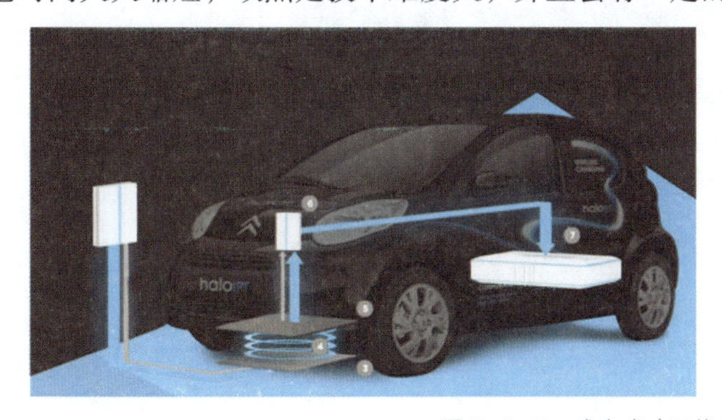

图 2-2-5　感应式（无线）充电

（2）按充电时间分类

按充电时间分类，充电系统可以分为交流慢充（也称常规充电）和直流快充（也称快速充电）两种类型。

1）交流慢充

图 2-2-6 是交流充电方式示意图。交流充电桩相当于一个控制电源，只提供电力输出，没有充电功能，需连接车载充电机才能为电动汽车充电。充电时，通过外部常规的市电电网电源插头或者专用交流充电桩接入车辆的交流充电口，通过车载充电机将 220V 交流电转为 330V 直流电（比亚迪 e6 为例），为动力电池进行充电。充电电流约为 15 A，充电时间为 5~8 h，甚至长达 10~20 h。

2）直流快充

直流快充是通过专用充电站（图 2-2-7）的直流充电桩，将直流高压电直接通过车辆的直流充电口给动力电池充电（不经过车载充电机）。一般情况下，直流快充的充电电流为

150~400A，30 min~1h 充到 80% 左右，1.5h 左右即能充满电。

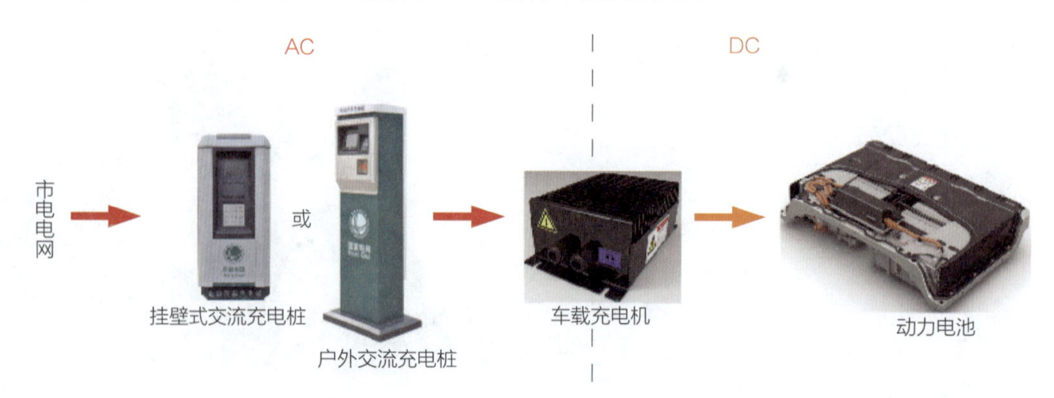

图 2-2-6　交流充电方式示意图

图 2-2-7　直流充电站

图 2-2-8 是直流充电方式示意图。直流充电桩是固定安装在电动汽车外，一般与三相四线 AC 380V 交流电网（动力电）连接，直接为动力电池提供直流电源的供电装置。直流充电桩具有车载充电机功能，可以实时监视并控制被充电动力电池状态，同时直流充电桩可以对充电电量进行计量。

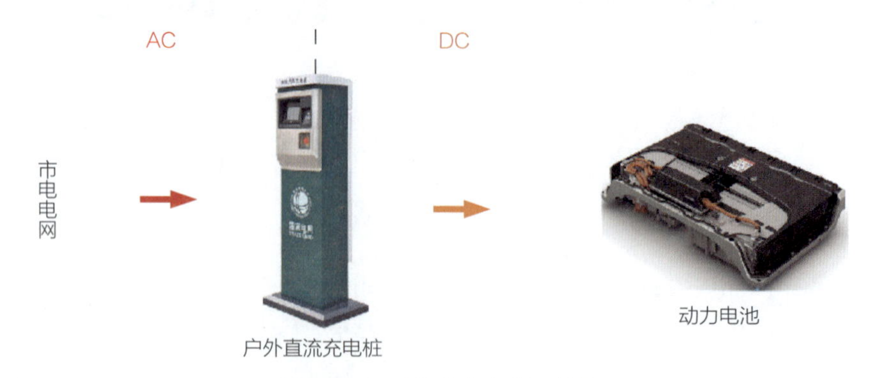

图 2-2-8　直流充电方式示意图

（3）更换动力电池的方式

充电难、充电时间长、续驶里程短的问题，一直困扰着电动汽车用户，特别是出租车及网约车。因此有的汽车厂家和专家提出解决方案：直接更换充满电的动力电池，将更换下来的电池集中充电。图 2-2-9 所示为更换动力电池的场景。

采用这种方式，具有如下的优点：

1）电动汽车用户可租用充满电的动力电池，直接更换需要充电的动力电池，有利于提高车辆使用效率，也提高了用户使用的方便性和快捷性。

2）对于更换下来的动力电池，可以利用供电低谷时段进行充电，降低了充电成本，提高了车辆运行经济性。

3）这种方式也解决了充电时间乃至动力电池存电量、电池质量、续驶里程不足及价格高等难题。由于动力电池是租用的，整车售价应大幅度降低。

图 2-2-9　更换动力电池的场景

4）可以及时发现动力电池组中单体电池的故障，对于动力电池的维护工作将具有积极意义。

5）动力电池组放电深度的降低也将有利于提高动力电池的寿命。

应用这种方式面临的几个主要问题是：

1）由于动力电池组重量较大，而且涉及高压安全，更换电池的专业化要求较强，需配备专业人员，借助专业机械，来快速完成动力电池的更换、充电和维护。

2）动力电池与电动汽车的设计制造必须标准化，或者设计生产可以利用机械设备自动更换动力电池的“换电版”车型。

3）动力电池换电站的建设和管理，以及动力电池的流通管理等，需要制订一系列管理运营模式。图 2-2-10 所示为北汽新能源汽车的自动换电站。

图 2-2-10　北汽新能源汽车的自动换电站

3. 纯电动与混合动力汽车充电方法

（1）充电的注意事项

对于需要充电的纯电动与插电式混合动力汽车，对车辆充电时必须注意以下事项：

1）在充电的操作过程中，不允许无关的人员接触操作人员、车辆和充电桩。

2）充电前，需检查充电枪、车辆充电口及导线状态是否良好。

3）先将充电枪与车辆充电插座（充电口）连接，再对充电桩进行充电设置操作。

4）充电结束后，先关闭充电桩电源，然后将充电枪与车辆充电口分离，并将车辆充电口盖盖好。

5）当充电桩出现故障时，如果确认不是供电电源及车辆充电系统的原因，应立即通过相关专业人员进行解决，不可任意处置。

6）在雨天室外充电时，充电枪插拔过程中要注意对充电连接部位（充电口）遮雨防护。如果遇到雷雨等极端天气，建议停止充电。

7）充电过程中，只要充电枪与充电口连接，车辆的控制系统就会切断高压输出电源，也不允许进行起动车辆等操作。

8）充电时，充电设备的内部可能会产生火花，请不要在加油站、有易燃气体或液体的地方进行充电。

9）插电式混合动力车辆插有充电电缆时不要加油，与易燃物品保持充足安全距离。否则，未按规定插入或拔出充电电缆时，存在因燃油燃烧等导致人员受伤或物品损坏的危险。

10）通过家用插座为动力电池充电，会导致插座上出现较高持续负荷。因此必须遵守以下要求：

- 不要使用适配器或延长电缆。
- 充电结束后首先拔出车辆一端的充电插头，然后再拔出充电桩一端的充电插头。
- 避免绊倒危险，并且注意充电电缆和插座机械负荷。
- 不要使用损坏的插座和充电电缆。
- 为高电压动力电池充电时，充电插头和充电电缆可能会变热。如果变得过热，则充电插座可能不适用进行充电或充电电缆已损坏，应立即中止充电并让电气专业人员进行检查。
- 反复出现充电故障或中断情况时，应联系具有资质的维修人员。
- 仅使用防潮和防侵蚀的插座。
- 不要用手指或物体接触插头触点区域。
- 切勿自行维修或改进充电电缆。
- 进行清洁前将电缆两侧均拔出，注意电缆不要浸入液体内。
- 充电期间不允许进行自动洗车。
- 仅在经过电气专业人员检查的插座上进行充电。
- 在不了解的基础设施/插座上充电时，应阅读并遵守用户手册内的特殊说明。在车上将充电电流设置为“较低”。

（2）充电电源选择

在电动汽车充电市场并未完善的情况下，充电手段参差不齐，直接将充电枪插到家用电源插座上充电的现象也并不少见，如图2-2-11所示。

由于技术和工艺的限制，目前电动汽车车载充电机功率一般是3.3kW或6.6kW，采用220V家用电的电流在16A左右，而一般情况下入户电流容量最大不超过16A，因此家用电缆会因过载工作而有可能引起火灾。如图2-2-12所示，私拉电线充电可能造成安全隐患。

图2-2-11 私拉电线充电

图2-2-12 私拉电线造成安全隐患

国家在电动汽车充电方面有严格的标准，用户必须使用充电桩对车辆进行充电，因为专用的充电桩能根据供电电源的容量自动限制车载充电机的充电功率，并能在出现故障后安全可靠切断电源，避免火灾等事故发生。国家标准中不建议在没有充电桩的情况下进行充电，更是禁止在没有充电桩的情况下采用三相工业用电进行充电。电动汽车用户需要注意的是，如不按照国家标准或不按照电动汽车充电原厂使用手册进行充电，那么出事故后是不能得到国家的相关规则保护的。

（3）充电桩和充电口选择

1）慢充（交流）充电桩

慢充充电的充电桩和主要技术参数如图 2-2-13 所示。可以采用地面安装的停车位桩体式（250V/AC 32A/16A）和家用车库挂壁式（250V/AC 16A）充电桩，也可以采用随车配置（图 2-2-14）的家用插座交流充电器（240V/AC 8A）。

项目	参数	项目	参数
充电连接器	IEC/GB	安装	落地安装 挂壁安装
人机界面	LCD/LED/VFD 键盘	通信	RS485/2G/3G
计费装置	R FID/IC card	环境温度	-20℃ ~+50℃
供电	220V ± 10% （50 ± 1）Hz	环境湿度	5%~95%
输出电压	单相 AC 220V ± 10%	海拔	≤ 2000m
输出电流	32A	平均无故障 工作时间	≥ 8760h
IP	IP55		

图 2-2-13 交流充电桩和主要技术参数

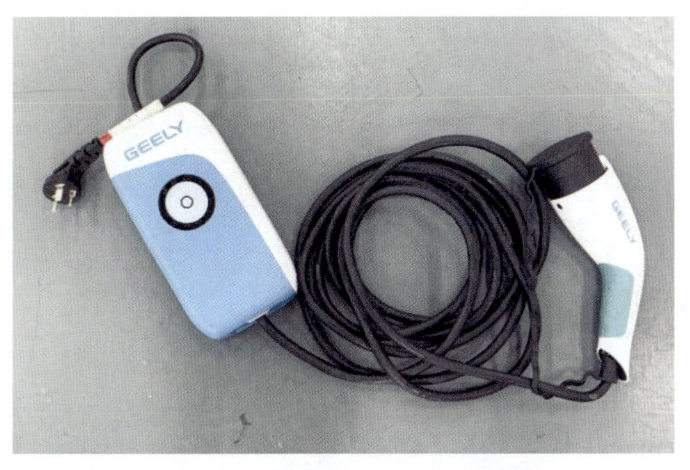

图 2-2-14 帝豪 EV300 随车充电器

2）快充（直流）充电桩

直流充电的充电桩和主要技术参数如图 2-2-15 所示。

内容	技术指标
额定输出电压	DC750V
额定输出电流	DC100A/250A/400A
输出稳压精度	≤ ±0.5%
输出稳流精度	≤ ±1%
功率因数	≥ 0.99（含 APFC）
效率	≥ 93%（半载以上）

图 2-2-15　直流充电的充电桩和主要技术参数

3）充电口的位置

电动汽车的充电口通常位于传统车型油箱盖的位置、车辆前后车标的位置。慢充充电口和快充充电口可能一起安装，也可能单独安装。大部分的插电式混合动力汽车及小型纯电动汽车，只有配置慢充充电口。充电口都为标准端口，慢充口为 7 针，快充口为 9 针，因此不用担心会混淆。图 2-2-16 所示为比亚迪 e5 位于前车标后方的快充、慢充充电口；图 2-2-17 所示为吉利帝豪 EV300 位于传统油箱盖位置的快充、慢充充电口。

图 2-2-16　比亚迪 e5 的快充、慢充充电口

图 2-2-17　帝豪 EV300 快充、慢充充电口的位置

（4）为车辆充电前的充电模式设置

电动汽车都设计有充电模式的选择，通过车辆电子显示屏的菜单可以设置充电模式，包括即插即充或预约充电等。图 2-2-18 所示的是吉利帝豪 EV300 纯电动汽车的充电设置界面，图 2-2-19 是比亚迪秦混合动力汽车的充电设置界面。具体设置步骤请参照菜单提示、相关车型的用户手册及其他技术资料。

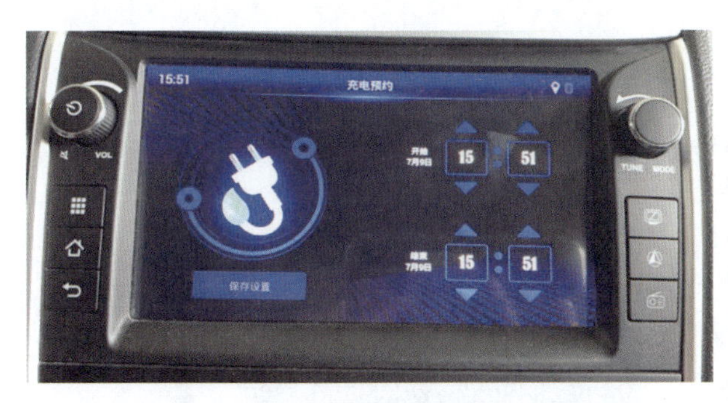

图 2-2-18　帝豪 EV300 纯电动汽车充电设置

图 2-2-19　比亚迪秦混合动力汽车充电设置

二 基本技能

电动汽车的充电操作：

以下以吉利帝豪 EV300 纯电动汽车交流慢充充电为例，介绍纯电动汽车的充电操作步骤。其他纯电动车型和插电式混合动力汽车的充电操作步骤基本一致。

1）关闭车辆起动开关。

2）设置即时充电模式。

3）如图 2-2-20 所示，打开充电口盖（外盖）拉索。

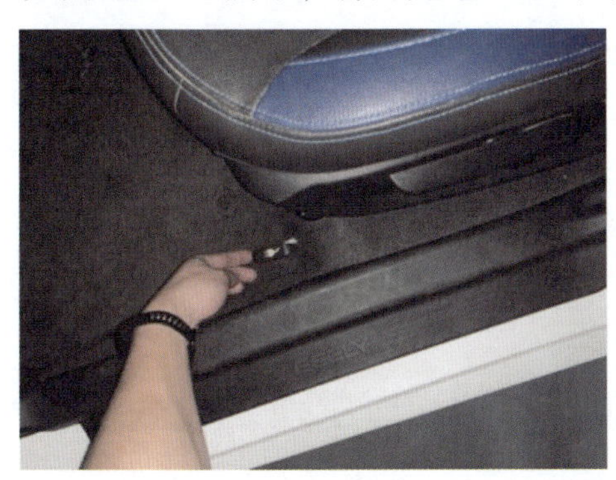

图 2-2-20　打开充电口盖（外盖）拉索

4）如图 2-2-21 所示，打开交流充电口盖（内盖）。

5）如图 2-2-22 所示，连接车辆端的交流充电器，组合仪表点亮充电连接指示灯。

图 2-2-21　交流充电口盖（内盖）

图 2-2-22　连接车辆端充电器

6）如图 2-2-23 所示，充电桩设置启动充电。

7）如图 2-2-24 所示，结束充电后，按下开关，拔出交流充电器，并将其放在指定位置。

图 2-2-23　充电桩设置

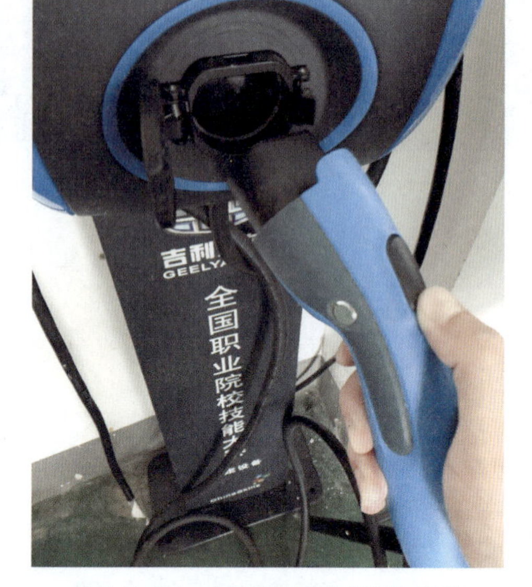

图 2-2-24　交流充电器放在指定位置

8）关闭充电口内盖和充电口外盖。

9）交流即时充电结束。

项目三
纯电动 / 混合动力汽车动力电池及管理系统检修

本项目介绍纯电动/混合动力汽车动力电池及管理系统检修，分为两个工作任务，分别为：任务一动力电池结构原理与检修；任务二动力电池管理系统结构原理与检修。通过两个工作任务的学习，你能够掌握动力电池及管理系统的结构原理，能够进行动力电池及管理系统的检修。

任务一　动力电池结构原理与检修

情境导入

情境描述

一辆吉利帝豪纯电动汽车无法行驶，初步判断是动力电池发生故障，你的主管让你进一步检测，必要时更换动力电池总成，你能完成这个任务吗？

情境提示

动力电池是纯电动汽车的核心部件，也是车上价格最高的部件，动力电池的性能好坏直接决定了这辆车的实际价值。动力电池系统发生故障，需要判断是辅助元件及线路故障，还是动力电池本身故障。

学习目标

知识目标

1. 能描述动力电池的作用、安装位置、使用及安全要求。
2. 能描述动力电池的类型及特点。
3. 能描述动力电池的参数及检测方法。
4. 能描述动力电池的结构组成。

技能目标

1. 能进行动力电池总成更换。
2. 能进行动力电池分解、检测和组装。

一 基本知识

1. 动力电池概述

（1）电池与动力电池

将化学能转换成电能的装置称为化学电池，简称电池。电池放电后，能够用充电的方式使内部活性物质再生，把电能储存为化学能；需要放电时再次把化学能转换为电能，这类电池称为蓄电池。

新能源汽车（电动汽车）使用的动力电池也称动力蓄电池、高压动力电池组、高压电池包、HV 蓄电池等。它用于存储电能，能够实现电池的循环充放电，作为车辆的动力使用。图 3-1-1 所示为动力电池外形。

图 3-1-1　帝豪 EV300 纯电动汽车动力电池外形

动力电池是纯电动汽车的核心部件，也是价格最高的部件，在纯电动汽车的总成本中可以占到 30%~50%。动力电池的性能好坏直接决定了这辆车的实际价值。动力电池一旦出现故障，车辆就会处于瘫痪状态。动力电池属于高压安全部件，内部结构复杂，工作时需要很苛刻的条件，任何异常因素都将导致动力被切断，因此维修人员必须经过严格的培训才能对动力电池进行检测、维修等作业。

（2）动力电池的作用

动力电池的作用是接收和储存来自外部充电装置（充电桩和车载充电机）、发电机、制动能量回收装置提供的电能，并且为驱动电机和其他高压用电设备提供电能。图 3-1-2~图 3-1-4 所示是动力电池的作用。

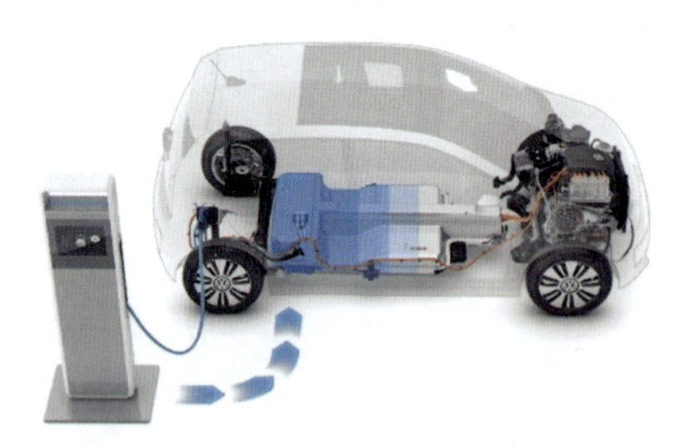

图 3-1-2　外部充电装置为动力电池充电

图 3-1-3　制动能量回收装置为动力电池充电

图 3-1-4　动力电池向驱动电机等用电设备供电

（3）动力电池的安装位置

动力电池的存放以及在电动汽车上安装的位置有环境要求、安全要求，以及便于拆装等特殊要求。

动力电池必须尽可能放在清洁、阴凉、通风、干燥的地方，并避免受到阳光直射，远离热源。动力电池应当水平安装放置，不可倾斜。动力电池组之间应有冷却装置，以避免动力电池在使用过程中产生过高的热量而影响其性能或造成损坏，严重时可导致爆炸。

由于纯电动汽车需要有更大存储容量的电池，而按照目前的电池制造技术，体积也会相应地增大。因此，目前大多数的纯电动汽车动力电池安装在车辆底部的前、后桥及两侧纵梁之间，这些位置有较高的碰撞安全性，可以降低车辆重心，车辆操控性更好，没有过多地占用乘客舱的容积。图 3-1-5 所示为帝豪 EV300 纯电动汽车动力电池安装位置。

混合动力电动汽车的动力电池个体较小，可安装在行李舱或后排座椅的下方或之间，图 3-1-6 所示为丰田卡罗拉混合动力汽车动力电池安装位置（后排座椅下）。

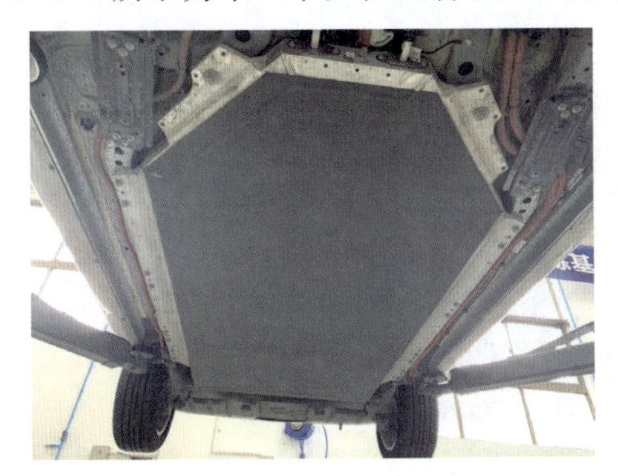

图 3-1-5　帝豪 EV300 纯电动汽车动力电池安装位置

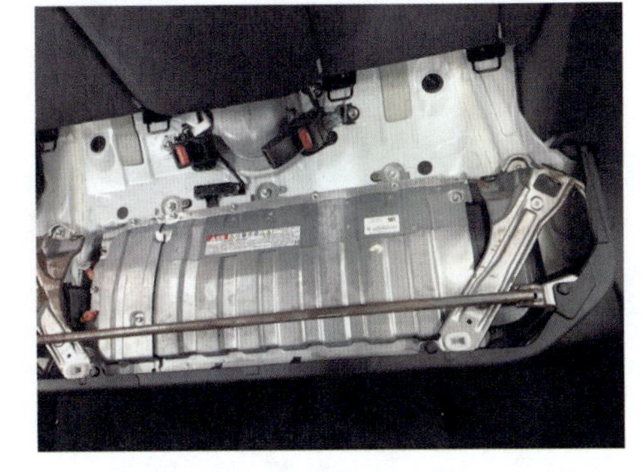

图 3-1-6　丰田卡罗拉混合动力汽车动力电池安装位置

动力电池安装的位置，不但使得拆装操作更加简单，也避免了动力电池安装分散，减少动力电池之间高压连接线束的使用，提升了可靠性，而且节约了成本。

（4）动力电池的使用要求

电动汽车的动力电池需要在新车期间执行相应的维护操作，包括对动力电池的适度放电和充电，初期使用时应注意以下内容。

1）正确掌握充电时间

如果组合仪表上的电量表或指示灯指示应充电，必须尽快充电，否则动力电池过度放电会严重缩短其寿命。过度充电、过度放电和充电不足都会缩短动力电池寿命。

2）定期充电

建议每天都充电，这样使动力电池处于浅循环状态，使用寿命会延长。

（5）动力电池的安全要求

1）安全性测试

动力电池在推向市场前，生产厂家必须对动力电池进行严格的安全性测试。在动力电池发生短路、过充电、挤压、针刺、跌落、热冲击等意外后，应保持动力电池的安全性，即不变形、不漏液、不破裂、不爆炸、不燃烧。

2）碰撞安全

当车辆发生如图 3-1-7 所示的碰撞（正碰、侧碰）事故后，动力电池应能够保证自身的安全，即没有发生短路、漏电、漏液现象，且能够继续正常使用。

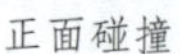

正面碰撞

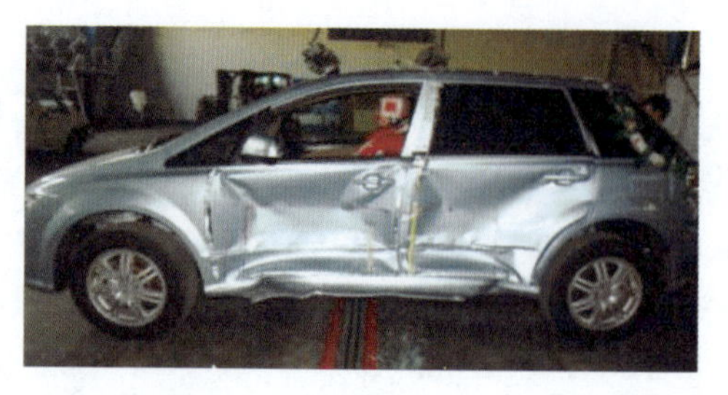

侧面碰撞

图 3-1-7 车辆碰撞事故

3）运输与储存

如图 3-1-8 所示，必须将动力电池及其组件存放在装有火灾探测器及自动灭火装置的空间内，确保即使不在工作时间内也能识别出失火情况。不允许将动力电池直接放在地面上，只能放在专用的架子上或绝缘垫上。对于拆下的电池模块，应存放在可上锁的安全柜内。

图 3-1-8 动力电池及模块的存放

动力电池运输和储存的条件，包括时间、温度、湿度等，见表 3-1-1。

表 3-1-1 动力电池运输和储存的条件

运输	最多连续 24h 保持 -40℃
	最多连续 48h 保持 60℃
存储	最低温度：-40℃
	最高温度：60℃
	存储时间：3 年（常温下，3 年后需补充电）
	湿度：最大 85% 的相对湿度
生产后供应长期存储	最低温度：10℃
	最高温度：40℃
	存储时间：10 年
	湿度：最大 85% 的相对湿度

4）损坏判断与处理

动力电池出现以下情况时就应视为已经损坏：

- 动力电池带有可见烧焦痕迹。
- 动力电池具体部位可见高温形成迹象。
- 动力电池冒烟。
- 动力电池外部面板变形或破裂。

必须将损坏的动力电池临时存放在户外带有特殊标记的专用容器内（图 3–1–9）至少 48 h，之后才允许进行最终废弃处理。存放位置必须与建筑物、车辆或其他易燃材料例如垃圾容器至少距 5 m。

如果动力电池外部已经严重损坏，必须放在耐酸且防漏的凹槽内，以免溢出的电解液流入土壤。

5）回收利用

根据行业专家从企业质保期限、电池循环寿命、车辆使用工况等方面综合测算，随着新能源汽车迅速普及，未来几年后将迎来动力电池集中退役潮，届时将对动力电池回收利用系统产生巨大压力。

图 3–1–9 损坏的动力电池存放容器

2020 年我国动力电池累计退役总量达到了约 20 万吨，而到 2025 年，这一数字预计将升至约 78 万吨。如果这些动力电池直接废弃，将对土壤和地下水造成极大污染。国际通行的做法是对退役电池进行梯次利用。电动汽车上一般装载的是一个完整的动力电池总成，回收后既可以拆解成电池模组或电芯（单体电池），形成小型电池用于低速电动车、太阳能路灯等产品，也可以将多个完整的动力电池组合在一起，为风电、光电等应用场所储能。目前，国内对废旧动力电池的综合利用有两种方式：一种是梯次利用，是对废旧动力电池进行必要的检测、分类、拆分、电池修复或重组后，重新应用于其他较低使用要求的领域，例如电动汽车电池退役后可应用于两轮电动车市场；另一种为再生利用，是对废旧电池进行拆解、破碎、分选、材料修复或冶炼等处理后进行资源化利用。这种循环利用方式要求企业具备一定的金属冶炼、资源循环能力。

对于动力电池的回收利用，我国有关部门已经出台了一系列相关的法规。2021 年 8 月 19 日，工业和信息化部等五个部门发布了《新能源汽车动力蓄电池梯次利用管理办法》（工信部联节〔2021〕114 号），成立了新能源汽车动力电池梯次利用专家委员会，该专家委员会负责协调新能源动力电池梯次使用管理过程中的重大技术问题，并支持相关政策研究和行业信息分析。

2. 动力电池的类型及特点

电池的类型很多，常见的化学电池有铅酸蓄电池、镍镉电池、镍氢电池、锂电池、燃料电池等。早期电动汽车上应用最广泛的电源是铅酸蓄电池（图 3–1–10），但随着电动汽车技术的发展，铅酸蓄电池由于比能量较低，充电速度较慢，寿命较短，已逐渐被其他类型的电池所取代，而且采用铅酸蓄电池的低速电动汽车也不属于新能源汽车系列。镍镉电池（图 3–1–11）主要应用在电动工具或电动叉车上，没有应用到电动汽车上。目前，应用在电动汽车上的动力电池类型主要包括镍氢电池（图 3–1–12）、锂电池（图 3–1–13）和燃料电池（图 3–1–14）。

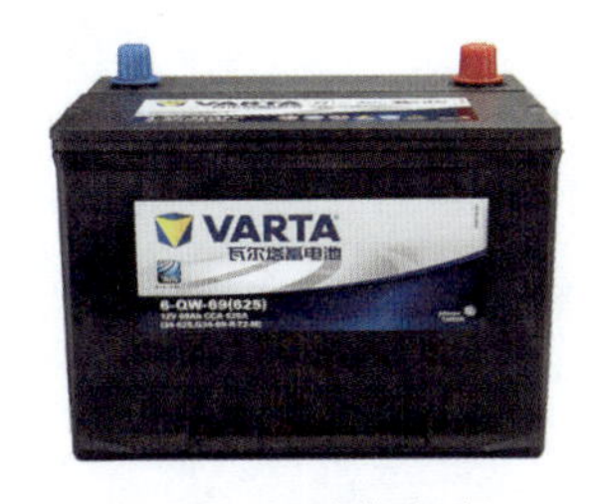

图 3–1–10 铅酸蓄电池

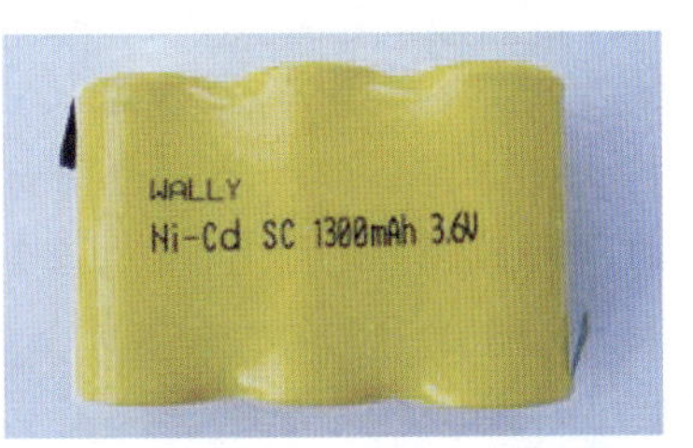

图 3–1–11 普通的镍镉电池

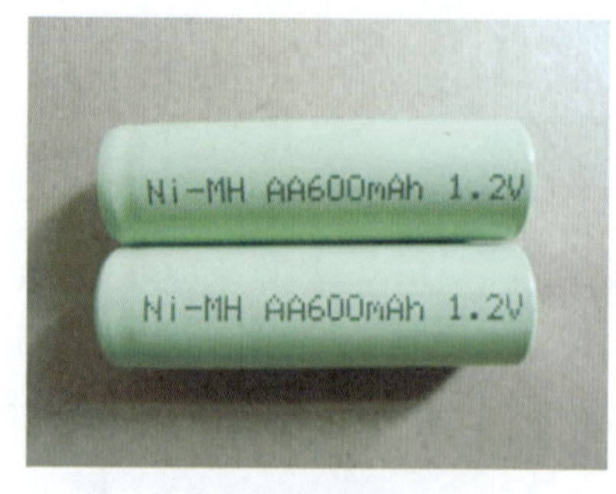

图 3-1-12 普通的镍氢电池

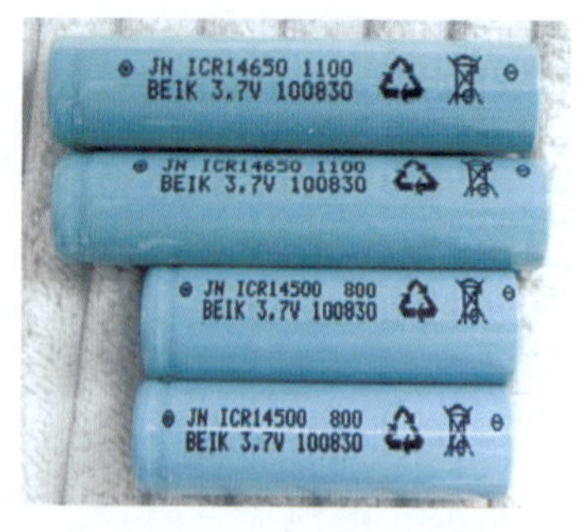

图 3-1-13 普通的锂电池

图 3-1-14 燃料电池

除了化学电池外，电池还有物理储能类型，如超级电容电池（图 3-1-15）、飞轮电池（图 3-1-16）等。物理储能的电池在汽车上应用并不广泛，下面只介绍几种典型的车用化学储能动力电池。

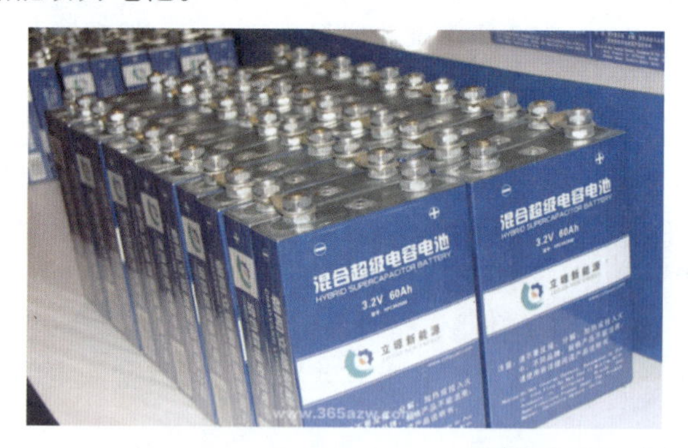

图 3-1-15 超级电容电池

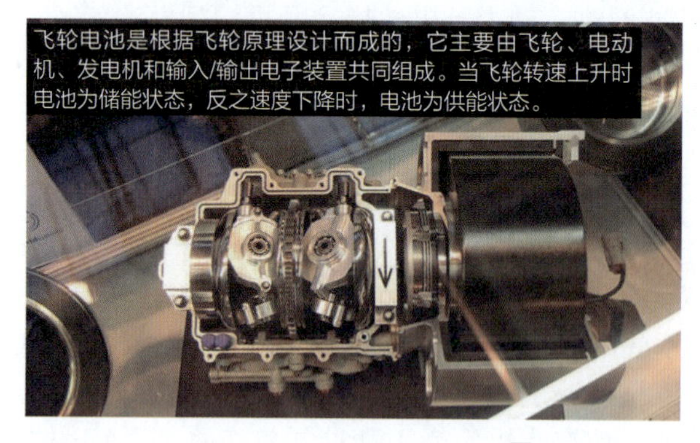

图 3-1-16 飞轮电池

（1）镍氢电池

镍氢电池（Nickel-Metal Hydride Battery），它的正极活性物质主要由金属镍制成，负极活性物质主要由贮氢合金制成的一种碱性电池。

镍氢电池单体额定电压 1.2 V，比能量约 80 W · h/kg。

由于镍氢电池安全可靠，早期的部分纯电动汽车和现在的大多数混合动力汽车采用了镍氢电池。常见的有方形和圆柱形的混合动力车用镍氢电池。图 3-1-17 所示为丰田混合动力汽车的镍氢电池总成，图 3-1-18 所示为丰田方形的镍氢电池单元；图 3-1-19 所示为本田思域圆柱形的镍氢电池单元。

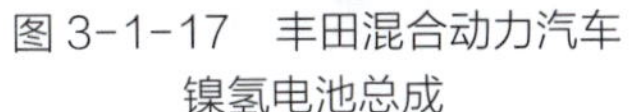
图 3-1-17　丰田混合动力汽车镍氢电池总成

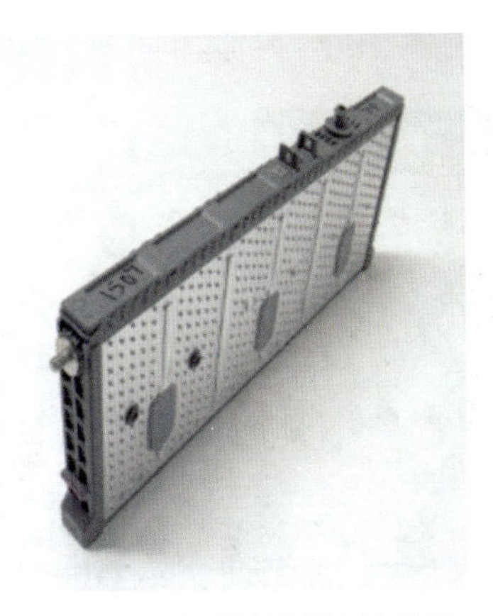

图 3-1-18　方形的镍氢电池单元

图 3-1-19　圆柱形的镍氢电池单元

1）镍氢电池的优点

镍氢电池的优点如下：

① 应急补充充电性能好，充电 18min 可恢复 40%～80%的容量。

② 过充电和过放电性能好。

③ 循环寿命长。在 80%的放电深度下，循环寿命可达到 1000 次以上，是铅酸蓄电池的 3 倍，最多可达到 6000 次。

④ 低温性能较好，能够长时间存放。可以在环境温度 -28~80℃条件下正常工作。

⑤ 镍氢电池中没有铅（Pb）和镉（Cd）等重金属元素，不会对环境造成污染。

⑥ 镍氢电池可以随充随放，不会出现镍镉电池在没有放完电后即充电而产生的“记忆效应”。

2）镍氢电池的缺点

镍氢电池的缺点如下：

① 在高温条件下使用时电荷量急剧下降。

② 自放电损耗较大。

③ 镍氢电池的成本很高，价格较贵。

④ 镍氢电池的比功率和放电能力不及镍镉电池。

⑤ 镍氢电池在使用时还应注意各个单体电池之间的一致性，特别是在高速率、深放电情况下，各个单体电池之间的容量和电压差较明显。

（2）锂电池

锂电池（Lithium Battery），是指正极材料含锂（包括金属锂、锂合金和锂离子、锂聚合物），负极材料采用石墨，使用非水电解质溶液的电池。

大部分纯电动汽车动力电池采用锂电池，包括磷酸铁锂电池 ($LiFePO_4$)、钴酸锂电池 ($LiCoO_2$)、锰酸锂 ($LiMn_2O_4$)，以及三元锂电池 ($Li(NiCoMn)O_2$)。

三元锂电池是指电池的正极材料使用镍钴锰酸锂 ($Li(NiCoMn)O_2$) 三元复合正极材料的锂电池，镍钴锰的比例可以根据实际需要调整。三元锂电池的特点是能量密度大（能量密度达到 240W・h/kg，是磷酸铁锂电池的 1.7 倍），同样重量的电池组电池容量更大。但其缺点在于稳点性较差，如果内部短路或是正极材料遇水，就会有明火产生。在极端碰撞事故中，存在起火隐患。如图 3-1-20 所示，特斯拉采用的 18650 三元锂电池，18650 即指电池的直径为

18mm，长度为 65mm，圆柱形的电池。

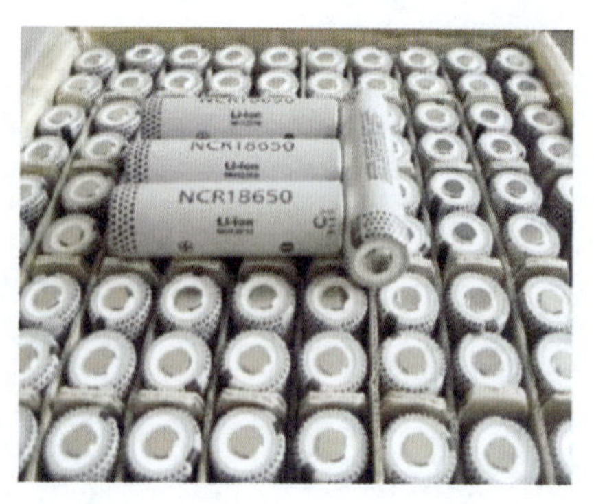

图 3-1-20 特斯拉采用的 18650 三元锂电池

相比三元锂电池，磷酸铁锂电池虽然能量密度低，但安全性高、使用寿命长，因此应用更加广泛。比亚迪汽车推出的“刀片电池”（图 3-1-21）其实就是新一代的磷酸铁锂电池，又被称为超级磷酸铁锂电池。而之所以被称为“刀片电池”，是因为与传统电池的电芯采用的圆柱体设计不同，新版的磷酸铁锂电池电芯的排布方式像刀片一样插入到动力电池包中。

图 3-1-21 比亚迪汽车的“刀片电池”

1）锂电池的优点

以最常见的磷酸铁锂电池为例，锂电池的优点如下：

① 单体电池工作电压高达 3.7V，电压是镍氢电池的 3 倍，是铅酸蓄电池的近 2 倍。

② 质量轻，比能量大，高达 150W · h/kg，是镍氢电池的 2 倍，是铅酸蓄电池的 4 倍。

③ 循环寿命长，循环次数可达 2000 次以上。寿命约为铅酸蓄电池的 2~3 倍。

④ 自放电率低，每月不到 5%。

⑤ 允许工作温度范围宽，低温性能好，锂离子电池可在 -20℃ ~ +55℃之间工作。

⑥ 无记忆效应，所以每次充电前不必像镍镉电池一样需要放电。

⑦ 无污染，锂电池中不存在有毒物质，因此，被称为“绿色电池”。

2）锂电池的缺点

锂电池的缺点如下：

①机械损坏可能导致电池短路。

②电池既不允许过度充电，也不允许过度放电。

（3）燃料电池

燃料电池是一种把氢氧化学能转化成电能的电化学装置。在燃料电池内发生的化学反应与水的电解过程刚好相反。电解是通过施加电流将水分子分解成氢分子和氧分子的过程，在电解时需要消耗能量，如图 3-1-22 所示。

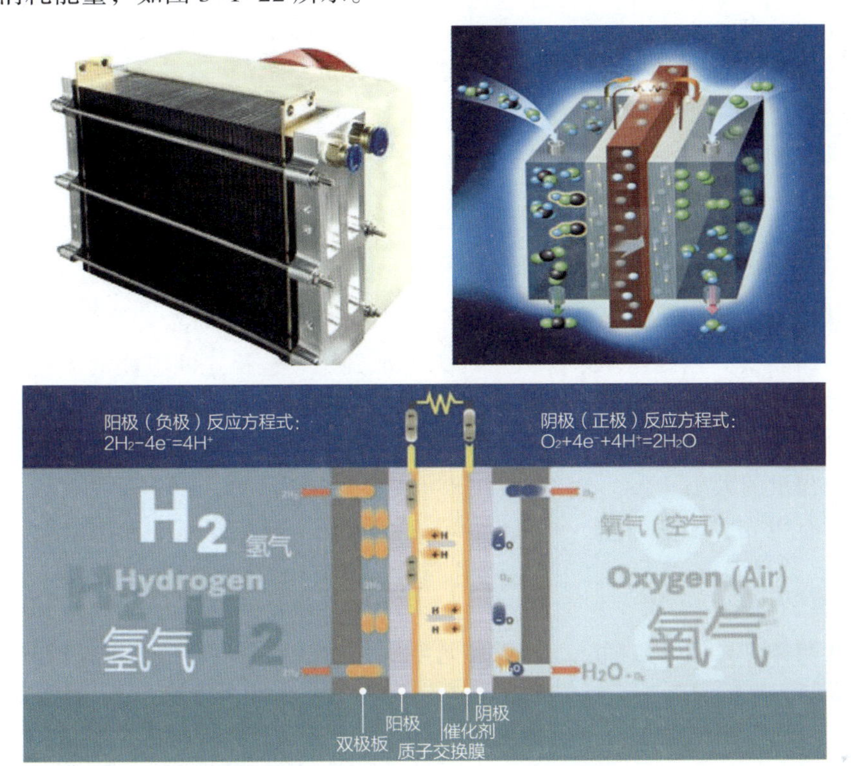

图 3-1-22 燃料电池外形及化学反应

燃料电池的类型很多，最适合汽车使用的燃料电池是 PEM 电池，也称为质子交换膜电池。PEM 燃料电池必须用氢作为能源，可以是直接存储在车辆上的氢，或者是由另一种燃料化学反应生成的氢。

燃料电池对环境无污染。它是通过电化学反应，而不是采用燃烧（汽、柴油）或储能（蓄电池）方式，燃料电池只会产生水和热。如果氢是通过可再生能源产生的（光伏电池板、风能发电等），整个循环就是彻底的不产生有害物质排放的过程。

氢燃料电池汽车的优势毋庸置疑，劣势也是显而易见。目前，曾经困扰氢燃料电池发展的诸如安全性、氢燃料的贮存技术等问题已经逐步攻克并不断完善，然而成本问题依然是阻碍氢燃料电池汽车发展的最大瓶颈。氢燃料电池的成本是普通汽油机的 100 倍，这个价格是市场所难以承受的。燃料电池汽车是新能源汽车的最终发展目标，随着科技的进步，燃料电池终将得到普及。

3. 动力电池的参数及检测方法

电动汽车及动力电池厂家在车辆的铭牌、技术资料等处都会标注动力电池相关的参数。例如，比亚迪 e5 动力电池的参数如下：

动力电池类型：环保型磷酸铁锂电池

单体电池电压：3.2V

动力电池包额定电压：633.6V（3.2V ×198 节 =633.6V）

完全充放电次数：2000 次

动力电池包容量：75A·h（47.5 kW·h）
工作温度：−20~60℃
储存温度 / 时间 /SOC：
[−40]℃ ~ [40]℃，短期储存（3 个月）20% ≤ SOC ≤ 40%
[−20]℃ ~ [35]℃，长期储存（< 1 年）30% ≤ SOC ≤ 40%
重量：≤ 490kg

需要说明的是，不同汽车厂家公布的参数以及同一参数的名称可能有所不同，请参照厂家的技术资料。以下介绍动力电池常用的参数。

（1）电压

电动汽车需要提高输出电压来降低从动力电池到驱动电机之间电能的损耗，并减小传递电能导线的尺寸。

此处的电压指的是整个动力电池组的电压。这个参数用于衡量电动汽车采用的导线质量以及电池自身容量的大小。

电压指标有电动势、端电压、开路电压、工作电压、额定电压、充电电压、终止电压和电压效率等。

1）电动势

电池的电动势，又称电池标准电压或理论电压，为组成电池的两个电极的平衡电位之差。

2）端电压

电池的端电压是指电池正极与负极之间的电位差。

3）开路电压

电池的开路电压是无负荷情况下的电池端电压。开路电压不等于电池的电动势。电池的电动势是从热力学函数计算而得到的，而电池的开路电压则是实际测量出来的。

4）工作电压

电池在某负载下实际的放电电压，通常是指一个电压范围。例如，铅酸蓄电池的工作电压为 1.8~2V；镍氢电池的工作电压为 1.1~1.5V；锂电池的工作电压为 2.75~3.6V。

5）额定电压

也称“标称电压”，指在规定条件下电池工作的标准电压。例如，比亚迪 e5 纯电动汽车动力电池的额定电压是 633.6V，比亚迪秦混合动力汽车动力电池的额定电压是 460.8V。

6）终止电压

指放电终止时的电压值，此参数根据放电电流大小、放电时间、负载和使用要求的不同而不同。以铅酸蓄电池为例：电动势为 2.1V，额定电压为 2V，开路电压接近 2.1V，工作电压为 1.8~2V，放电终止电压为 1.5~1.8V。放电终止电压根据放电率的不同，对应的终止电压也不同。

7）充电电压

指外电源的直流电压对电池充电的电压。一般的充电电压要大于电池的开路电压，通常在一定的范围内。例如，锂电池的充电电压为 4.1~4.2V；铅酸蓄电池的充电电压为 2.25~2.7V。

8）电压效率

指电池的工作电压与电池电动势的比值。电池放电时，由于存在内阻等因素，使电池的工作电压小于电动势。

（2）内阻

内阻是指电池在工作时，电流流过电池内部所受到的阻力。电池在短时间内可以看作一个电压源，其内部阻抗等效为电压源的内阻，内阻大小决定了电池的使用效率。例如，铅酸蓄电池的内阻包括正、负极板的电阻、电解液的电阻、隔板的电阻和连接体的电阻等。

内阻是电池最为重要的特性参数之一，绝大部分老化的电池都是因为内阻过大而造成无法继续使用。通常电池的内阻阻值很小，一般用毫欧（千分之一欧姆）来作为度量单位。

电池的内阻可以用内阻测试仪测量，图 3-1-23 所示是两种不同型号的内阻测试仪。

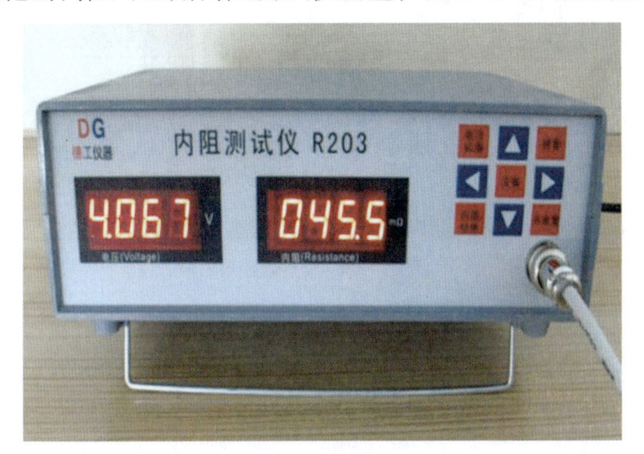

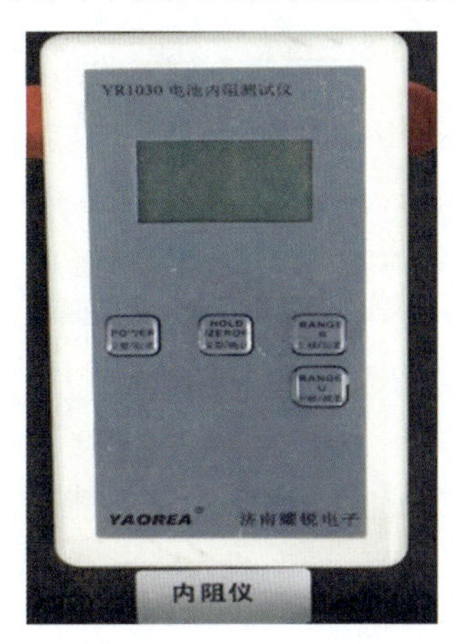

图 3-1-23　测量电池内阻的仪器

（3）容量和比容量

1）容量

指电池在充足电以后，在一定的放电条件下（放电率、温度、终止电压等）所能释放出的电量，表征电池储存能量的能力，其单位为安时（A·h）或毫安时（mA·h）。例如，比亚迪秦混合动力汽车动力电池的额定容量为 33A·h。

2）比容量

为了比较不同系列的电池，常用比容量的概念。比容量是指单位质量或单位体积的电池所能给出的电量，相应地称为质量比容量或体积比容量。例如，磷酸铁锂电池的质量比容量为 130 mA·h/g

（4）能量和比能量

1）能量

是指在一定放电条件下，电池所能输出的电能，通常用瓦时（W·h）表示。电池的能量，即储存电量的大小，直接影响电动汽车的续驶里程。

2）比能量

也称能量密度，分质量比能量和体积比能量。

质量比能量是指单位质量电池所能输出的能量，也称为质量能量密度，单位常用 W·h/kg。例如，吉利帝豪 EV450 采用的动力电池能量密度达 142.07W·h/kg。

体积比能量是指单位体积电池所能输出的能量，也称为体积能量密度，单位常用 W·h/L。常用比能量来比较不同的电池系列。

➢ **提示：**针对电动汽车整个动力电池组，一般不会采用单个电池容量“A·h”这个单位，原因是“A·h”很难直观体现动力电池“工作能力”大小。比如 150“A·h”的动力电池到底能让汽车行驶多少千米呢？

在电动汽车中，利用 kW·h 这个单位去衡量电池容量的大小更为合适。kW·h 这个单位也就是日常生活中常说的“度”，1“度”电就是一个 100W 灯泡点亮 10 h 的能量。

一般情况下，纯电动汽车百公里耗电量在 13~15kW·h 之间，这样就可以估算一辆纯电动汽车的续驶里程了。

例如，吉利帝豪 EV450 采用宁德时代的 52kW·h 三元锂电池组，续驶里程计算结构在 350~400km 之间，这基本接近汽车生产厂家公布的数据：综合工况下的续驶里程超过 400km，在 80km/h 等速状态下，续驶里程超过 450km。

（5）功率和比功率

电池的功率是指电池在一定放电条件下，单位时间内可以输出的能量，单位为瓦（W）或千瓦（kW）。

单位质量或单位体积电池输出的功率称为比功率，单位为 W/kg 或 W/L。如果一个电池的比功率较大，则表明在单位时间内，单位重量或单位体积中给出的能量较多，即表示此电池能用较大的电流放电。因此，电池的比功率也是评价电池性能优劣的重要指标之一。

对于纯电动汽车，其电能储存装置应具有尽可能高的比能量，以保证汽车的续驶里程。对于混合动力汽车，其电能储存装置则应具有尽可能高的比功率，以保证汽车的动力性。

（6）荷电

荷电状态（State-Of-Charge，简称 SOC），是指电池放电后剩余容量与全荷电容量的百分比。荷电是人们在使用中最关心的、也是最不易获得的参数数据，因为荷电程度是非线性变化的。如图 3-1-24 所示，电动汽车会利用组合仪表，显示出动力电池的 SOC（电量），以及剩余里程等信息，供驾驶人参考。

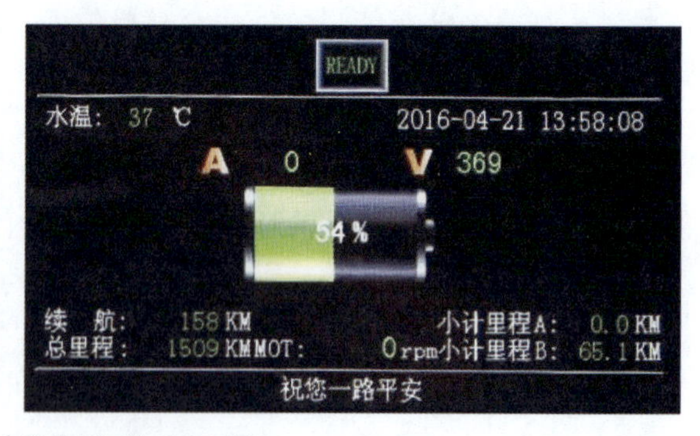

图 3-1-24 组合仪表显示的 SOC 值

（7）寿命

电池的寿命分为储存寿命和使用寿命。

储存寿命有“干储存寿命”和“湿储存寿命”两个概念。对于在使用时才加入电解液的电池储存寿命，习惯上也称为干储存寿命。干储存寿命可以很长。而对于出厂前已加入电解液的电池储存寿命，习惯上称为湿储存寿命。湿储存时自放电严重，寿命较短。

使用寿命是指电池实际使用的时间长短。对一次电池而言，电池的寿命是表征给出额定容量的工作时间（与放电倍率大小有关）。对二次电池而言，电池的寿命分为充放电循环寿命和湿搁置使用寿命两种。

充放电循环寿命是衡量二次电池性能的一个重要参数。在一定的充放电制度下，电池容量降至某一规定值之前，电池能耐受的充放电次数，称为二次电池的充放电循环寿命。充放电循环寿命越长，电池的性能越好。

二次电池的充放电循环寿命与放电深度、温度、充放电制式等条件有关。减少放电深度（即“浅放电”），二次电池的充放电循环寿命可以大大延长。

电池循环寿命测试方法基本上就是充放电容量测试过程的循环，直到二次电池实际容量小于额定容量的 80% 终止试验，记录循环次数。

（8）各类型的动力电池参数对比

表 3-1-2 是常见类型动力电池参数对比。由于电池制造技术的发展，相应的参数和性能也不断变化，请以厂家提供的实际数据为准。

表 3-1-2　常见类型动力电池参数对比

电池类型	比能量 /（W·h/kg）	比功率 /（W/kg）	能量效率（%）	循环寿命 / 次
铅酸电池	35~50	150~400	80	500~1000
镍镉电池	30~50	100~150	75	1000~2000
镍氢电池	60~80	200~400	70	1000~1500
锂离子电池	100~200	200~350	>90	1500~3000
锂聚合物电池	150~200	300~400	>90	2000~3000

（9）电池的一致性检测

在目前的动力电池技术水平下，电动汽车必须使用多个电池单元构成的电池组来满足使用要求。由于同一类型、同一规格、同一型号电池间在开路电压、内阻、容量等方面的参数值存在差别，即电池性能存在不一致性，使动力电池组在电动汽车上使用时，性能指标往往达不到单电池原有水平，使用寿命缩短，严重影响其在电动汽车上的应用，有必要对电池组的一致性进行测试与评价。

电池开路电压间接地反映了电池的某些性能，保证电池开路电压的一致，是保证性能一致的一个重要方面。一般采用的方法是将电池静置数十天，测其满电荷电状态下贮存的自放电率以及满电状态下不同贮存期内电池的开路电压，通过观察自放电率和电压是否一致来对电池的一致性进行评价。根据静态电压配组的方法最简单，但准确度较差，仅考虑带负载时电压的情况，未考虑带电荷时间和输出容量等参数，往往需要结合其他方法一起使用。

容量是体现电池性能的一个重要参数。可按标准的容量测试流程计算容量，再根据容量及分布对一致性进行评价。这种方法具有操作简单、设备便宜、厂家易于实施等特点；但工作状态和使用环境不同，都会引起电池电压、容量特性的变化，在指定条件下的容量一致，并不能保证电池在实际充放电过程中保持一致。图 3-1-25 是电池容量分容柜。

图 3-1-25　电池容量分容柜

如前文所述，电池的内阻可以快速地测量，因此被广泛用于评价电池的一致性。准确测量内阻数值也有较大的难度，在目前仅能作为定性参考，很难作为定量、精确的依据。

4. 动力电池的结构组成

电动汽车的动力电池都是由很多的单个电池单元进行并联、串联组成的，这样用于提高整个电池的容量和输出电压。

（1）电池的串联、并联和复联

1）电池的串联

电池串联的目的是增加电池的电压。

2）电池的并联

电池并联的目的是增加电池的容量。

3）电池的复联

电池复联即同时采用串联和并联的方式，可同时增加电池的电压和容量。

（2）动力电池内部结构的名称

以下名词通常用于描述动力电池的内部结构部件（不同品牌厂家的名称会有差异）。

1）电池单元

构成动力电池最小单元，也称电芯或单体电池，即我们所常说的一节电池，如图 3-1-26 所示。

图 3-1-26　各种类型的电芯

2）电池单元组

一组并联的电池单元组合，该组合额定电压与电池单元的额定电压相等，是电池单元在物理结构和电路上连接起来的最小分组，如图 3-1-27 所示。

3）电池模块

也称电池模组，是由多个电池单元组或单体电池串联组成的一个组合体，如图 3-1-28 所示。

图 3-1-27　电池单元组

图 3-1-28　电池模块

4）动力电池组

即整个动力电池总成，如图 3-1-29 所示。一般情况下，先由单格电池单元并联后形成电池单元组，再由几个电池单元组串联成电池模块组，再由几个电池模块串联成动力电池组。图 3-1-30 所示的动力电池组，就是由 8 个电池模块进行串联而成的。

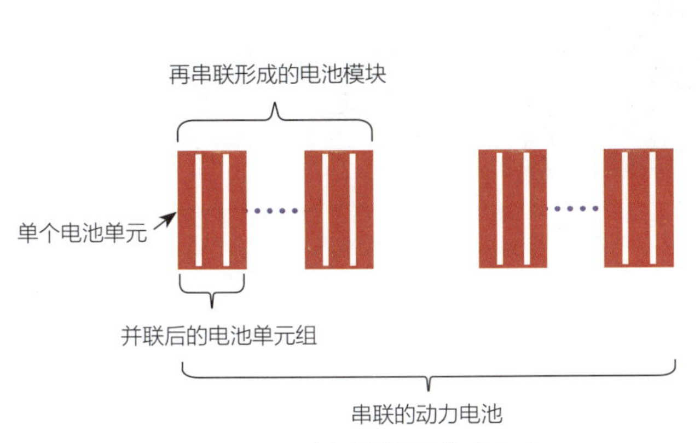

图 3-1-29 动力电池组的构成方式

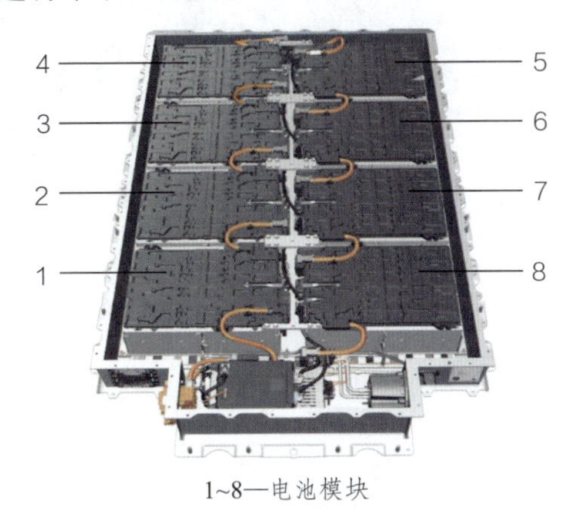

图 3-1-30 由 8 个电池模块构成的动力电池组

（3）常见车型动力电池的结构组成认识

以下简要介绍常见的纯电动汽车和混合动力汽车动力电池的结构组成。

1）吉利帝豪 EV300/EV450 纯电动汽车

吉利帝豪纯电动汽车的动力电池采用三元锂电池，以钴酸锂、锰酸锂或镍酸锂等化合物为正极，以可嵌入锂离子的碳材料为负极，使用有机电解质。动力电池总成安装在车体下部，动力电池的组成部件包括：各电池模块总成、CSC 采集系统、动力电池管理系统（BMS）的控制单元、电池高压分配单元（B-BOX）、维修开关等部件。图 3-1-31 所示为吉利帝豪车型动力电池总成的内部结构。

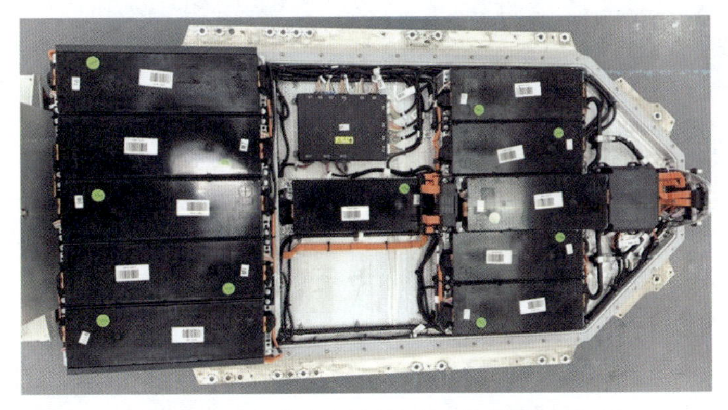

图 3-1-31 帝豪车型动力电池总成内部结构

2）上汽荣威 e50 纯电动汽车

荣威 e50 纯电动汽车采用磷酸铁锂电池，额定电压 300V，能量 18kW · h，容量 60A · h，重量 230kg，充电时间慢充约 6h，快充约 30min。

动力电池组的结构、组成如图 3-1-32 所示。它包含 5 个模块，其中 3 个大的电池模块（图中的 1，共 3 个）分别是由 27 个单元组串联起来的， 2 个小的电池模块（图中的 2 和 7）又分别是由 6 个单元组串联的，共计组成了 93 个电压 3.2V 的电池单元组（每个由 3 个单体电池并联）串联，实现约 300V 的输出电压。

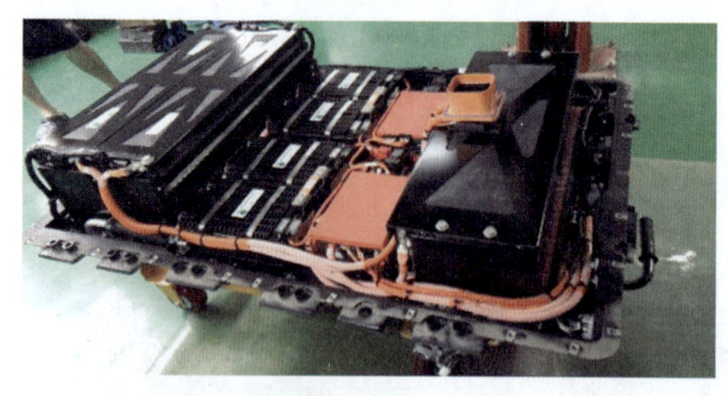

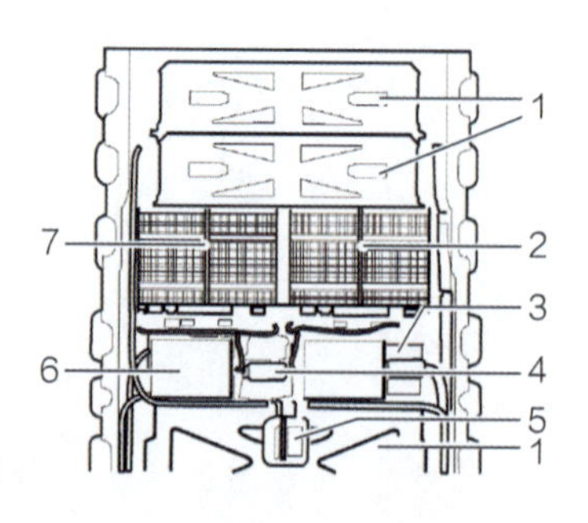

1—电池模块（3 个大模块） 2—电池模块（小模块） 3—电池管理控制器与电池采集和均衡模块
4—电池检测模块 5—手动维修开关 6—电池高压电力分配单元与电池采集和均衡模块
7—电池模块（小模块）

图 3-1-32 荣威 e50 车型动力电池的结构组成

3）北汽新能源 EV200 纯电动汽车

北汽新能源 EV200 纯电动汽车采用磷酸铁锂电池，每个电池单体电压 3.2V，额定（标称）电压 320V，能量 25.6kW·h，重量 295kg。

如图 3-1-33 所示，EV200 纯电动汽车的动力电池组主要由电池壳体（电池箱）、电池模块（模组）、电池管理系统、辅助元器件等组成。5 个电池单体并联组成一个电池模块，再由 91 个电池模块串联成动力电池总成。

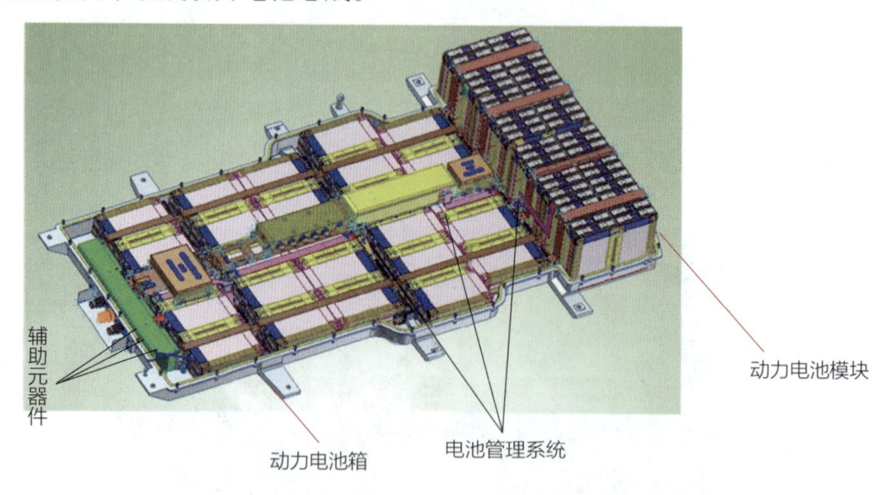

图 3-1-33 北汽新能源 EV200 动力电池的结构组成

4）比亚迪纯电动汽车

比亚迪 e6 纯电动汽车采用磷酸铁锂电池。单体电池额定电压是 3.3 V、终止充电电压是 3.6V、终止放电电压是 2.0V。动力电池组由 11 个动力电池模组，共 96 个电池单元串联后，可以形成约 316.8V 左右的总电压。如图 3-1-34 所示，11 个电池模组从 A1-E 分别标记为 A1、A2、B1、B2、C1、C2、D1、D2、D3、D4 和 E。

A1、A2、E：每个电池模组有 4 个电池单元串联。

B1、B2——每个电池模组有 10 个电池单元串联。

C1、C2——每个电池模组有 8 个电池单元串联。

D1、D2、D3、D4——每个电池模组有 12 个电池单元串联。

比亚迪 e5 纯电动汽车采用磷酸铁锂动力电池，单体电池额定电压 3.2V，由 198 个电池单元串联成额定电压 633.6V 的动力电池组，总容量 65A·h，总能量 42.47kW·h，如图 3-1-35 所示。

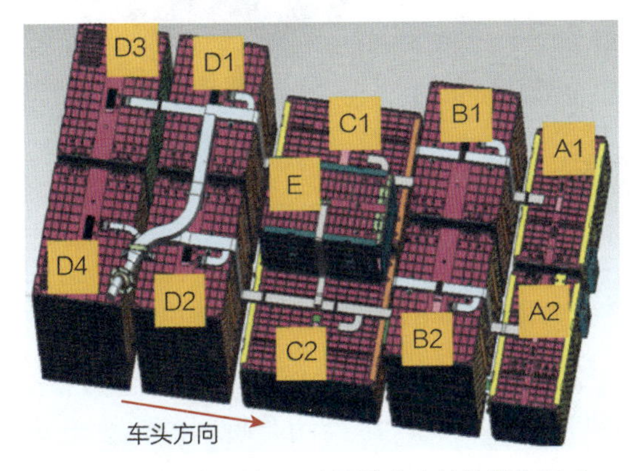

图 3-1-34　比亚迪 e6 车型动力电池的结构组成

图 3-1-35　比亚迪 e5 车型动力电池的结构组成

5）丰田混合动力汽车

丰田混合动力汽车，如普锐斯、凯美瑞、卡罗拉等车型采用的动力电池为镍氢电池，称“HV 电池组”，通常装在后排座椅后靠行李舱的位置，由电池壳体、电池模块、电池管理系统、接线盒总成、接触器等组成。如图 3-1-36 所示。

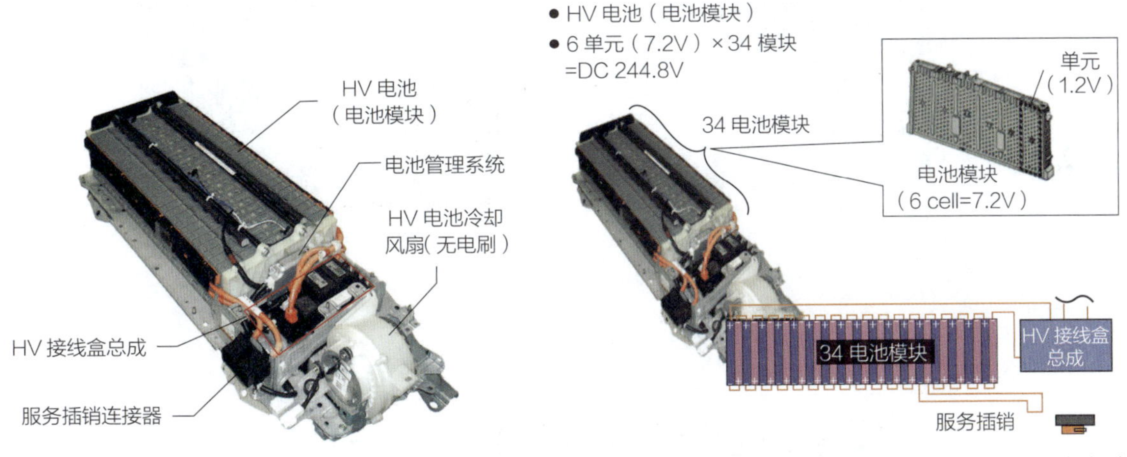

图 3-1-36　丰田混合动力汽车 HV 电池的结构组成

图 3-1-37　丰田混合动力汽车 HV 电池的内部结构组成

如图 3-1-37 所示，HV 电池构成如下。

- 34 个电池模块。
- 每个电池模块均由 6 个单元组成。
- 每个电池单元在 2 个位置相连，减少内阻和提高效率。
- 单体电池额定电压 1.2 V。
- 总额定电压 244.8V。
- 能量密度约 80 W·h/kg。

如图 3-1-38 所示，电池温度传感器安装在 HV 电池上部 3 个位置，检测电池的温度。

如图 3-1-39 所示，电池电流传感器检测电池的电流。

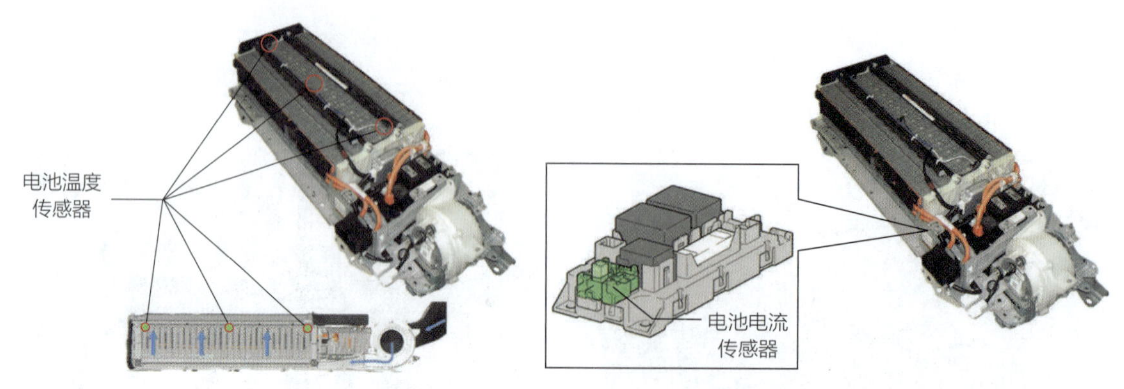

图 3-1-38　丰田 HV 电池的温度传感器

图 3-1-39　丰田 HV 电池的电流传感器

如图 3-1-40 所示，电池高压接触器（SMR），由正极接触器 B、负极接触器 G 和主接触器 P 组成，连接和断开 HV 电池和高压线束；预充电阻避免接触器闭合瞬间的强大电流损坏电子元件。

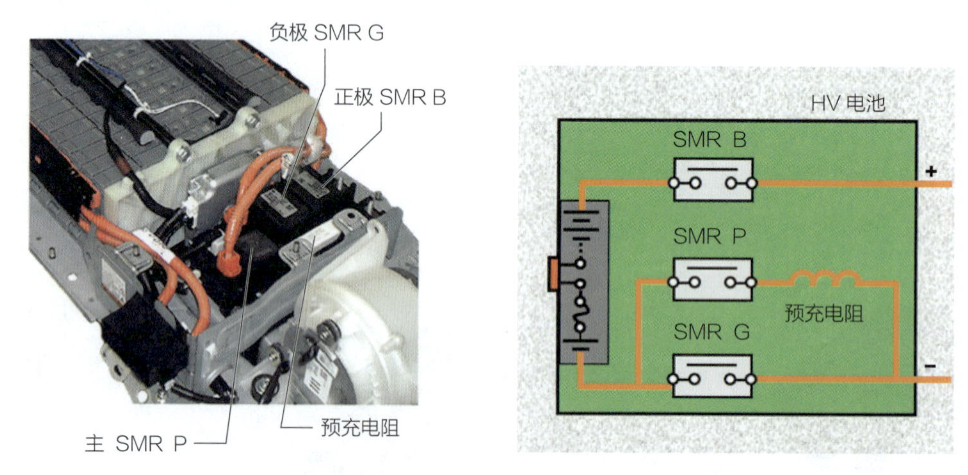

图 3-1-40　丰田 HV 电池的高压接触器和预充电阻

如图 3-1-41 所示，丰田混合动力汽车的维修开关也称为服务插销或维修塞，串联在电池模块之间，用于手动关闭高压电路。

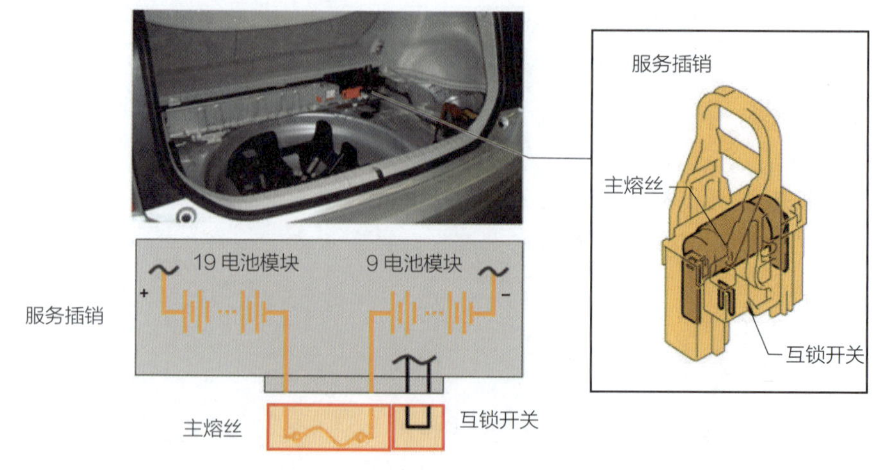

图 3-1-41　丰田 HV 电池的维修开关

二 基本技能

1. 动力电池总成更换

下面介绍吉利帝豪 EV300/EV450 的动力电池总成更换程序，其他车型和部件请参照相应原厂维修手册及相关资料。

（1）拆卸程序

1）打开前机舱盖。

2）断开低压蓄电池负极电缆。

3）拆卸维修开关，并确认动力电池已经无高压电输出。

4）将车辆用双柱龙门举升机升起。

5）如图 3-1-42 所示，置入动力电池举升机（平台车），使用动力电池举升机支撑动力电池总成。

➢ **注意：**举升时确保举升机的支撑点不要支撑在动力电池上。

6）如图 3-1-43 所示，对于采用动力电池水冷的车型，应拆卸动力电池进、出水管。

① 断开动力电池进、出水管与动力电池的连接。

② 断开动力电池出水管与热交换器的连接。

③ 断开动力电池进水管与水泵的连接。

④ 断开动力电池进水管与电池冷却液储液罐加水软管的连接。

⑤ 取下动力电池进、出水管（水冷车型）。

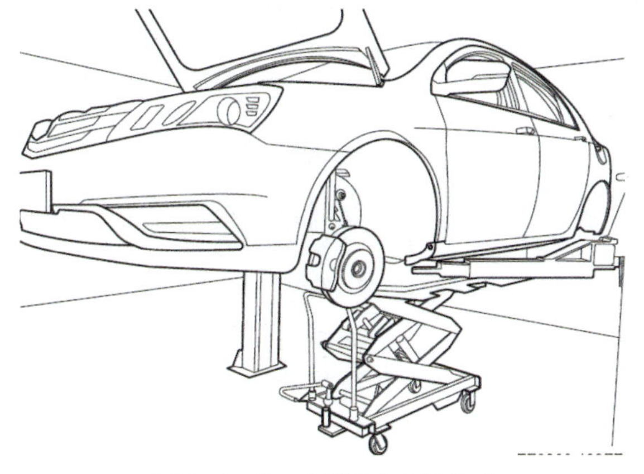

图 3-1-42　支撑动力电池总成

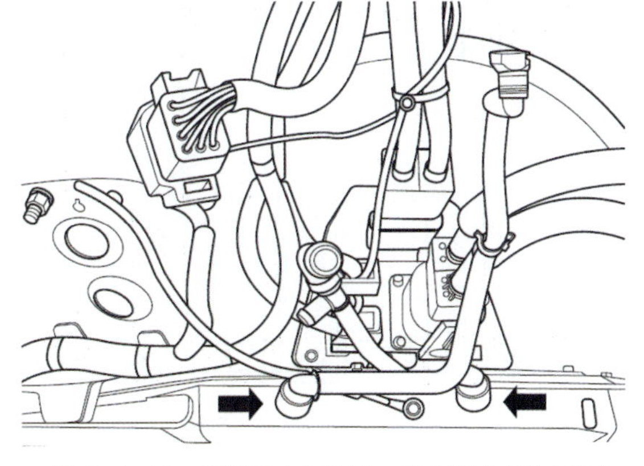

图 3-1-43　拆卸动力电池进、出水管（水冷车型）

7）如图 3-1-44 所示，断开动力电池线束插接器和搭铁（接地）线。

① 断开动力电池的 2 个高压线束插接器 3。

② 断开动力电池与前机舱线束的 2 个线束插接器 2。

③ 拆卸动力电池搭铁线固定螺母，断开动力电池搭铁线 1。

8）如图 3-1-45 所示，拆卸动力电池总成后部 3 个固定螺栓。

9）如图 3-1-46 所示，拆卸动力电池总成前部和左右固定螺栓。

① 拆卸动力电池总成前部 2 个固定螺栓 1。

② 拆卸动力电池总成左右各 7 个固定螺栓 2。

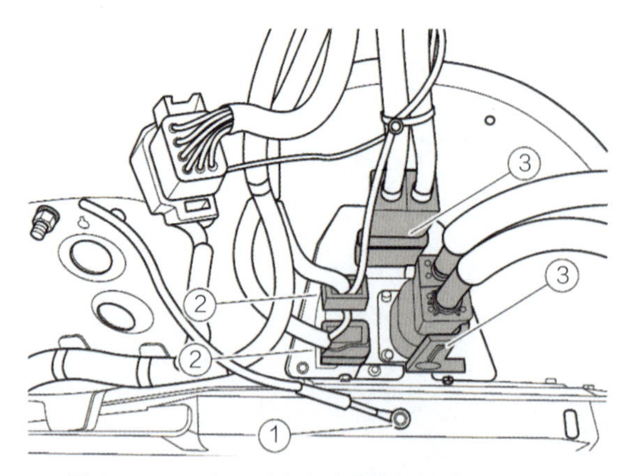

图 3-1-44　断开动力电池线束插接器和搭铁线

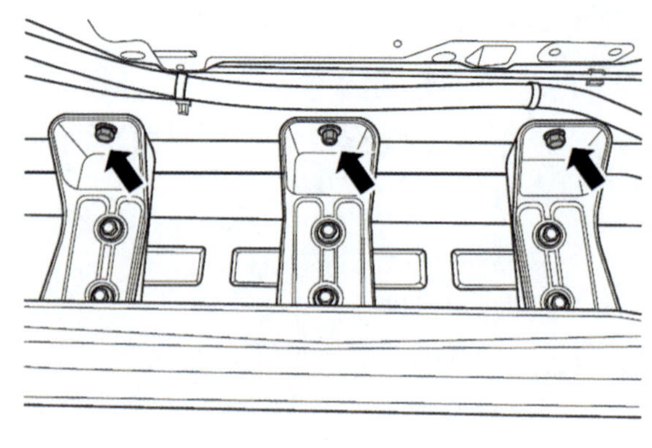

图 3-1-45　拆卸动力电池总成后部 3 个固定螺栓

10）缓慢下降动力电池举升机，取出动力电池总成。

➢ **注意：**动力电池下降过程中将动力电池举升机缓慢向前移动，可以避免动力电池与后悬架的干涉。

（2）安装程序

1）如图 3-1-47 所示，缓慢地举升动力电池举升机，调整动力电池举升机平台的位置，使动力电池总成上的安装孔与车身对齐。

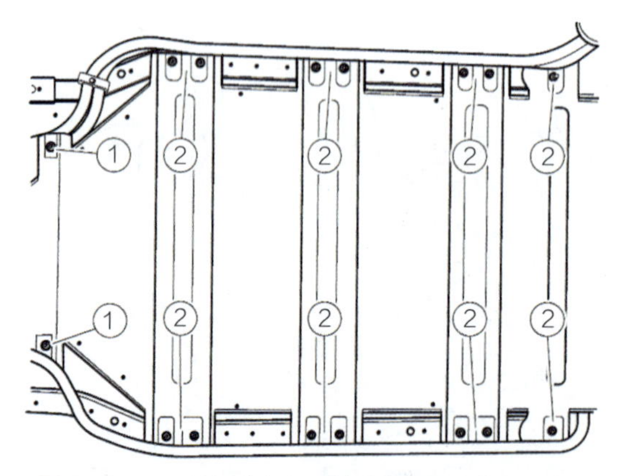

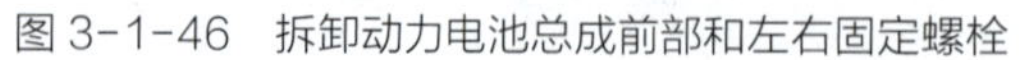

图 3-1-46　拆卸动力电池总成前部和左右固定螺栓

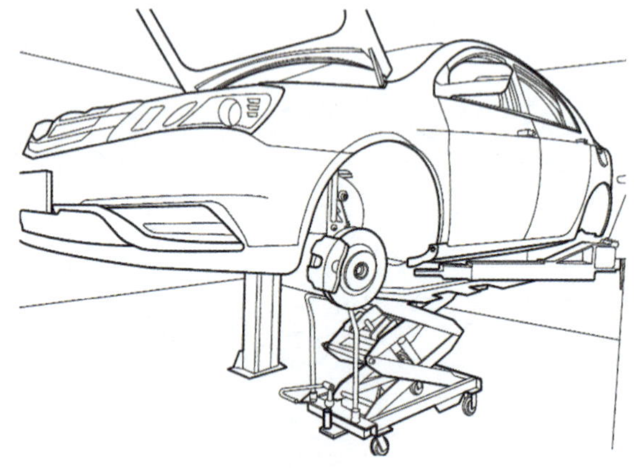

图 3-1-47　用动力电池举升机举升动力电池总成

➢ **注意：**动力电池上升过程中将举升平台缓慢向后移动，可以避免动力电池与车身的干涉。

2）如图 3-1-48 所示，安装并紧固动力电池总成后部 3 个固定螺栓。

紧固力矩：78 N · m

3）如图 3-1-49 所示，安装并紧固动力电池总成前部和左右固定螺栓。

① 安装并紧固动力电池总成前部 2 个固定螺栓 1。

紧固力矩：78 N · m

② 安装并紧固动力电池总成左右各 7 个固定螺栓 2。

紧固力矩：78 N · m

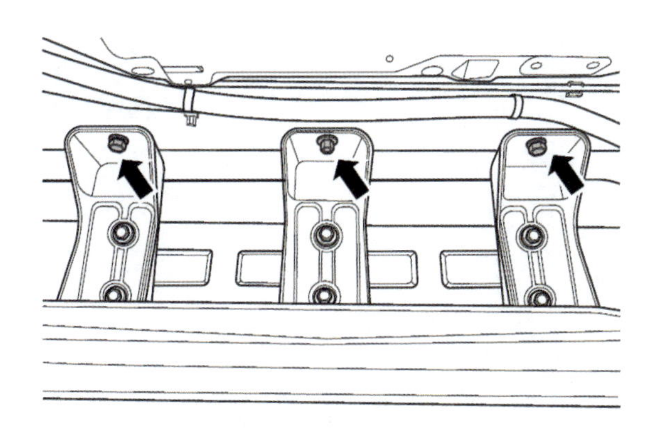

图 3-1-48　安装动力电池总成后部 3 个固定螺栓

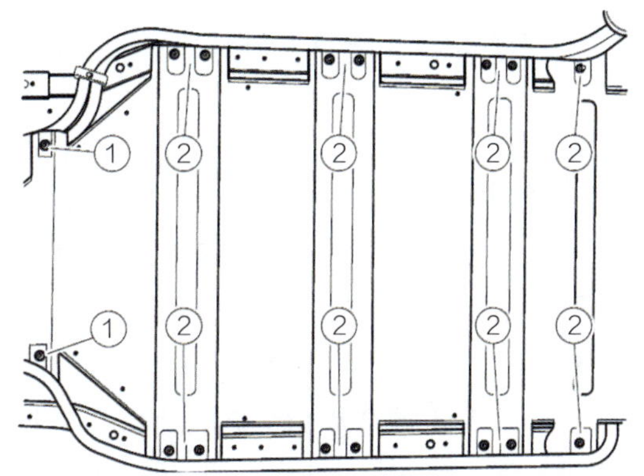

图 3-1-49　安装并紧固动力电池总成前部和左右固定螺栓

4）如图 3-1-50 所示，安装并紧固动力电池搭铁线，连接动力电池线束插接器。

① 安装动力电池搭铁线，紧固动力电池搭铁线固定螺母 1。

紧固力矩：10 N · m

② 连接动力电池与前机舱线束的 2 个线束插接器 2。

③ 连接动力电池的 2 个高压线束插接器 3。

➢ **注意：**插接时注意“一插、二响、三确认”。

5）如图 3-1-51 所示，对于采用动力电池水冷的车型，应安装动力电池进、出水管。

① 连接动力电池进、出水管。

② 连接动力电池出水管与热交换器的管路。

③ 连接动力电池进水管与水泵（水冷）的管路。

④ 连接动力电池进水管与电池冷却液储液罐加水软管。

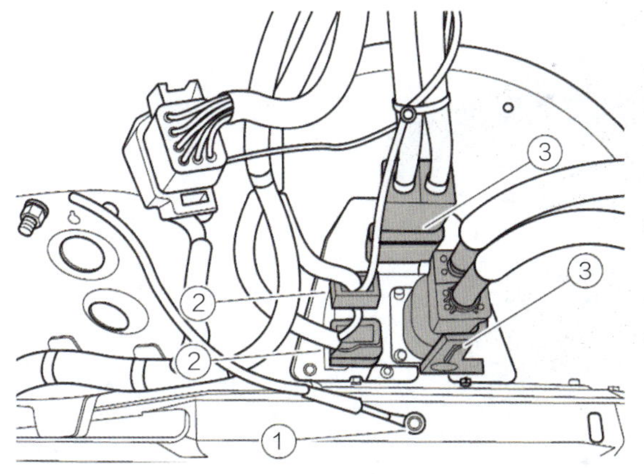

图 3-1-50　安装并紧固动力电池搭铁线，连接动力电池线束插接器

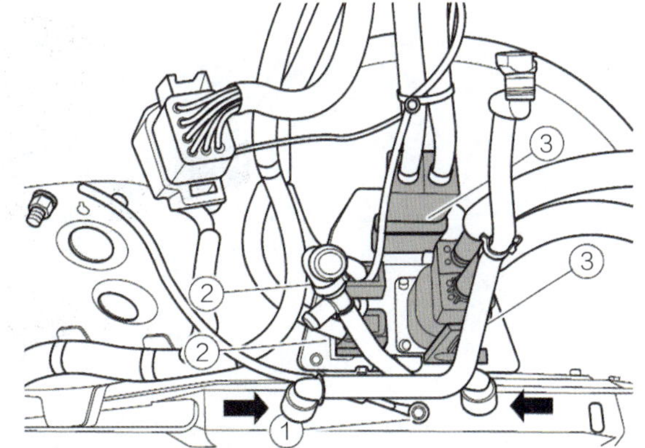

图 3-1-51　安装动力电池进、出水管（水冷车型）

➢ **注意：**插接时注意“一插、二响、三确认”。

6）安装动力电池维修开关。

7）连接低压蓄电池负极。

8）关闭前机舱盖。

2. 动力电池分解、检测和组装

电池模组认识与测量

➢ **警告：** 动力电池的分解和组装必须由生产厂家或专业技术人员完成！

➢ **提示：**

- 分解电池模块或电池监控模块前必须打印元件位置图供参考。
- 工位必须洁净、干燥。
- 工位上必须没有遗落的工具或其他物体。
- 使用独立空间与其他工位隔开，或使用隔离带进行空间隔离。
- 附近必须没有飞溅的火花，否则应竖起相应隔板。

以下以丰田混合动力 HV 电池例，介绍动力电池分解、检测和组装。

➢ **提示：** 如图 3-1-52 所示，丰田混合动力汽车 HV 动力电池由 34 个模块组成（根据车型有所不同），每个模块包括六个串联的 1.2V 单格电池，总直流电压约为 244.8V；每组电池模块的标准电压为 7.2V，低于 0.5V 以下属于损坏，低于 4.0V 属于过度放电。

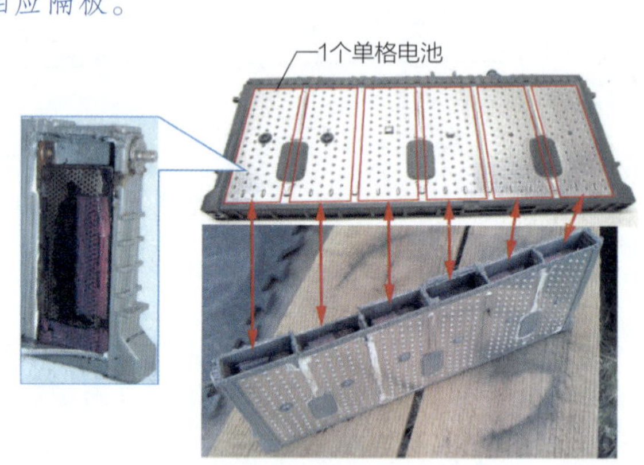

图 3-1-52　丰田 HV 电池的组成

（1）分解动力电池总成

参照丰田混合动力汽车 HV 电池的分解图（图 3-1-53），进行动力电池的分解、检测和组装。

➢ **提示：** 拆卸过程中务必佩戴绝缘手套！

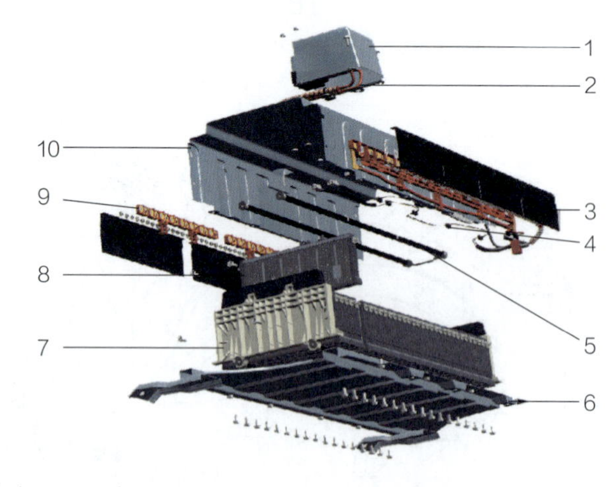

1—维修开关护盖　2—维修开关插接器及线束　3—绝缘保护盖　4—温度传感器　5、7—支架
6—下壳体　8—单体电池　9—动力电池模块连接端子　10—上壳体

图 3-1-53　丰田混合动力汽车 HV 电池的分解图

1）拆卸动力电池维修开关，并等待 10~15min。

2）拆卸动力电池维修开关支架外壳、支架和高压线束。

3）拆卸动力电池外壳固定螺栓，取下动力电池外壳。

4）拆卸动力电池连接片的绝缘保护盖。

5）拆卸动力电池连接片固定螺栓，取下连接片。

6）拆卸动力电池底部的电池模块固定螺栓。

7）拆卸动力电池模块支架板固定螺栓及支架（铁管），取下支架板。

8）取下各组电池模块。

（2）组装动力电池模块

1）安装电池模块。

2）安装动力电池底部支架及支架板。

3）安装电池模块固定螺栓。

（3）检测电池模块

1）检查电池模块是否漏液、外观是否损坏。

2）使用万用表直流电压档测量电池模块总电压，总电压约为 244.8V。

3）使用万用表直流电压档测量各组电池模块电压，读取测量值并记录，标准单组模块电压约为 7.2V，单格电池电压约 1.2V，发现异常必须检修或更换模块。

（4）安装动力电池连接片及维修开关总成

1）安装动力电池连接片及绝缘保护盖。

2）安装动力电池外壳。

3）安装维修开关高压线束、支架、支架外壳。

（5）检查动力电池总成

1）检查动力电池总成各部件是否安装正确。

2）安装维修开关。

任务二 动力电池管理系统结构原理与检修

情境导入

情境描述

一辆电动汽车组合仪表的红色动力电池故障指示灯点亮，你的主管让你进一步检测，判断故障原因是动力电池还是管理系统，你能完成这个任务吗？

情境提示

动力电池的工作由动力电池管理系统 BMS 管理，动力电池故障指示灯点亮，应该利用车载诊断系统或故障诊断仪器读取故障码和数据流，判断故障原因。

学习目标

知识目标

1. 能描述动力电池管理系统的安装位置、作用和功能。
2. 能描述动力电池管理系统的结构组成。
3. 能描述动力电池管理系统采集的控制参数。
4. 能描述动力电池热管理系统的作用、形式、结构原理。

技能目标

1. 能认识动力电池管理系统的结构组成。
2. 能认识动力电池热管理系统的结构组成。

一 基本知识

1. 动力电池管理系统概述

纯电动、混合动力汽车动力电池的能量储存与输出，由电池管理系统（Battery Management System，简称 BMS，也称动力电池能量管理模块）进行管理。

（1）动力电池管理系统的安装位置

如图 3-2-1 所示，通常纯电动或混合动力汽车内的 BMS 管理模块只有一个，但是由于动力电池内部由多个电池组（电池模块）串联而成，因此 BMS 还会在每个电池组上设计一个接口模块，BMS 最后通过管理每个接口模块来实现对整个电池的管理。

动力电池管理系统 BMS 位于动力电池总成内部或附近，图 3-2-2 所示为丰田混合动力汽车 HV 电池 BMS 的位置。

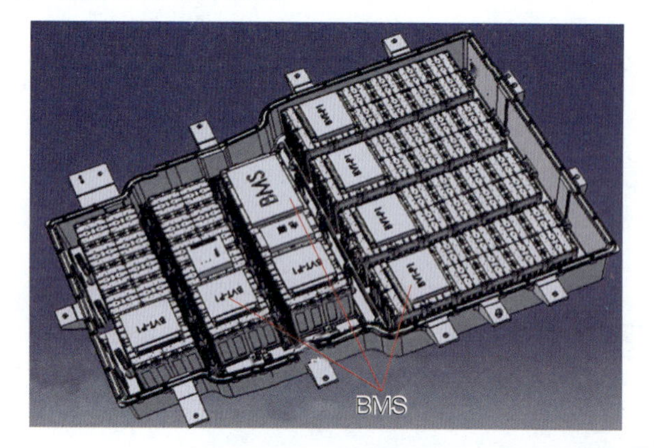

图 3-2-1　动力电池管理系统 BMS

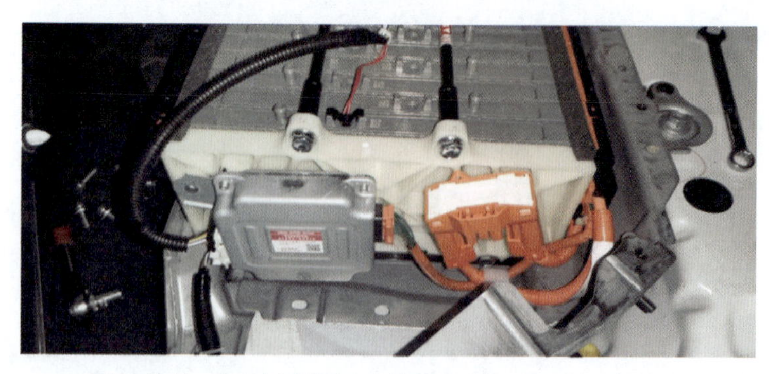

图 3-2-2　丰田卡罗拉动力电池管理系统 BMS 的安装位置

（2）动力电池管理系统的作用

BMS 是动力电池的控制模块，用于检测动力电池内单个电池单元的电压、电流、温度，并实现多个电池单元之间的均衡控制。BMS 也是动力电池保护和管理的核心部件，不仅要保证电池安全可靠的使用，而且要充分发挥电池的能力和延长使用寿命。BMS 作为动力电池和

整车控制器 VCU 以及驾驶人沟通的桥梁，通过高压接触器控制动力电池的充放电，并向 VCU 上报动力电池的基本参数及故障信息。

图 3-2-3 是丰田混合动力汽车 HV 电池 BMS 工作示意图。

图 3-2-4 是丰田混合动力汽车 BMS 监控 HV 电池单元电压的原理图。HV 电池总成中的电池模块是通过母线串联连接。HV 电池管理系统（BMS）在 17 个位置上监控电池单元电压。

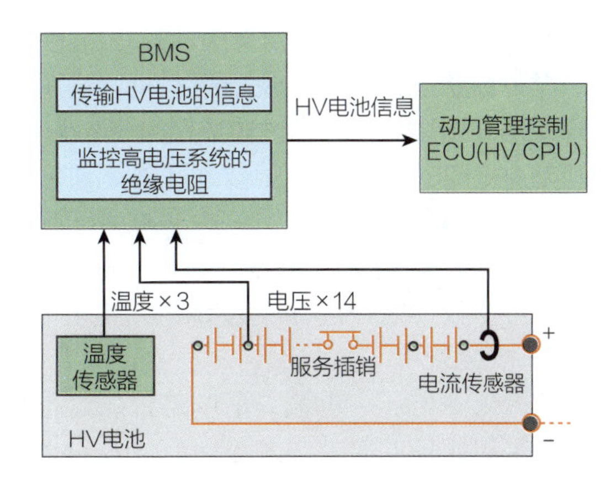

图 3-2-3 丰田混合动力汽车 HV 电池 BMS 工作示意图

提示：图中绿线为监控电池单元电压的信号线，34 个电池单元每两个一组进行监控。

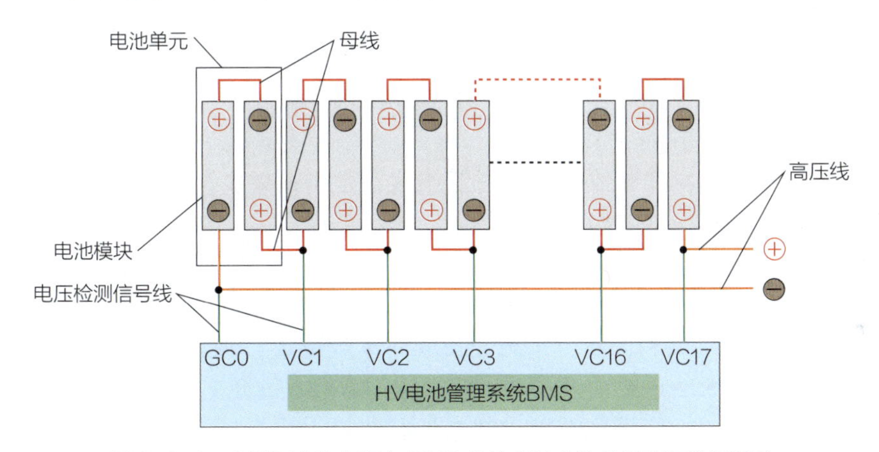

图 3-2-4 丰田混合动力汽车 BMS 监控 HV 电池单元电压的原理图

（3）动力电池管理系统的功能

动力电池管理系统 BMS 的主要控制功能包括：数据采集、状态计算、能量管理、安全管理、热管理、均衡控制、通信功能和人机接口等。BMS 的控制方式如图 3-2-5 所示。

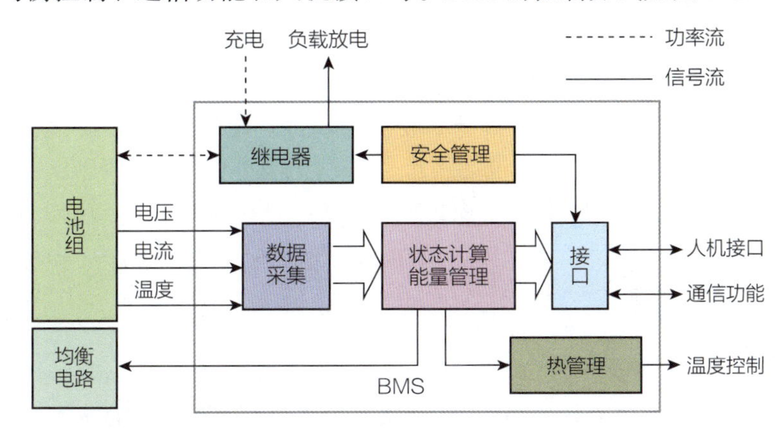

图 3-2-5 动力电池管理系统的控制方式

1）数据采集

BMS 采集的动力电池数据，包括电压、电流、温度、绝缘性能等重要指标。

2）状态计算

电池的状态计算包括电池组荷电状态（State of Charge，SOC）和电池组健康状态（State of Health，SOH）两方面。SOC 用来提示电池组剩余电量，是计算和估计电动汽车续驶里程的基础。SOH 用来提示电池技术状态，预计可用寿命等健康状态的参数。

3）能量管理

主要包括以电流、电压、温度、SOC 和 SOH 为输入进行充电过程控制，以 SOC、SOH 和温度等参数为条件进行放电功率控制两个部分。

4）安全管理

监控电池电压、电流、温度是否超过正常范围，防止电池组过充电、过放电。在对电池组进行整组监控的同时，大部分车型的 BMS 已经发展到能对极端单体电池进行过充电、过放电、过热等安全状态管理。

5）热管理

在电池工作温度超高时进行冷却，低于适宜工作温度下限时进行电池加热，使电池处于适宜的工作温度范围内，并在电池工作过程中保持电池单体间温度均衡。对于大功率放电和高温条件下使用的电池，电池的热管理尤为必要。

6）均衡控制

由于电池的一致性差异，导致电池组的工作状态是由最差电池单体决定的。在电池组各个电池之间设置均衡电路，实施均衡控制是为了使各单体电池充放电的工作情况尽量一致，提高整体电池组的工作性能。

7）通信功能

通过 BMS 实现电池参数和信息与车载设备或非车载设备的通信，为充放电控制、整车控制提供数据依据，是 BMS 的重要功能之一。根据应用需要，数据交换可采用不同的通信接口，如模拟信号、脉冲（PWM）信号、CAN 总线或串行接口。

8）人机接口

根据设计的需要设置显示信息，以及车辆控制面板的按键、旋钮等。BMS 的主要工作原理可简单归纳为，数据采集电路采集电池状态信息数据后，由电子控制单元（ECU）进行数据处理和分析，然后 BMS 根据分析结果对系统内的相关功能模块发出控制指令，并向外界传递参数信息。

2. 动力电池管理系统的结构组成

动力电池管理系统 BMS 的结构组成分为硬件和软件。硬件包括控制模块及采集电压、电流、温度等数据的电子器件；软件则包括用于监测动力电池的电压、电流、SOC 值、绝缘电阻值和温度值等参数的程序，通过与整车控制器 VCU、车载充电机的通信，来控制动力电池系统的充放电。

图 3-2-6 所示为北汽新能源纯电动汽车 BMS 结构组成示意图，其他车型可以参考相应的技术资料。

北汽新能源汽车 BMS 各组成部件位置如图 3-2-7 所示。动力电池组放置在一个密封并且屏蔽的动力电池箱里面，使用可靠的高、低压接插件与整车进行连接。BMS 实时采集各电芯（电池单元）的电压值、各温度传感器的温度值，以及动力电池系统的总电压值、总电流值和绝缘电阻值等数据，并根据 BMS 中设定的标准值，判定动力电池系统工作是否正常，并对故障进行实时监控。BMS 使用 CAN 网络与 VCU 或车载充电机之间进行通信，对动力电池系统进行充放电等综合管理。

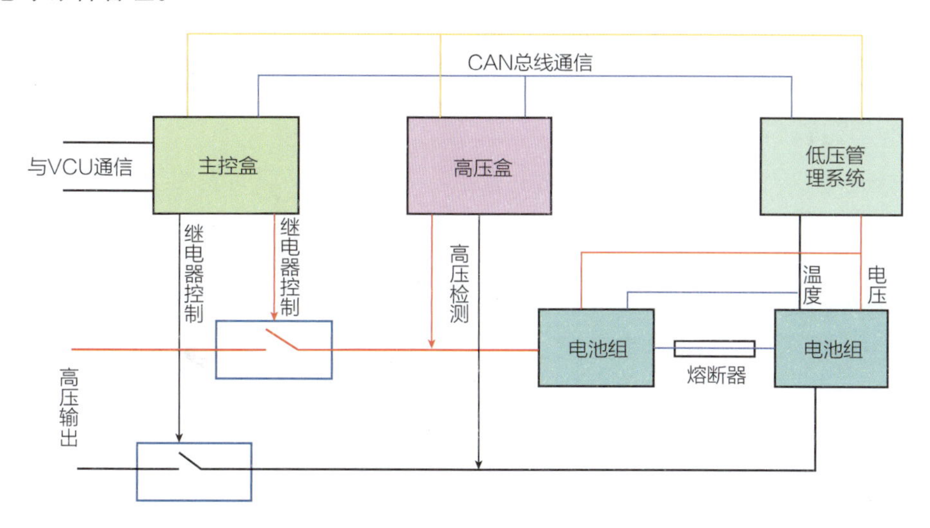

图 3-2-6　北汽新能源动力电池管理系统结构组成示意图

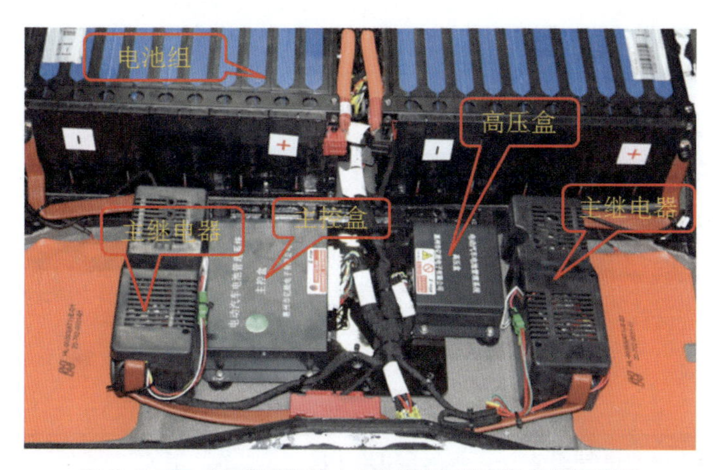

图 3-2-7　北汽新能源动力电池管理系统部件位置示意图

随着电子技术的发展，目前的纯电动汽车和混合动力汽车采用的动力电池管理系统，都已经把主控盒、高压盒和电池低压管理系统集成到一个 BMS 模块内。图 3-2-8 所示为帝豪 EV300 纯电动汽车的 BMS 模块。

图 3-2-8　帝豪 EV300 车型 BMS 模块

3. 动力电池管理系统采集的控制参数

以下以北汽新能源纯电动汽车为例，介绍动力电池管理系统 BMS 采集的主要控制参数，详细数据请参照相关车型的维修手册及其他技术资料。

（1）充电温度与电流

采用车载充电机充电时（慢充），充电温度与充电电流要求见表 3-2-1。

表 3-2-1 慢充时充电温度与充电电流的关系

温度	小于 0℃（加热）	0~55℃	大于 55℃
可充电电流	0 A	10A	0 A
备注	当单体最高电压高于额定电压 0.4V 时，降低充电电流到 5A；当单体电压高于额定电压 0.5V 时，充电电流为 0A，请求停止充电		

采用非车载充电机充电时（快充），充电温度与充电电流要求见表 3-2-2。

表 3-2-2 快充时充电温度与充电电流的关系

温度	小于 5℃（加热）	5~15℃	15~45℃	大于 45℃
可充电电流	0 A	20A	50 A	0 A
备注	恒流充电至单体电压高于额定电压 0.3V 以后转为恒压充电方式			

（2）充电加热与保温

对于有加热功能的动力电池，充电加热与保温的要求如下。

1）充电加热

充电加热温度要求见表 3-2-3。

表 3-2-3 充电加热温度要求

充电状态	车载充电机（慢充）	非车载充电机（快充）
温度	小于 0℃（加热）	小于 5℃（加热）

① 慢充时电芯温度低于 0℃，启动加热模式：闭合加热片，待所有电芯温度高于 5℃，则停止加热，启动充电程序。如果过程中出现电芯温度差高于 20℃，则间歇停止加热，待加热片温度差低于 15℃，则重启加热片。

② 加热过程中，正常情况下充电桩电流显示为 4~6A。

③ 充电过程中充电桩电流显示为 12~13A。

④ 如果单体电压差大于 300mV，则停止充电，报充电故障。

⑤ 快充时低于等于 5℃，启动加热模式：电芯温度数据与慢充相同；如果充电过程中最低温度低于等于 5℃，则停止充电模式，也不重新启动加热模式。

2）保温策略

① 充电保温只发生在车载充电完成后。

② 充电完成后，电池温度低于等于 5℃时进入保温模式，若电池温度高于 5 ℃，电池进入静置状态。

③ 保温策略以保温 2h 为唯一截止条件。

④ 保温过程中：电池温度上升至高于等于 8 ℃时，电池进入静置状态。

⑤保温过程中，如果电池温差超过 20 ℃，电池进入静置状态直至温差低于 10 ℃，再次启动加热。

（3）放电状态具备的条件

动力电池管理系统 BMS 对动力电池放电的控制，需同时满足以下条件：

1）动力电池内部条件

① 储电能量＞ 10%（SOC）。

② 电池温度在 -20~45℃。

③ 单体电芯温度差＜ 25 ℃。

④ 实际单体最低电压不小于额定单体电压 0.4V。

⑤ 单体电压差＜ 300mV。

⑥ 绝缘性能＞ 500Ω/1V。

⑦ 动力电池内部低压供电、通信正常。

⑧ 动力电池监测系统工作正常（电压、电流、温度、绝缘）。

2）动力电池外部条件

① 动力电池管理系统 BMS 常电供电正常（12V 正、负极）。

② 点火开关 ON 信号正常。

③ 整车控制器 VCU 唤醒信号正常。

④ 车载网络系统 CAN 总线通信正常（新能源 CAN 总线）。

⑤ 高压线束连接正常。

⑥ 高压线束及电气设备绝缘性能＞ 500Ω/1V。

⑦ 充电连接确认信号线或充电唤醒信号无短路、断路（CC、CP，VCU 到车载充电机或充电连接线束）。

➤ **提示：**需要特别注意的是，当动力电池报一级故障时无法放电。

（4）充电状态具备的条件

动力电池管理系统对动力电池充电的控制，需同时满足以下条件：

1）车载充电机（慢充）

① 动力电池管理系统 BMS 常电供电正常（12V 正、负极）。

② 点火开关 ON 信号正常。

③ 充电唤醒信号正常。

④ 车载网络系统 CAN 总线通信正常（新能源 CAN 总线）。

⑤ 高压线束连接正常。

⑥ 高压线束及电气设备绝缘性能＞ 500Ω/1V。

⑦ 动力电池温度高于 0 ℃。

⑧ 动力电池内部无故障。

2）非车载充电机（快充）

① 动力电池管理系统 BMS 常电供电正常（12V 正、负极）。

② 点火开关 ON 信号正常。

③ 充电唤醒信号正常。

④ 车载网络系统 CAN 总线通信正常（新能源 CAN 总线）。

⑤ 高压线束连接正常。

⑥ 高压线束及电气设备绝缘性能> 500Ω/1V。
⑦ 动力电池温度高于 5 ℃。
⑧ 动力电池软件版本与充电桩软件版本匹配。
⑨ 动力电池与充电桩通信不超时。
⑩ 动力电池内部无故障。

4. 动力电池热管理系统

（1）动力电池热管理系统的作用和形式

电动汽车的动力电池、驱动电机、电机控制器等部件在工作中会产生大量的热量，部件如果过热将严重影响其工作性能。以镍氢电池为例，由表 3-2-4 可以看出，电池经过放电工况后，电池的最高温度和最低温度与电池平均温度之差在 4.2℃左右，电池的最高温度在 35.5℃ 左右。

表 3-2-4 镍氢电池放电前后电池箱电池温度测试对照

工况	最高温度 /℃	最低温度 /℃	平均温度 /℃
放电前	30.2	29.2	29.7
放电后	35.5	32.3	33.9

1）电池组在充、放电时会释放一定的热量，故需要对电池组进行冷却

动力电池作为电动汽车的动力能源，其充电、放电的发热一直阻碍着电动汽车的发展。动力电池的性能与电池温度密切相关。40~50℃以上的高温会明显加速电池的衰老，更高的温度（如 120~150℃以上）则会引发电池热失控。

2）在低温环境下，需要对电池组进行加热处理，以提高运行效率

动力电池组最佳工作温度约 23~24℃，温度并非越低越好，在低温的环境下需要对动力电池组进行加热，保持合适的工作温度。

综上，动力电池组不仅仅需要冷却，还需要加热，需要专门的“热管理系统”对电池组冷却或加热控制，保持动力电池组较佳的工作温度，以改善其运行效率并提高电池组的寿命。

需要特别说明的是，目前国内常见的绝大多数电动汽车的驱动电机及控制器都采用冷却系统，但动力电池的冷却系统除了少数车型（如吉利和荣威部分车型）以外，很多没有专门的冷却系统，因为：

① 一方面，冷却系统增加了电池组的体积，或会消耗了电池的一部分能量；

② 另一方面，通过对动力电池的材料进行改进，以及利用控制程序进行修正，对电池工作环境要求不高。当然，这会以损耗电池寿命为代价的。

目前，应用在动力电池上热管理系统的冷却方式有水冷和风冷两种，以下分别介绍其结构和工作原理。

（2）水冷式动力电池热管理系统

1）水冷式动力电池热管理系统的结构和工作原理

采用水冷的动力电池，会设计一套较为复杂的冷却回路。图 3-2-9 所示为水冷式动力电池热管理系统结构，主要部件包括散热器、储液罐、电动水泵（冷却液泵）、冷却液控制阀、加热器和冷却管路，以及相关的控制模块（VCU、BMS 和空调控制模块）等。

当电池组温度过高时，利用空调系统运行先对电池组的冷却液进行降温，再冷却电池组；

当电池组温度过低时，通过加热电池组内的冷却液来让电池组升温。需要注意的是，整个电池组的冷却液都是由冷却液泵来让电池组内冷却液保持循环的。

水冷式动力电池冷却系统的优点是：电池平均能量效率高；电池模块结构紧凑；冷却效果好；能集成电池加热组件，解决了在环境温度很低的情况下加热电池的问题。

水冷式动力电池冷却系统的缺点是：系统复杂，多了很多部件，如冷却液泵、控制阀、冷却液制冷器等，成本增加。

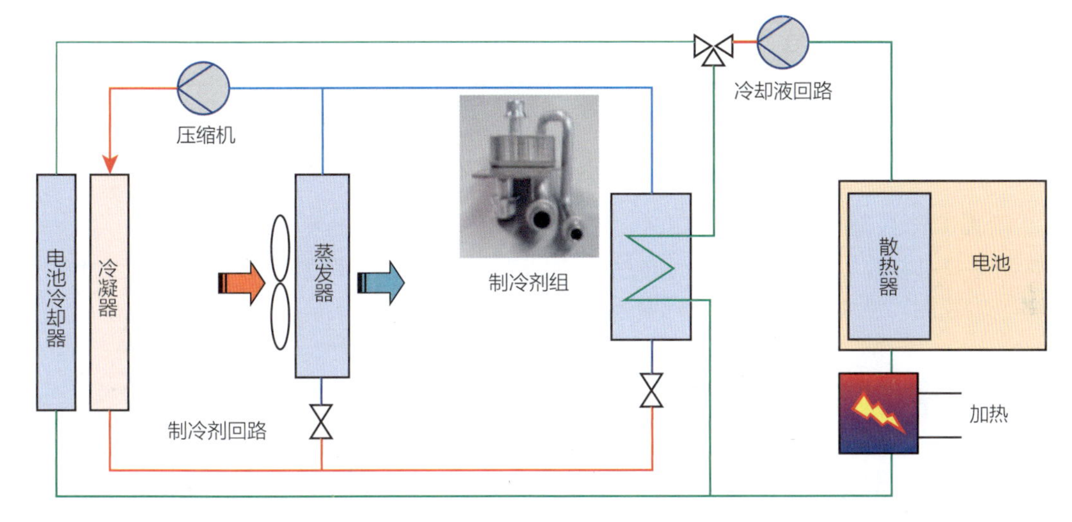

图 3-2-9 水冷式动力电池热管理系统结构

冷却系统关键部件冷却液泵和冷却风扇。

冷却液泵如图 3-2-10 所示，是冷却液循环的动力元件，作用是对冷却液加压，促使冷却液在冷却系统中循环，带走系统散发的热量。

冷却风扇如图 3-2-11 所示，作用是提高流经散热器、冷凝器的空气流速和流量，以增强散热器的散热能力，并冷却机舱其他附件。

图 3-2-10 冷却液泵

图 3-2-11 冷却风扇

以下介绍动力电池热管理系统在不同条件下的冷却和加热控制方法。

① 常规冷却控制

如图 3-2-12 所示，冷却液控制阀控制冷却液循环不经过空调系统，对动力电池进行常规冷却。

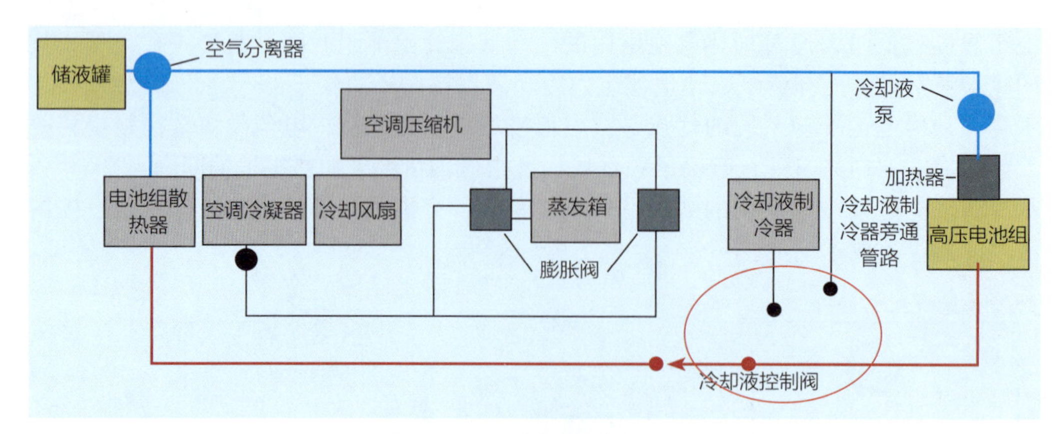

图 3-2-12 动力电池常规冷却

② 增强冷却控制

如图 3-2-13 所示，冷却液控制阀控制冷却液循环经过空调系统，空调系统工作，冷却液通过冷却液制冷器对动力电池进行增强冷却。

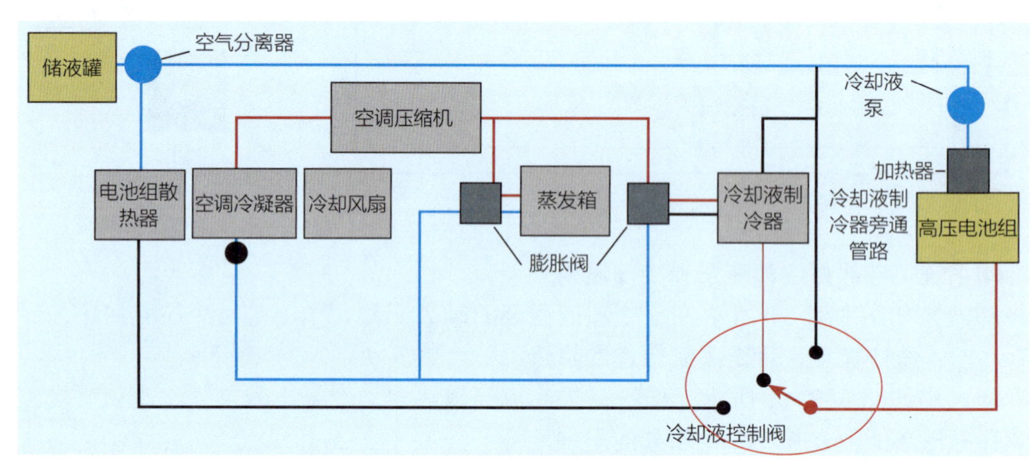

图 3-2-13 动力电池增强冷却

③ 加热控制

如图 3-2-14 所示，冷却液控制阀控制冷却液循环经过加热系统，加热器加热冷却液，对动力电池进行加热。

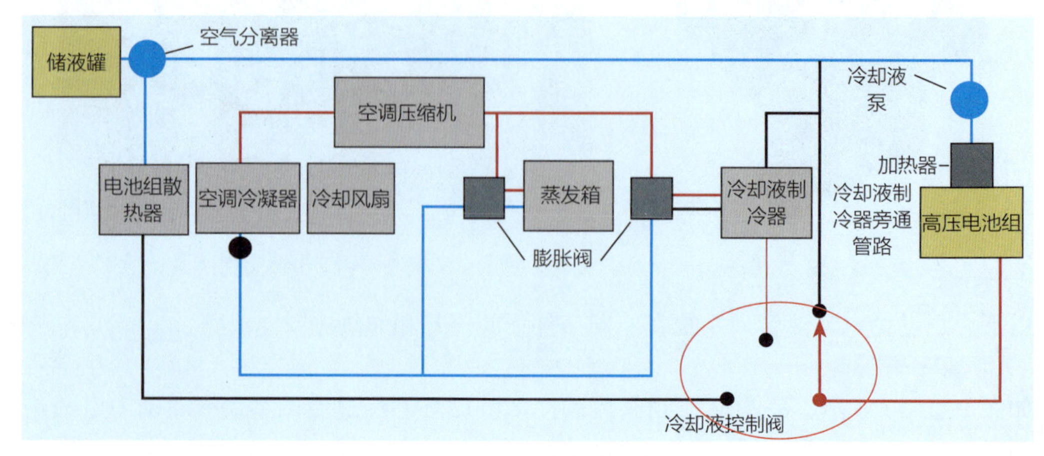

图 3-2-14 动力电池加热

2）帝豪 ITCS 电池智能温控管理系统

2017 年款以后的帝豪 EV300 及其他车型搭载了 ITCS 电池智能温控管理系统。该系统能够让动力电池实现在 -20℃快速充电，-30℃车辆仍可正常使用，确保车辆在极寒、极热地区的充电效率不降低，车辆的续驶里程不衰减。

帝豪 EV300 及其他纯电动车型采用的三元锂电池的电芯具有容量高、能量密度高、低温性能好等优点。在适配了水冷散热和低温预热系统后，可以让整车在高温和低温环境下，保持动力电池始终处于 25 ~ 40℃区间，最终目的为保持动力电池不同工况下的使用寿命。动力电池组具备两种工作模式，高温冷却和低温预热功能，确保最佳工作状态。

① 高温冷却功能

放电模式与智能充电模式：电池系统温度高于 38℃开启冷却，低于 32℃停止冷却。

快充模式：电池系统温度高于 32℃开启冷却，低于 28℃停止冷却。

匀热模式：当上述两种模式到达关闭冷却温度时，若冷却液温度低于关闭冷却温度，则温控系统继续工作，直到一定时间内电池最高温度不发生变化。

② 低温预热功能

放电模式与智能充电模式：电池系统温度低于 0℃开启加热，高于 3℃停止加热。

快充模式：电池系统温度低于 10℃开启加热，高于 12℃停止加热。

匀热模式：当上述两种模式到达关闭加热温度时，若冷却液温度高于加热关闭温度，则温控系统继续工作，直到一定时间内电池最低温度不发生变化。

下面介绍帝豪 EV300 电池智能温控管理系统的主要部件。

如图 3-2-15 所示，帝豪 EV300 电池智能温控管理系统有两个冷却液储液罐（根据车型配置有差异）：

蓝色箭头：驱动电机、电机控制器、车载充电机和高压分电盒“2 合 1”小总成，以及空调系统共用的散热系统冷却液储液罐。

绿色箭头：动力电池组件专用水冷加温系统冷却液储液罐。

白色箭头：动力电池水冷加温系统控制电磁阀。

红色箭头：驱动电机控制器。

黄色箭头：车载充电机、高压分电盒 BDU 集成模块。

如图 3-2-16 所示，帝豪 EV300 电池智能温控管理系统前机舱内散热管路如下：

白色箭头：从专用储液罐引出至动力电池的出水管路的“四通”；

红色箭头：动力电池至储液罐的回水管路“四通”；

黄色箭头：PTC（暖风加热系统）出、入水管接头。

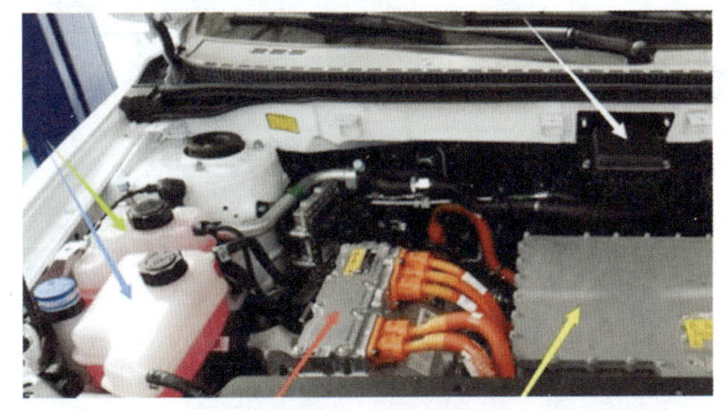

图 3-2-15 帝豪 EV300 电池智能温控管理系统部件位置（前机舱上部）

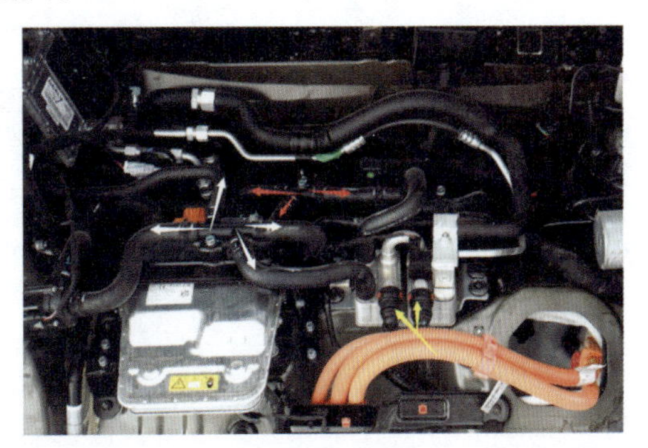

图 3-2-16 帝豪 EV300 电池智能温控管理系统散热管路（前机舱上部）

如图 3-2-17 所示，帝豪 EV300 电池智能温控管理系统冷却液泵及管路：

黄色箭头：为动力电池水冷散热管路伺服的大功率冷却液泵；

白色箭头：冷却液泵至储液罐的回水管；

红色箭头：动力电池至冷却液泵的回水管。

如图 3-2-18 所示，帝豪 EV300 动力电池组散热管路接口如下：

红色箭头：动力电池散热器回水管；

黄色箭头：动力电池散热器进水管；

白色箭头：快、慢充接口至动力电池组件高压电缆接口。

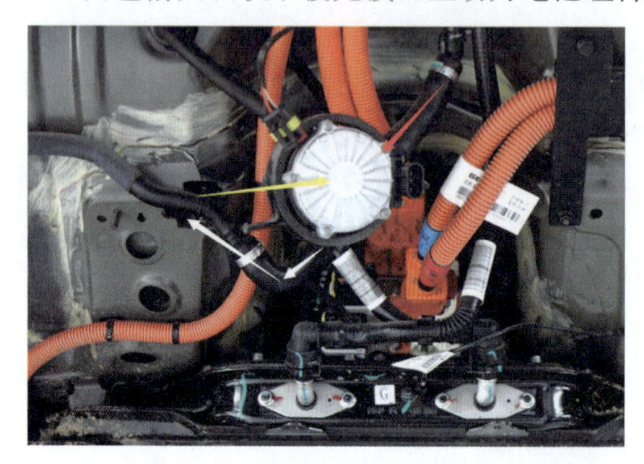

图 3-2-17 帝豪 EV300 电池智能温控管理系统冷却液泵及管路

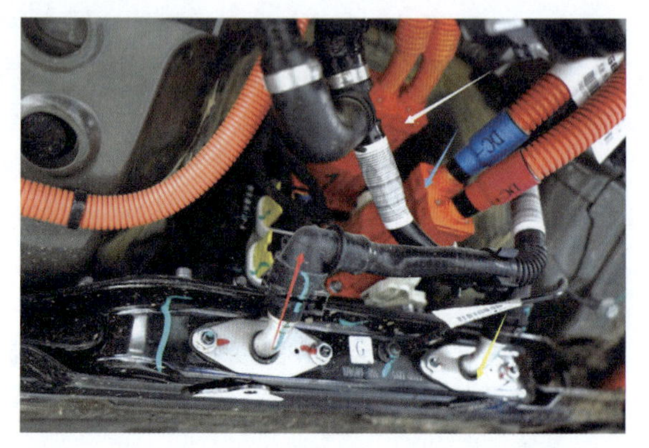

图 3-2-18 帝豪 EV300 动力电池组散热管路接口

（3）风冷式动力电池热管理系统

下面以丰田混合动力汽车为例，介绍风冷式动力电池热管理系统。

丰田混合动力汽车动力电池热管理系统结构如图 3-2-19 所示。

1）冷却风扇控制

HV 电池装备有一个冷却风扇和冷却通风导管，BMS 使用温度传感器探测电池温度和空气温度，根据温度信号，BMS 通过 PWM 脉冲信号来调节风扇转速，HV 电池组工作温度超出正常范围时，系统起动电池冷却风扇（图 3-2-20）。

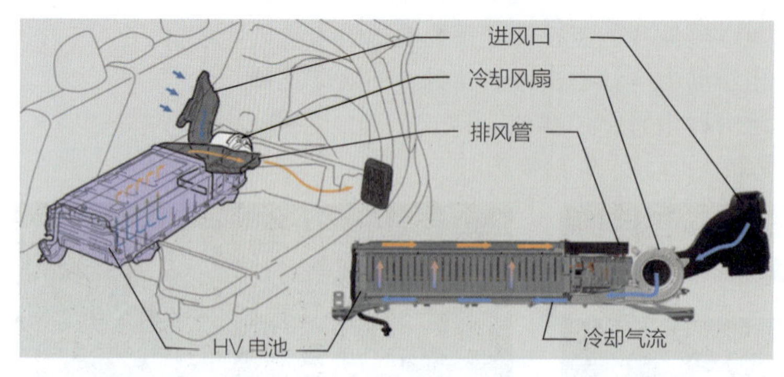

图 3-2-19 丰田混合动力汽车动力电池热管理系统结构

图 3-2-20 动力电池冷却风扇

2）冷却气流控制

丰田混合动力（卡罗拉）汽车冷却系统的进风口设计在后排乘客座椅的右下侧，如图 3-2-21 所示。在 HV 电池温度较高时，利用乘客舱内空调产生的冷空气对电池组进行冷却；当环境温度较低时，也会利用在低温情况下乘客舱内较暖的空气对电池组进行保温。

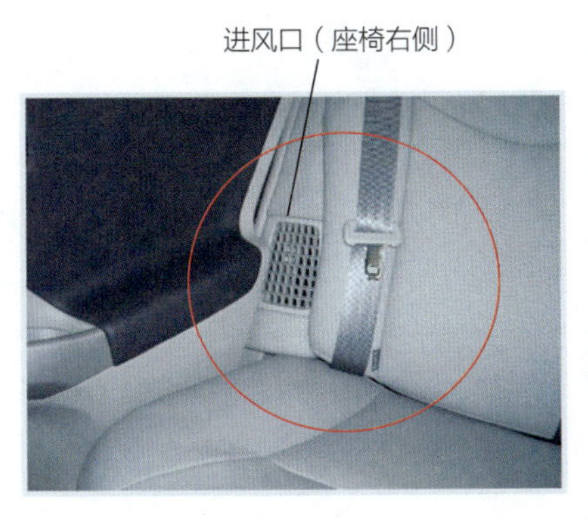

图 3-2-21　进风口在后排乘客座椅的右下侧

风冷动力电池冷却空气流动如图 3-2-22 所示。冷却空气通过后排座椅右下侧的进气口管道流入，并通过进气风道进入行李舱右表面的 HV 电池鼓风机总成。而且，冷却空气流过进气风道（将鼓风机总成与 HV 电池总成的右上表面相连接），并流向 HV 电池总成。冷却空气在 HV 电池模块间从高处向低处流动。在对电池模块进行制冷后，从 HV 电池总成的底部右侧表面排出。

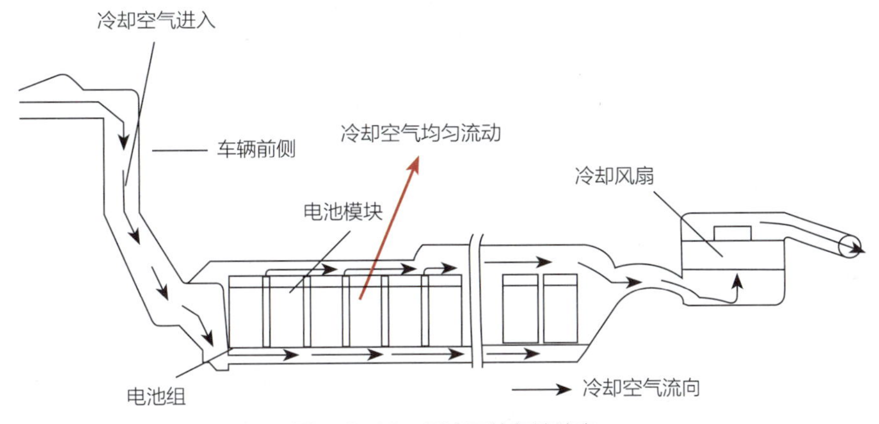

图 3-2-22　风冷系统气流流向

二 基本技能

1. 动力电池管理系统结构组成认识

参照前文“基本知识”的内容，必要时参照相关车型维修资料，认识动力电池管理系统的安装位置及结构组成。

2. 动力电池热管理系统结构组成认识（水冷）

参照前文“基本知识”的内容，必要时参照相关车型维修资料，认识动力电池水冷型热管理系统的安装位置及结构组成。

3. 动力电池热管理系统结构组成认识（风冷）

参照前文“基本知识”的内容，必要时参照相关车型维修资料，认识动力电池风冷型热管理系统的安装位置及结构组成。

动力电池热管理系统部件认识

项目四
纯电动/混合动力汽车驱动电机及控制器检修

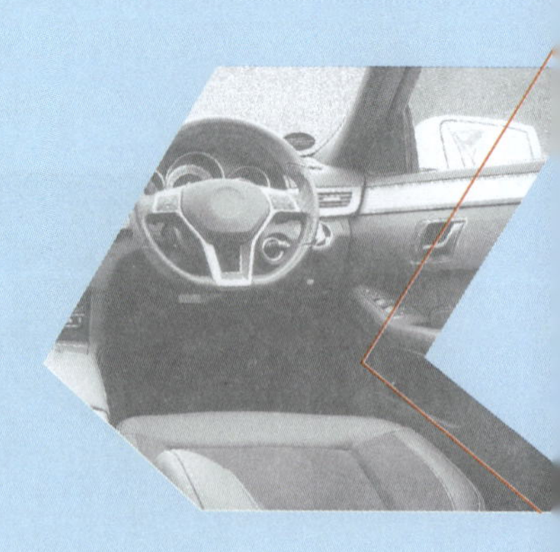

本项目介绍纯电动汽车与混合动力汽车驱动电机及驱动电机控制器检修，分为两个工作任务，分别为：任务一驱动电机结构原理与检修；任务二驱动电机控制器结构原理与检修。通过两个工作任务的学习，你能够掌握驱动电机及其控制器的结构原理，能够进行驱动电机及其控制器的检修。

任务一　驱动电机结构原理与检修

情境导入

情境描述

一辆吉利帝豪纯电动汽车行驶时出现异响，初步判断是驱动电机发生故障，你的主管让你进一步检测，必要时更换驱动电机总成，你能完成这个任务吗?

情境提示

驱动电机是纯电动汽车的唯一动力源，是混合动力汽车辅助动力源。驱动电机负责输出转矩，驱动汽车前进后退；在下坡、制动等工况下，驱动电机也可以作为发电机发电，实现制动能量回收。驱动电机发生异响等故障，可能是变速驱动单元的原因，也可能是驱动电机本体的原因。

学习目标

知识目标

1. 能描述驱动电机的作用、类型与工作原理。
2. 能描述驱动电机及变速驱动单元的结构与性能参数。
3. 能描述驱动电机与控制器冷却系统的功能、类型与结构组成。
4. 能描述驱动电机与控制器温度过高故障的原因与排除方法。

技能目标

1. 能进行驱动电机三相线束总成更换。
2. 能进行电机冷却系统主要部件更换。

一 基本知识

1. 驱动电机的作用、类型与工作原理

（1）驱动电机的作用

驱动电机，有些公司称为电动机或电机，是一种将电能转化成机械能，用来驱动其他装置的电气设备。

驱动电机是电动汽车特别是纯电动汽车驱动系统的核心部件之一。驱动电机为整车提供动力，通过电机的正转来实现车辆前进；通过电机的反转来实现倒车。在车辆下坡、高速滑行以及制动过程中，它还可以把动能通过驱动电机转化为电能，实现能量回收（再生）功能。图 4-1-1 所示为吉利帝豪 EV300 纯电动汽车采用的三相永磁同步电机的外观和在车上的位置。

图 4-1-1 帝豪 EV300 纯电动汽车驱动电机在车上的位置

一般来说，混合动力汽车和纯电动汽车采用的驱动电机所起的作用都相同，既作为驱动电机使用，同时也作为发电机使用。纯电动汽车的驱动功率唯一的来源是驱动电机，因此对驱动电机在功率和稳定性上有更高的要求。

驱动电机功率和转矩关系到汽车的动力性能，驱动电机的输出功率就类似于传统汽车内燃机的输出功率。输出功率越大，车辆行驶的最高车速越高；输出转矩越大，加速性能越好。汽车上的驱动电机都在有限的转矩输出下，设计成高速电机。驱动电机的参数会在电机铭牌上标识出来。图 4-1-2 所示为吉利帝豪纯电动汽车的驱动电机铭牌。

1 GEELY
2 TM5028
3 100802
4 06632079

精进电动科技（北京）有限公司			
额定功率	42kW	额定电压	137V
额定转矩	105N·m	峰值功率	95kW
峰值转速	11000r/min	峰值转矩	240N·m
绝缘等级	H	冷却方式	水 冷
相 数	3相	重 量	55kg
防护等级	IP67	工作制	S9
出厂编号			
永磁同步电机			

1—企业标志 2—产品型号

3—供应商代码 4—零件号

图 4-1-2 吉利帝豪纯电动汽车驱动电机铭牌

（2）驱动电机的类型与工作原理

从目前的应用情况来看，电机的技术已经很成熟了，性能非常可靠，并且产品类型也越来越丰富。常见的电机主要有直流电机、异步电机（三相交流）、永磁同步电机（三相交流）和开关磁阻电机 4 种类型，表 4-1-1 是常见类型的驱动电机性能特征对比。

表 4-1-1 常见类型的驱动电机性能特征对比

性能 / 类型	直流电机	异步电机	永磁同步电机	开关磁阻电机
转速范围 /（r/min）	4000~6000	12000~20000	4000~10000	＞15000
功率密度	低	中	高	较高
电机重量	重	中	轻	轻
电机体积	大	中	小	小

（续）

性能 / 类型	直流电机	异步电机	永磁同步电机	开关磁阻电机
可靠性	一般	好	优良	好
结构坚固性	差	好	好	好
控制器成本	低	高	高	一般

市场上大多数纯电动汽车和油电混合动力汽车使用的驱动电机是三相交流永磁同步电机。下面介绍三相交流永磁同步电机的工作原理。

同步电机是指转子转速与定子旋转磁场的转速同步的电机，图 4–1–3 所示为三相交流同步电机的结构。当三相交流电被接入到定子线圈中，即产生了旋转的磁场，这个旋转的磁场牵引转子内部的永磁体，产生和旋转磁场同步的旋转转矩。

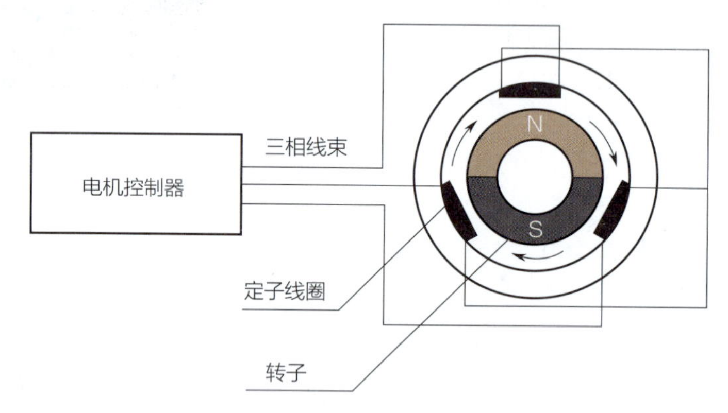

图 4-1-3　三相交流同步电机结构

使用旋转变压器检测转子的位置和电流传感器检测线圈的电流，从而控制驱动电机的转矩输出。旋变信号的作用是反映驱动电机转子当前的旋转相位，电机控制器通过旋变信号计算当前的驱动电机转速。吉利帝豪车型驱动电机的旋转变压器采用了磁阻式旋转变压器。如图 4–1–4 所示，旋变转子与驱动电机转子同轴连接，随电机转轴旋转。旋变定子内侧有感应线圈，安装在驱动电机定子上。驱动电机旋转时，带动旋变转子旋转。旋转变压器与电机控制器中间通过 6 根低压线束连接，2 根是从电机控制器输出的激励信号，另外 4 根分别是旋转变压器输出的正弦信号和余弦信号。6 根线当中任何一根线路出现故障都会导致驱动电机无法正常工作。

a）转子

b）定子

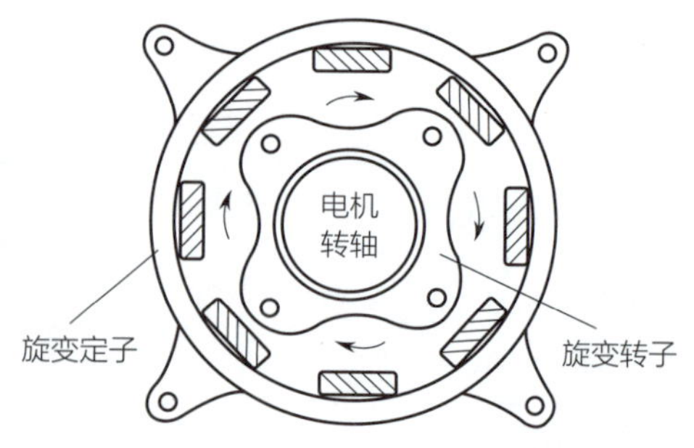

c）转子、定子结构示意图

图 4-1-4　同步电机的定子和转子

驱动电机的工作主要根据驱动电机控制器（逆变器）发出的指令执行。驱动电机控制器将输入的动力电池直流电逆变成电压、频率可调的三相交流电，供给配套的三相交流永磁同步电机使用。

2. 驱动电机及变速驱动单元的结构与性能参数

以下介绍典型的纯电动、混合动力汽车驱动电机及变速驱动单元（电驱动动力总成）的结构和性能参数。

（1）比亚迪纯电动汽车电机及变速驱动单元结构和性能

比亚迪 e5、e6 纯电动汽车使用的驱动电机为三相交流永磁同步电机，驱动电机与单档变速器组成电驱动的动力总成，其技术性能参数见表 4-1-2。

表 4-1-2 比亚迪 e5 纯电动汽车动力动力总成技术性能参数表

动力总成	技术参数
电机最大输出转矩	310N·m（0~4929r/min）
电机额定转矩	160N·m（0~4775r/min）
电机最大输出功率	160kW（4929~12000r/min）
电机额定功率	80kW（4775~12000r/min）
电机最大输出转速	12000r/min
动力总成重量	103kg
总减速比	9.342
变速器专用润滑油量	1.8L
变速器专用润滑油类型	齿轮油 SAE 80W-90（冬季环境温度低于 -15℃的地区推荐换用 SAE 75W-90）

驱动电机运转时，输出的动力经过动力总成的齿轮减速机构（即单档变速器）直接传递给传动轴。动力总成安装在前机舱内，如图 4-1-5 所示。

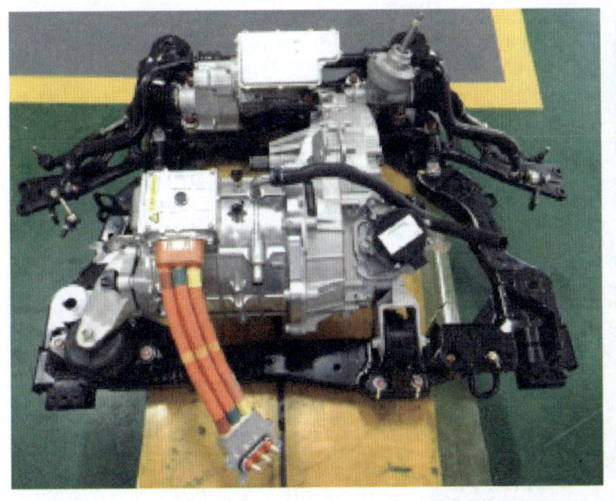

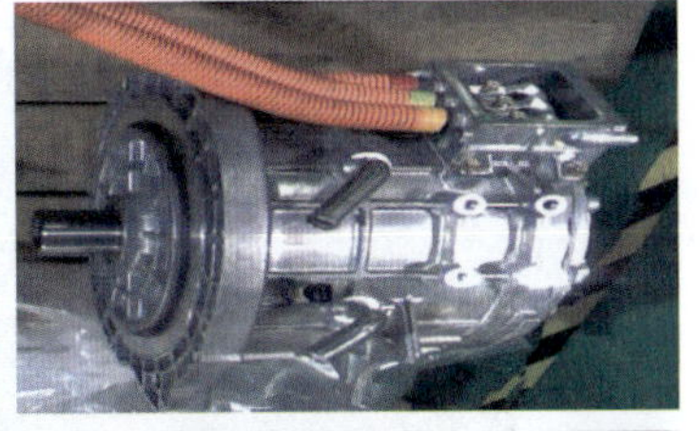

图 4-1-5 比亚迪纯电动汽车动力总成（驱动电机及变速驱动单元）

动力总成的结构如图 4-1-6 所示，动力总成的分解图如图 4-1-7 所示。

由于三相交流永磁同步电机开环控制容易产生脱离同步运转的情况，因此需要对转子的磁极位置进行检测，根据磁极的变化改变定子三相电缆电流的供给。除了对电压、电流、温度的监控以外，驱动电机控制器需要持续检测电机转子位置。

比亚迪纯电动汽车驱动电机检测转子旋转的角度和位置传感器采用旋转变压器形式。

图 4-1-6 比亚迪动力总成的结构

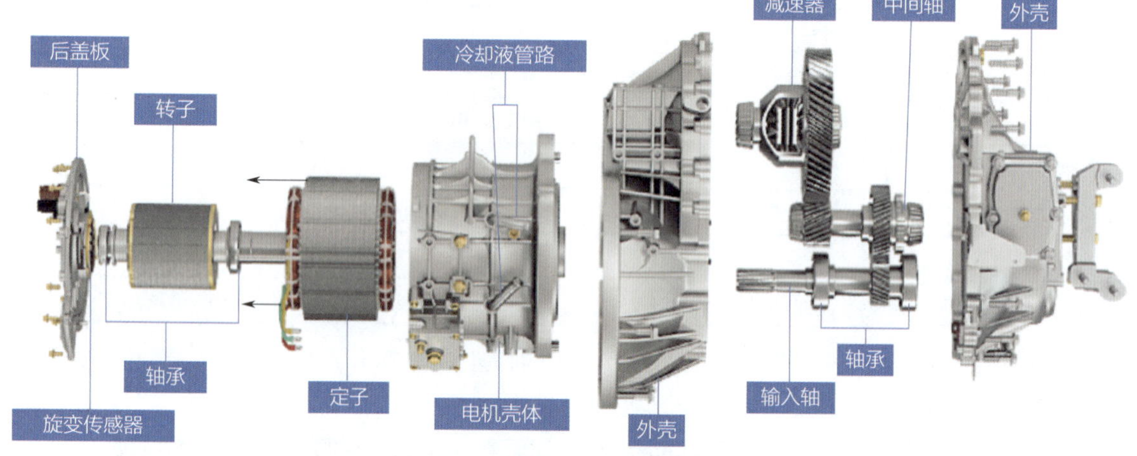

图 4-1-7 比亚迪动力总成的分解图

旋转变压器，简称旋变器，也称旋变传感器或角度传感器，是一种输出电压随转子转角变化的信号元件。它的安装位置和结构如图 4-1-8 所示。

图 4-1-8 旋转变压器（角度传感器）安装位置及结构

驱动电机控制器根据旋变器信号检测电机转子的角度位置、转速和方向。如图 4-1-9 所示，旋变器包含一个励磁线圈（线圈 C）、两个驱动线圈（正弦 +S、余弦 -S）和一个不规则形状的金属转子。金属转子以键合方式固定在电机轴上。当点火开关置于 ON 位置时，驱动电机控制器输出一个 5 V 交流电、一定频率的励磁信号至驱动线圈。驱动线圈励磁信号生成一个环绕两个从动线圈和不规则形状转子的磁场。然后，驱动电机控制器监测两个从动线圈电路，以获得一个返回信号。不规则形状金属转子的位置引起从动线圈的磁感应返回信号发生大小和形状的变化。通过比较两个从动线圈信号，驱动电机控制器就能确定电机的确切角度、转速和方向。

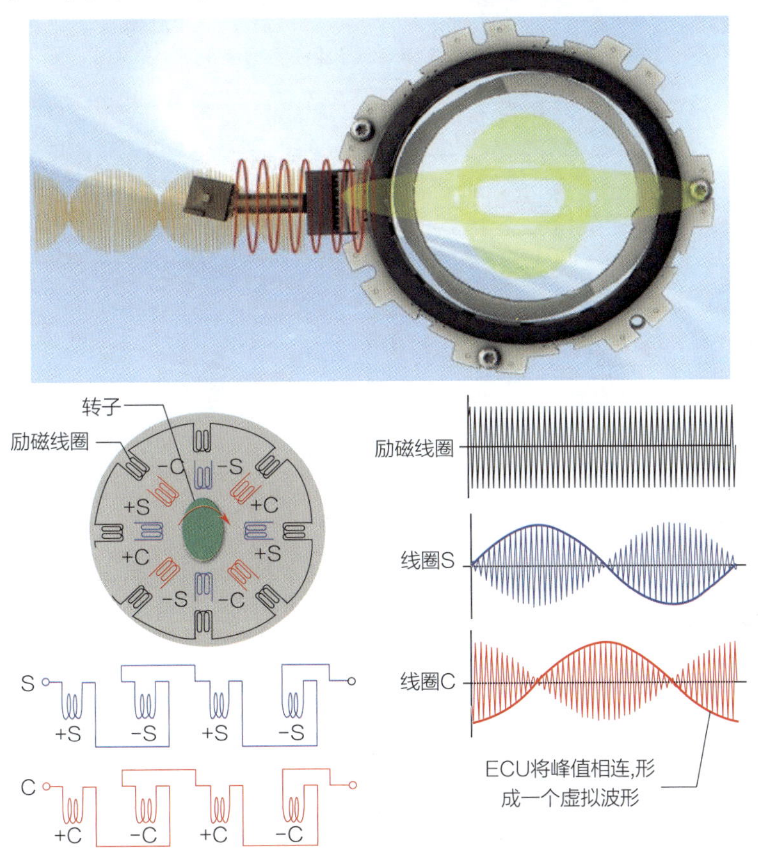

图 4-1-9 旋变器结构示意图及信号波形

旋变传感器的线束插接器如图 4-1-10 所示。线圈测试规格如下：

正弦阻值：16Ω

余弦阻值：16Ω

励磁阻值：8Ω

误差：1Ω

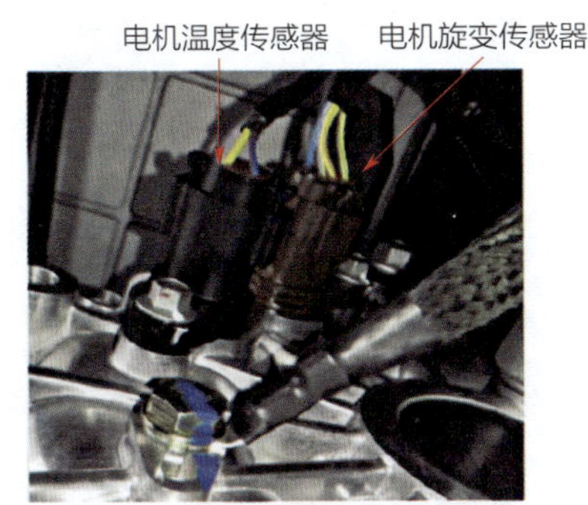

图 4-1-10 旋变传感器的线束插接器

（2）吉利帝豪纯电动汽车驱动电机及变速驱动单元结构和性能参数

以吉利帝豪 EV300/EV450 纯电动汽车使用的驱动电机（三相交流永磁同步电机）为例讲解。此电机具有功率高密度、小型轻量化、高效率、高可靠性、高耐久性及强适应性等特点。这种驱动电机的技术性能参数见表 4-1-3。

表 4-1-3　吉利帝豪纯电动汽车驱动电机技术性能参数

项目	参数	单位
额定功率	42	kW
峰值功率	95	kW
额定转矩	105	N · m
峰值转矩	240	N · m
额定转速	4000	r/min
峰值转速	11000	r/min
电机旋转方向	从轴伸端看电机逆时针旋转	—
温度传感器类型	NTC	—
温度传感器型号	SEMITEC 103NT-4（11-C041-4）	—
冷却液类型	50% 水 +50% 乙二醇（质量分数）	—
冷却液流量需求	8	L/min

图 4-1-11 所示为驱动电机分解图。驱动电机运转时，输出的动力经过动力总成（即变速驱动单元）的齿轮减速器（即单档变速器）直接传递给传动轴。

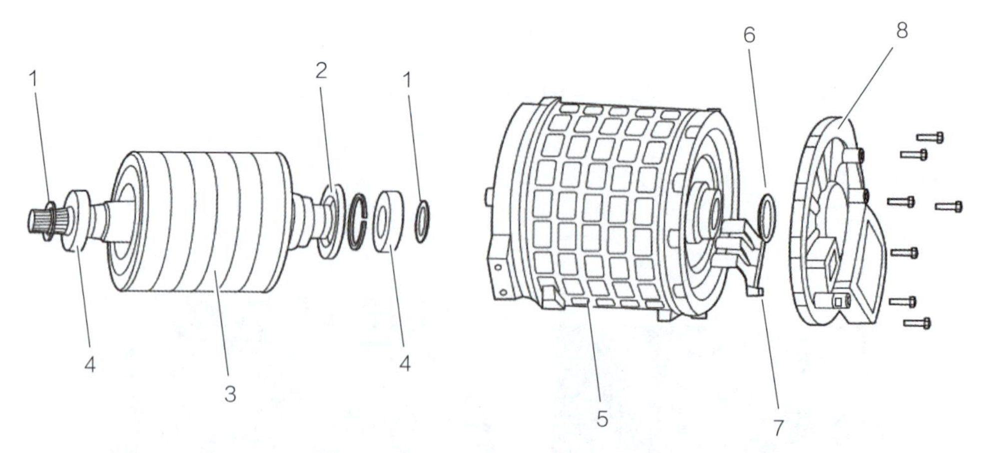

1—轴用弹性挡圈　2—旋变转子　3—转子总成　4—深沟球轴承
5—定子壳体总成　6—波形弹簧　7—圆柱销　8—后端盖总成

图 4-1-11　吉利帝豪纯电动汽车驱动电机的分解图

图 4-1-12 所示为齿轮减速器的分解图。

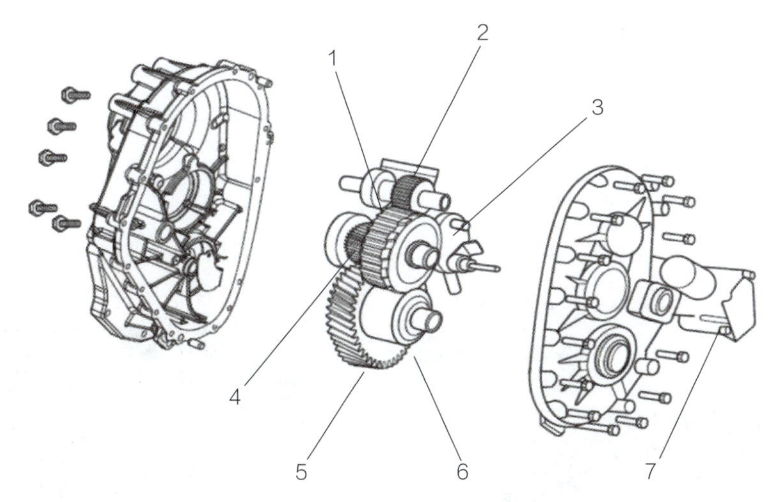

1—中间输入轴齿轮 2—输入轴齿轮 3—驻车棘爪
4—中间输出轴齿轮 5—输出轴齿轮 6—差速器 7—驻车电机

图 4-1-12 吉利帝豪纯电动汽车减速器的分解图

（3）混合动力汽车驱动电机及变速驱动单元结构和性能参数

下面以丰田混合动力汽车为例，介绍混合动力汽车驱动电机及变速驱动单元（变速驱动桥）的结构和性能特点。

1）结构特点

如图 4-1-13 所示，丰田混合动力变速驱动桥由发电机 MG1、驱动电机 MG2 和行星齿轮减速器组成。MG1、MG2 均采用永磁体转子，安装在转子铁心内部。

如图 4-1-14 所示，驱动电机转子内的永磁铁为“V”形，这样永磁体既有径向充磁，又有横向充磁，有效集中了磁通量，提高驱动电机的转矩。

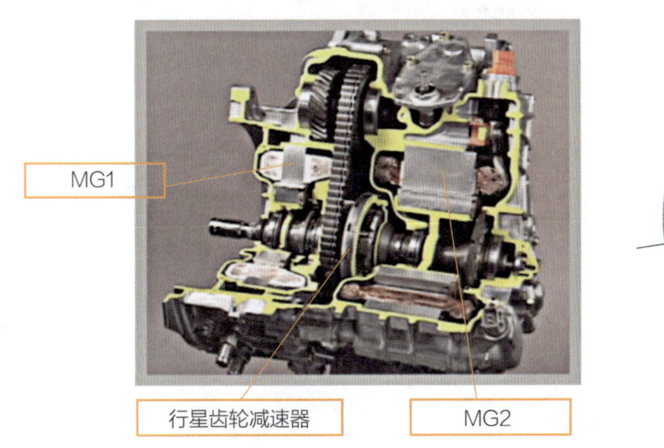

图 4-1-13 丰田混合动力变速驱动桥结构组成

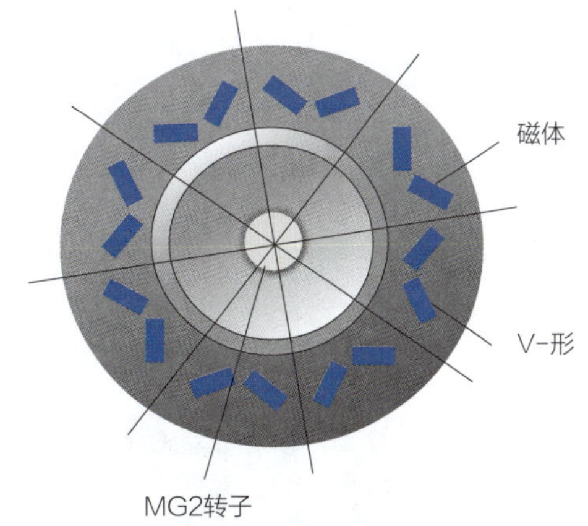

图 4-1-14 驱动电机转子永磁体结构形式

如图 4-1-15 所示，由于丰田混合动力汽车的驱动电机与发动机并列布置在车辆上，因此对驱动电机的小型化要求十分严格，具备混合动力系统所要求的电机性能，也就是实现了小型化、低损耗，以及小型化所带来的冷却与绝缘性能改善。

2）冷却润滑性能特点

丰田混合动力变速驱动桥利用变速器内部的自动变速器油（Automatic Transmission Fluid，ATF）实现绕组的冷却，将驱动电机的热量传导到壳体上。

如图 4-1-16 所示，ATF 存留于变速器的最低位置（油底壳）内，通过差速齿轮与塔轮的旋转，将 ATF 从油底壳中搅起，临时储存于位于上部的 ATF 采集箱中， ATF 受重力作用填充到定子与壳体之间的间隙中，实现定子到壳体的热传递。ATF 吸收绕组端部的热量，将其传递到油底壳内，再传递到壳体。

图 4-1-15 丰田混合动力汽车驱动电机的位置和外形

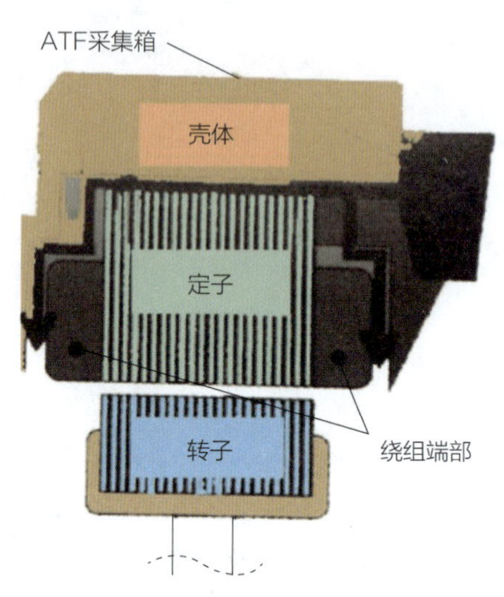

图 4-1-16 丰田混合动力汽车驱动电机润滑冷却系统示意图

3）绝缘性能特点

丰田混合动力汽车将驱动电机的电源电压从 500 V 提高到 650 V 之后，逆变器进行电压切换时电机受到的冲击电压也提高了近 30%。最容易受切换冲击影响的是三相绕组 U、V、W 间的各个相之间绝缘性与对地绝缘性，为了确保其绝缘性能，增加插入到各相之间绝缘纸的工序，并努力实现其自动化操作，提高耐冲击性能，如图 4-1-17 所示。此外，考虑各绕组的电压分配，对绕组连接方式进行了改进，降低了相邻绕组之间的电动势，提高了耐冲击性能。

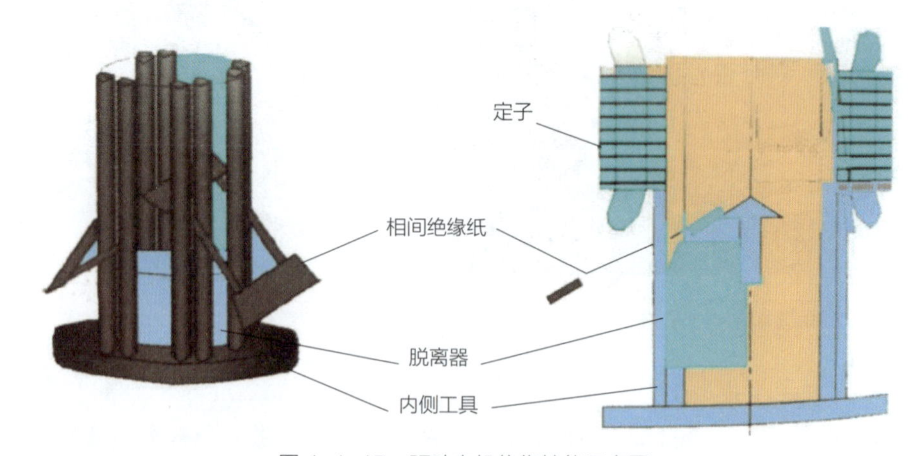

图 4-1-17 驱动电机绝缘性能示意图

3. 驱动电机与控制器冷却系统的功能、类型与结构组成

电动汽车在驱动与回收能量的工作过程中，驱动电机定子铁心、定子绕组在运动过程中都会产生损耗，这些损耗以热量的形式向外发散，需要有效的冷却介质及冷却方式来带走热

量，保证电机在一个稳定的冷热循环平衡的通风系统中安全可靠运行。永磁同步电机在车辆大负荷低速运行时，极容易产生高温，在高温状态下很容易导致永磁转子产生磁退现象，因此需要借助冷却系统对电机的温度进行控制。

另外，驱动电机控制器（逆变器）在工作过程中也会产生大量的热，影响其工作性能，因此同样需要借助电机冷却系统进行冷却。

驱动电机与控制器冷却系统的性能直接影响电机的安全运行和使用寿命。

（1）驱动电机与控制器冷却系统的功能

如图 4-1-18 所示，驱动电机与控制器冷却系统的功能是将驱动电机、驱动电机控制器及其他部件（如车载充电机等）产生的热量及时散发出去，保证这些部件在要求的温度范围内稳定、高效地工作。

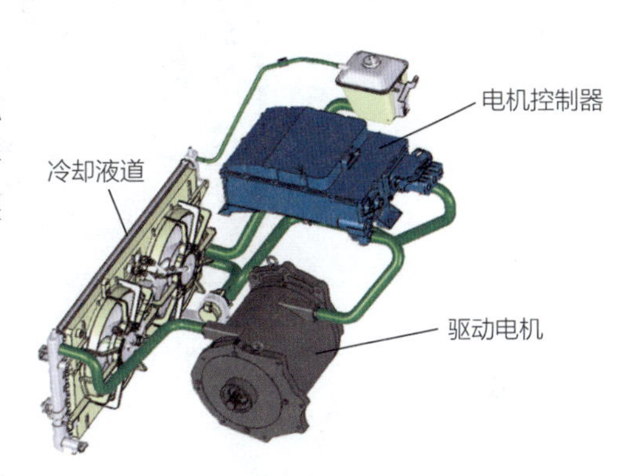

图 4-1-18　驱动电机与控制器冷却系统

（2）驱动电机与控制器冷却系统的类型

驱动电机有风冷和水冷两种冷却方式。

1）风冷

风冷以车辆行驶时的自然风（空气）作为冷却介质，依靠电机铁心自身的热传递，散去电机产生的热量，热量通过封闭的机壳表面传递给周围空气，其散热面积为机壳的表面，为增加散热面积，机壳表面可以制出散热片。

风冷也可以由电机自带同轴风扇来形成内风路循环或外风路循环，通过风扇产生足够的风量，带走电机所产生的热量。风冷介质为电机周围的空气，空气直接送入电机内，吸收热量后向周围环境排出。

风冷结构相对简单，成本较低，适用于成本较低且功率较小的纯电动汽车。

采用风冷系统的变速驱动单元总成外形如图 4-1-19 所示。

图 4-1-19　风冷变速驱动单元总成（含驱动桥）

2）水冷

水冷是将水（冷却液）通过管道和通路引入定子或转子空心导体内部，通过循环水不断的流动，带走电机转子和定子产生的热量，达到对电机的冷却功能。

水冷的冷却效果比风冷更显著，无热量散发到环境中。但是，它需要良好的机械密封装置。水循环系统结构复杂，存在渗漏隐患，如果发生水渗漏，会造成电机绝缘破坏，可能烧毁电机。水质需要处理，其电导率、硬度和 pH 值都有一定的要求。

目前，绝大部分的纯电动汽车都采用水冷型的驱动电机。图 4-1-20 所示为比亚迪纯电动汽车采用的水冷型驱动电机。

图 4-1-20　比亚迪纯电动汽车的水冷型驱动电机

（3）驱动电机与控制器冷却系统的结构

下面以吉利帝豪 EV300/EV450 纯电动汽车为例，介绍驱动电机与控制器冷却系统的结构组成。其他车型可参考相应的技术资料。

1）驱动电机与控制器冷却系统的结构组成与工作原理

吉利帝豪 EV300/EV450 纯电动汽车驱动电机与控制器冷却系统由以下部件组成：

- 电机控制器
- 车载充电机
- 驱动电机
- 冷却液泵
- 储液罐
- 散热器
- 散热器风扇
- 整车控制器
- 热交换管理模块
- 相关管路

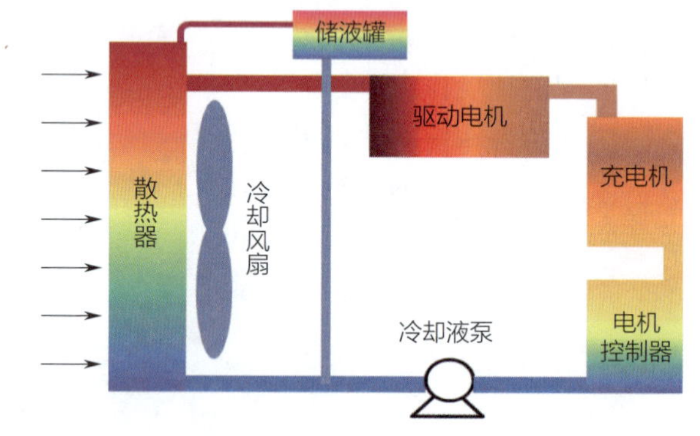

图 4-1-21　驱动电机与控制器冷却系统结构

图 4-1-21 所示为驱动电机与控制器冷却系统的结构。

驱动电机转子高速旋转会产生高温，热量通过机体传递，如果不加以降温，驱动电机无法正常工作，所以驱动电机机体内设置有冷却液道，通过冷却液的循环与外界进行热交换。这样能将驱动电机的工作温度保持在一定范围内，防止驱动电机过热。

车载充电机工作时将高压交流电转化成高压直流电，其转化过程中会产生大量的热量，因此车载充电机内部也有冷却液道，通过冷却液的循环降低车载充电机的工作温度。

电机控制器不但控制驱动电机的高压三相供电，集成的 DC/DC 变换器还要将动力电池的高压直流电转化成低压直流电为低压蓄电池充电。在此过程中也会产生热量，也需要通过冷却液的循环来散热。

驱动电机与控制器冷却系统的作用就是通过冷却液循环散热为驱动电机、车载充电机、电机控制器这三大部件进行散热。

如图 4-1-22 所示，冷却系统的冷却液泵与散热器风扇由整车控制器 VCU 控制，根据整车热源（电机、电机控制器和车载充电机）的温度进行控制。

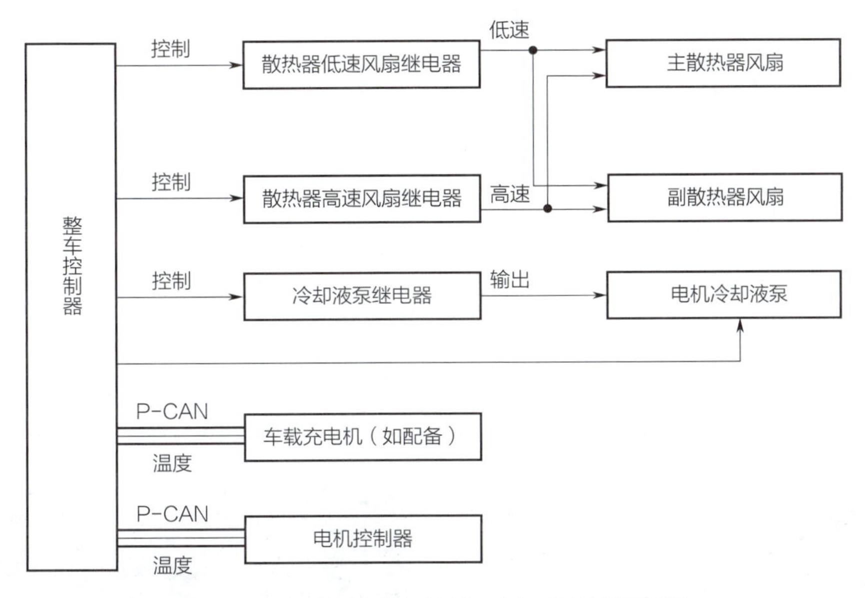

图 4-1-22 驱动电机与控制器冷却系统控制原理图

2）驱动电机与控制器冷却系统主要部件

以下介绍驱动电机与控制器冷却系统的主要部件。

① 冷却液泵

吉利帝豪 EV300 冷却液泵（图 4-1-23）由低压电路（12V）驱动，为冷却液的循环提供压力。在冷却液泵的驱动下冷却液在管路中的流向（循环），如图 4-1-24 所示。

图 4-1-23 冷却液泵安装位置

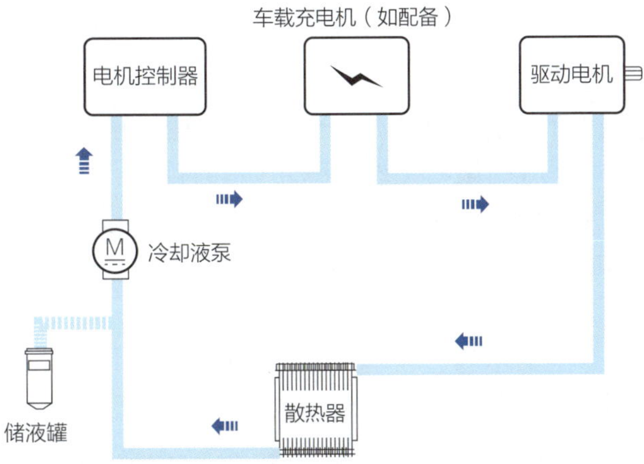

图 4-1-24 冷却液循环图

冷却液泵采用的是永磁无刷直流电机，浮动式转子与叶轮注塑成一体。严禁冷却液泵在没有冷却液的情况下空载运行，否则将导致转子、定子的磨损，将最终导致冷却液泵的损坏。

② 储液罐

储液罐也称“膨胀罐”。储液罐总成是一个透明塑料罐，通过水管与散热器连接，如图 4-1-25 所示。

随着冷却液的温度逐渐升高并膨胀，部分冷却液因膨胀而从散热器和驱动电机中流入储液罐总成。散热器和液道中滞留的空气也被排入储液罐总成。

车辆停止后，冷却液自动冷却并收缩，先前排出的冷却液则被吸回散热器，从而使散热器中的冷却液一直保持在合适的液面，并提高冷却效率。

当冷却系统处于冷态时，冷却液液面应保持在储液罐总成上的 L(最低) 和 F(最高) 标记之间。

➢ **注意：**

- 吉利帝豪纯电动汽车采用的冷却液为符合 NB/SH/T 0521—2010 要求的乙二醇型电机冷却液。禁止使用普通清水及其他冷却液代替。电机冷却液不能混用。
- 冷却液加注量：7 L。
- 冷却系统采用的冷却液与空调系统采用的暖风冷却液材质相同。

③ 电子冷却风扇

如图 4-1-26 所示，电子冷却风扇总成安装在机舱内散热器的后部，它可增加散热器和空调冷凝器的通风量，从而有助于加快车辆低速行驶时的冷却速度。

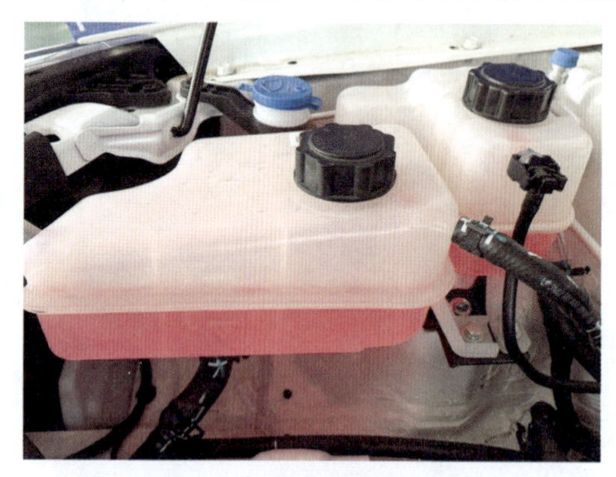

图 4-1-25　储液罐及冷却液液位

图 4-1-26　帝豪 EV300 电子冷却风扇

风扇采用双风扇，高低速的控制模式，通过两个不同的电机驱动扇叶。冷却风扇由整车控制器 (VCU) 利用冷却风扇低速继电器和冷却风扇高速继电器直接控制，在低速电路中，采用串联调速电阻的方式来改变风扇的转速。

➢ **警告：**即使在车辆运行时，机舱下的冷却风扇也会起动而伤人，注意保持手、衣服和工具远离机舱下的电动风扇。

➢ **警告：**如果风扇叶片有任何程度的弯曲或损坏，不要修理或重复使用损坏的部件，必须更换弯曲或损坏的风扇叶片。损坏的风扇叶片不能保证正常的平衡并在连续使用中可能出现故障和飞脱，这种情况非常危险。

4. 驱动电机与控制器温度过高故障的原因与排除方法

驱动电机与控制器冷却系统工作不良时，会导致电机与控制器温度过高的故障。

故障部位与检修方法如下。

（1）冷却液缺少

故障原因 1：未按保养手册添加冷却液，导致冷却液缺少。

检修方法：在储液罐处添加冷却液。

故障原因 2：冷却液泄漏，导致冷却液缺少。

检修方法：检查泄漏部位，如管路环箍、水管、散热器等，维修或更换损坏部件。

（2）冷却液泵工作不良

故障原因1：冷却液杂质导致冷却液泵堵转；冷却液泵泵盖/密封圈/泵轮等部位损坏。

检修方法：清洁并更换冷却液；更换损坏的冷却液泵。

故障原因2：冷却液泵线路不良，如：整车线束故障，虚接/短路/断路等故障；冷却液泵控制器熔丝/继电器熔断/插接件端子退针。

检修方法：查找线束故障，依据线束维修手册处理；更换损坏的冷却液泵。

（3）散热器风扇工作不良

故障原因1：风扇控制器/继电器/插接件端子退针，整车线束故障，虚接/短路/断路等故障。

检修方法：更换损坏的部件；查找线束故障，依据线束维修手册处理。

故障原因2：散热器风扇损坏，扇叶破损/断裂，扇叶不工作。

检修方法：更换散热器风扇。

故障原因3：电机/控制器温度传感器故障，风扇不工作。

检修方法：查找电机/控制器温度传感器故障，依据相应维修手册处理。

（4）散热器工作不良

故障原因：芯体老化，芯管堵塞；散热片倒伏，影响进风量；水室堵塞，影响冷却液循环。

检修方法：更换散热器。

（5）进风量不足

故障原因：前保险杠中网或下格栅进风口堵塞。

检修方法：查找原因并排除。

驱动电机三相线束总成更换

二 基本技能

1. 驱动电机三相线束总成更换

以下介绍吉利帝豪EV300/EV450纯电动汽车的驱动电机三相线束总成更换程序，其他车型和部件请参照维修手册及相关资料。

（1）拆卸程序

1）打开前机舱盖。

2）断开低压蓄电池负极电缆。

3）拆卸维修开关。

4）拆卸电机控制器上盖。

5）拆卸电机控制器。

6）如图4-1-27所示，拆卸电机三相线束盖板。

① 拆卸三相线束支架2个固定螺栓1。

② 拆卸三相线束插接器3个固定螺栓2。

③ 拆卸电机线束盖板6个固定螺栓3，取下电机线束盖板及密封垫。

7）如图4-1-28所示，拆卸电机三相线束3个端子固定螺栓，取下电机三相线束。

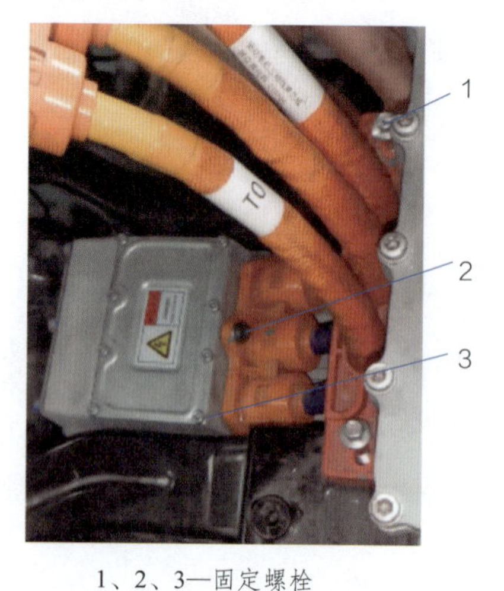

1、2、3—固定螺栓

图 4-1-27 拆卸电机三相线束盖板

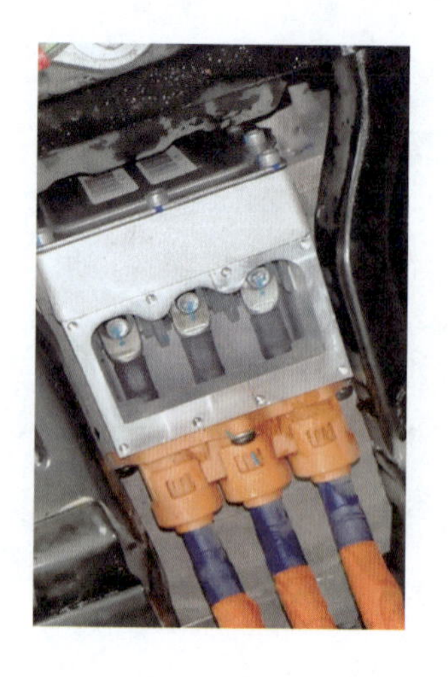

图 4-1-28 拆卸电机三相线束

（2）安装程序

参照拆卸程序图 4-1-27 和图 4-1-28。

1）放置电机三相线束，紧固 3 个端子固定螺栓。

紧固力矩：23 N · m

2）紧固三相线束支架 两 个固定螺栓 1。

紧固力矩：9 N · m

3）紧固三相线束插接器 3 个固定螺栓 2。

紧固力矩：9 N · m

4）放置电机线束盖板及密封垫，紧固电机线束盖板 6 个固定螺栓 3。

紧固力矩：9 N · m

➢ **注意：** 电机端盖合盖时，注意螺栓拆装顺序，密封良好。

5）安装电机控制器。

6）安装电机控制器上盖。

7）安装维修开关。

8）连接低压蓄电池负极电缆。

9）关闭前机舱盖。

2. 电机冷却系统主要部件更换

下面介绍吉利帝豪 EV300/EV450 纯电动汽车的冷却液泵总成更换程序，其他车型和部件请参照维修手册及相关资料。

电机冷却系统部件水泵拆装

➢ **注意：** 拆卸或安装水管环箍时都应使用专用的环箍钳。

（1）拆卸程序

1）打开前机舱盖。

2）断开低压蓄电池负极电缆。

3）如图 4-1-29 所示，拆卸冷却液泵插接器和支架固定螺栓。

① 断开冷却液泵线束插接器 1。

② 拆卸冷却液泵支架固定螺栓 2。

4）如图 4-1-30 所示，拆卸冷却液泵侧的水管，取下冷却液泵总成。

① 拆卸环箍，脱开散热器出水管 2（冷却液泵侧）。

② 拆卸环箍，脱开电机控制器总成进水管 1（冷却液泵侧），取下冷却液泵总成。

1—插接器　2—固定螺栓

图 4-1-29　拆卸冷却液泵插接器和支架固定螺栓

1—进水管　　2—出水管

图 4-1-30　拆卸冷却液泵侧的水管

➢ **注意：**水管脱开前请在车辆底部放置容器，接住防冻液，以免污染地面。

（2）安装程序

拆卸程序参照图 4-1-29 和图 4-1-30。

1）放置冷却液泵，连接电机控制器总成进水管 1，安装环箍。

2）连接散热器出水管 2（冷却液泵侧），安装环箍。

➢ **注意：**环箍装配位置应该与管路标示线对齐。

3）紧固冷却液泵支架固定螺栓 2。

紧固力矩：23 N · m

4）连接冷却液泵线束插接器 1。

➢ **注意：**插接时注意“一插、二响、三确认”。

5）加注冷却液。

6）连接蓄电池负极电缆。

7）关闭前机舱盖。

任务二　驱动电机控制器结构原理与检修

情境导入

情境描述

一辆吉利帝豪纯电动汽车驱动电机故障指示灯点亮，车辆无法行驶，你的主管让你进一步检测，你能完成这个任务吗?

情境提示

驱动电机由驱动电机控制器控制，当电机本体故障、温度过高、相关传感器及线路故障时，驱动电机故障指示灯会点亮。由于故障保护，车辆可能无法行驶，需要利用诊断仪器或通过车载诊断系统查明故障原因。

学习目标

知识目标

1. 能描述驱动电机控制器的功能。
2. 能描述典型车型驱动电机控制器的结构组成和工作原理。
3. 能描述驱动电机控制器的故障检测方法。

技能目标

1. 能进行驱动电机控制器更换。
2. 能进行驱动电机控制器高压电流检测。

一 基本知识

1. 驱动电机控制器的功能

驱动电机控制器通常位于电机的上部，它的作用是利用 IGBT 将动力电池的直流电转化为交流电，然后输出给电机，用于控制电机的运转速度、运转方向（前进及倒车），以及将电机逆变为发电机发电（减速及制动时进行能量回收）。

驱动电机控制器是电机的主控制模块，通过接收整车控制器 VCU 的车辆行驶控制指令，还会利用各种传感器采集信息，并将运行状态的信息发送给整车控制器 VCU。

目前应用在电动汽车上的驱动电机控制器主要有两种类型。

一种是仅用于控制驱动电机的，即 MCU。图 4-2-1 所示为北汽新能源 EV200 纯电动汽车的 MCU。

图 4-2-1 北汽新能源 EV200 驱动电机控制器 MCU 及标牌

另一种是具有集成控制功能的驱动电机控制器，即集成了 MCU 与 DC/DC 变换器以及其他功能的。这类的驱动电机控制器也被称为 PCU（动力控制单元）或 PEB（电子电力箱）等，图 4-2-2 所示为上汽荣威 ie6 混合动力汽车的 PEB。将驱动电机控制器与 DC/DC 变换器集成化，是目前纯电动汽车与混合动力汽车驱动电机控制器发展的一个趋势，集成度更高的系统既节省了成本，也利于系统之间信息的共享与车辆部件位置的布置设计。

绝缘栅双极型晶体管（Insulated Gate Bipolar Transistor，IGBT）是电动汽车控制系统的核心技术之一。IGBT 的作用是将动力电池的直流电转化为交流电，同时还承担电压的高低转换功能。另外，IGBT 也可将电机回收的交流电流转换成可供动力电池充电的直流电流。IGBT 模块如图 4-2-3 所示。

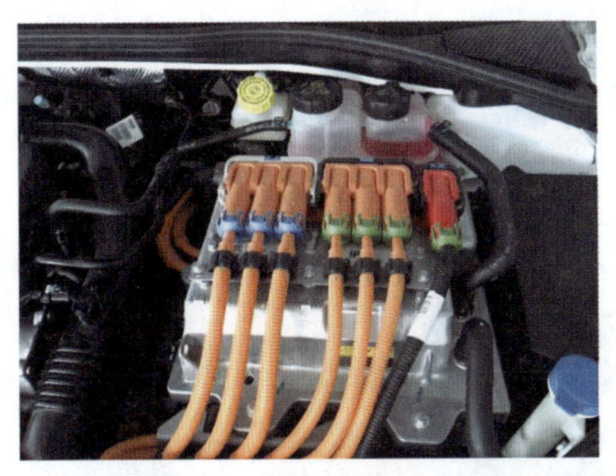

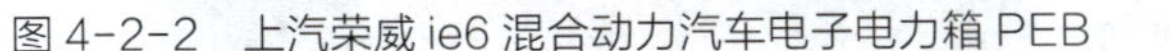

图 4-2-2　上汽荣威 ie6 混合动力汽车电子电力箱 PEB

图 4-2-3　比亚迪车规级 IGBT 模块

如图 4-2-4 所示，动力电池组和驱动电机分别与 IGBT 模块的输入端及输出端连接，IGBT 的输出电压由驱动电机控制器向其输入的驱动信号控制。在运行过程中，驱动电机控制器通过采集分析加速踏板、制动踏板、车速等传感器信号，来进行驱动电机电压的输出控制，输出方式是将 PWM 驱动信号传递到 IGBT 模块，通过采集电机的电压信号、电流信号、温度信号等反馈信号进行系统的过电流、过电压、过热保护。

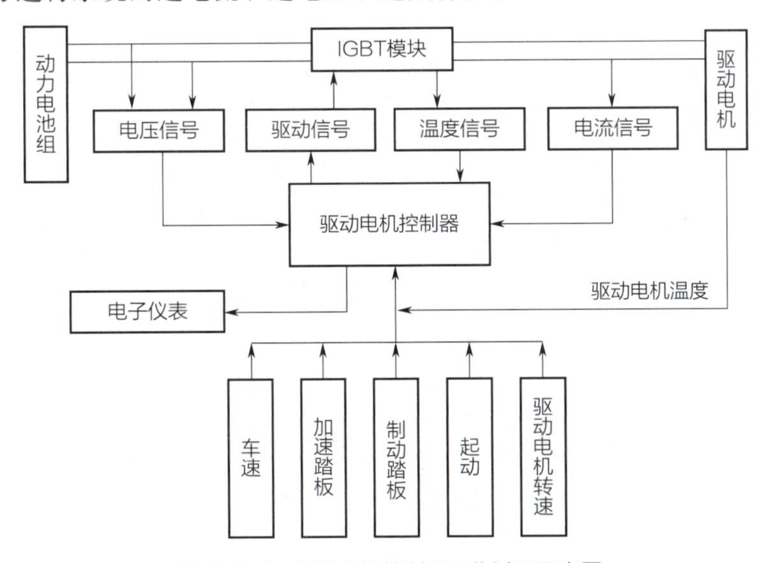

图 4-2-4　驱动电机控制器工作过程示意图

2. 典型车型驱动电机控制器的结构组成和工作原理

下面以吉利帝豪 EV450、上汽荣威 e50、比亚迪 e6 纯电动汽车和比亚迪秦混合动力汽车为例，介绍驱动电机控制器的结构组成和工作原理。其他车型可以参照相应的技术资料。

（1）吉利帝豪驱动电机控制器

吉利帝豪 EV450 纯电动汽车的驱动电机控制器（图 4-2-5）安装在前机舱内，它除了控制驱动电机运行外，还集成了 DC/DC 变换器的功能。驱动电机控制器各接口的功能如图 4-2-6 所示。

如图 4-2-7 所示，电机控制器内部包含 1 个直流转交流的逆变器（双向）和 1 个直流转直流（单向）的 DC/DC 直流变换器，以及电机控制单元（MCU）。

逆变器由 IGBT、直流母线电容（EMC 滤波）、驱动和控制电路板等组成，实现直流（可变的电压、电流）与交流 （可变的电压、电流、频率）之间的转变。逆变器将动力电池的直流电（HV+、HV-）转换为驱动电机的三相交流电（U、V、W）。在车辆的制动或滑行阶段，电机可作为发电机工作，将车轮旋转的动能转换为电能（交流电转换为直流电），给动力电池充电。

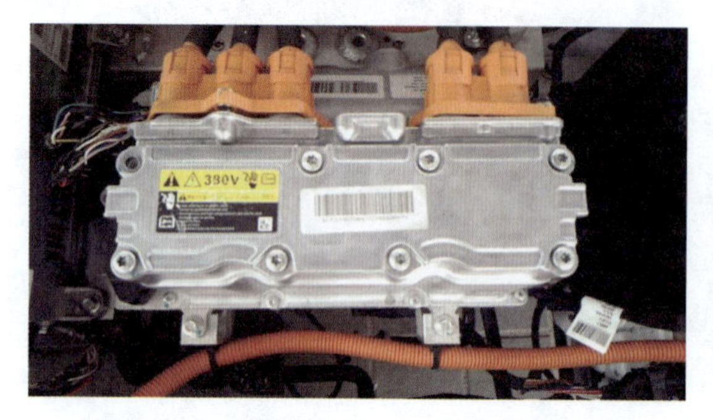

图 4-2-5　吉利帝豪 EV450 驱动电机控制器

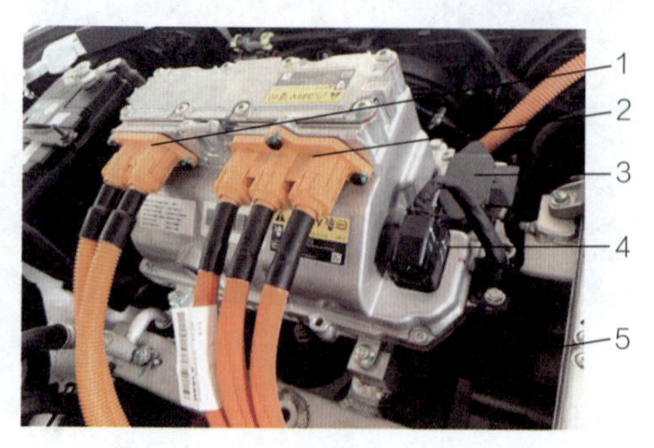

1—动力电池高压输入线束接口　2—驱动电机三相线束接口
3—低压充电（DC/DC）接口
4—低压信号接口　5—冷却水管接口

图 4-2-6　吉利帝豪 EV450 驱动电机控制器的接口功能

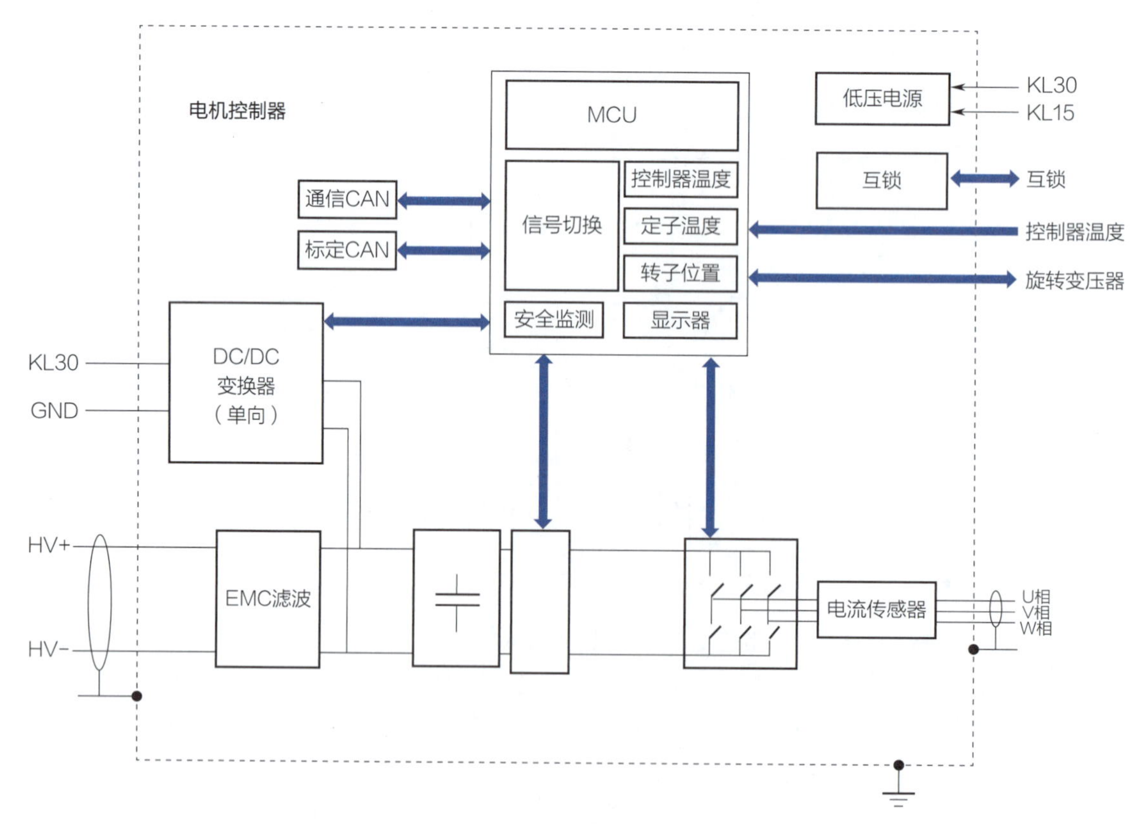

图 4-2-7　吉利帝豪 EV450 驱动电机控制器结构原理图

直流转换器由高低压功率器件、变压器、电感、驱动和控制电路板等组成，实现直流高压向直流低压的能量传递。

MCU 接收电机转子位置、转子温度、控制器温度、高压互锁等信号，控制电机运行转速和方向，同时利用 CAN 总线系统与车辆的其他控制模块进行通信。

电机控制器还包含有冷却器（通冷却液），用于给电子功率器件散热。

（2）上汽荣威驱动电机控制器

图 4-2-8 所示为上汽荣威 e50 纯电动汽车驱动电机控制器。

图 4-2-8 上汽荣威 e50 驱动电机控制器

如图 4-2-9 所示，荣威 e50 驱动电机控制器的特点是具有控制电机和 DC/DC 变换器的组合功能，此外在电机控制器内部还会并联一条高压线路给空调压缩机供电。电机控制器一端连接来自动力电池的直流高压电缆，另一端连接驱动电机的三相交流电缆。电机控制器将来自动力电池的直流电转换为可用于驱动电机的 U、V、W 三相交流电，同时在制动能量回收时，也将电机产生的交流电转换成直流电，反馈给动力电池。

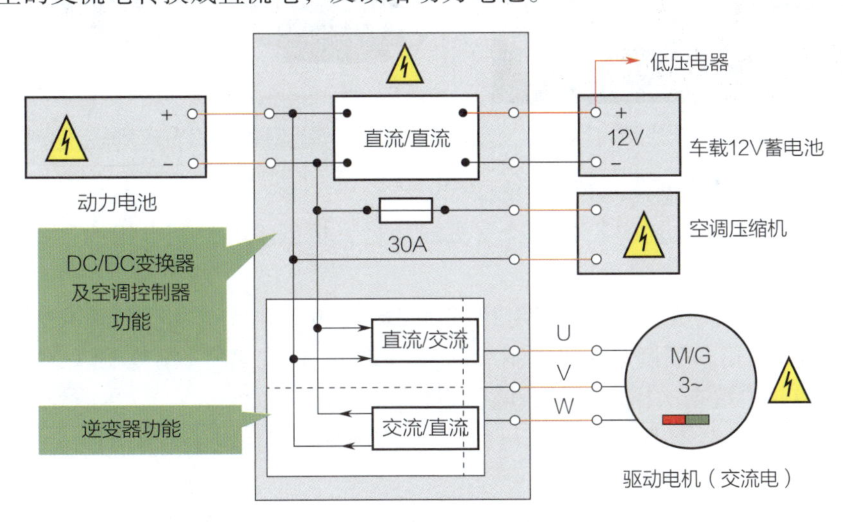

图 4-2-9 上汽荣威 e50 驱动电机控制器内部结构和工作原理图

（3）比亚迪汽车驱动电机控制器

比亚迪 e6 的驱动电机控制器安装在前机舱内右侧，如图 4-2-10 所示。

图 4-2-10 比亚迪 e6 驱动电机控制器

比亚迪 e6 驱动电机控制器的主要功能有：

1）控制电机正向驱动和反向驱动（倒车）。

2）控制电机的动力输出，同时对电机进行保护。

3）通过 CAN 总线与其他控制模块通信，接收并发送相关的信号，间接地控制车上相关系统正常运行。

4）制动能量回馈控制。

5）自身内部故障的检测和处理。

如图 4-2-11 所示，比亚迪 e5 将驱动电机控制器、DC/DC 变换器、车载充电机及高压配电箱 BDU 集成一体，即“四合一”的高压电控总成。

比亚迪秦驱动电机控制器与 DC/DC 变换器集成一体，安装位置如图 4-2-12 所示。

图 4-2-11 比亚迪 e5 高压电控总成

图 4-2-12 比亚迪秦驱动电机控制器与 DC/DC 变换器位置图

比亚迪秦驱动电机控制器的控制功能如下：

1）作为动力系统的总控中心，驱动电机的运行，根据工况控制电机的正反转、功率、转矩、转速等；协调发动机管理系统工作。

2）硬件采集（直接通过传感器）电机的旋变、温度、制动、加速踏板开关信号。

3）通过 CAN 通信采集制动深度（制动踏板位置）、档位信号、驻车开关信号、起动命令、电池管理控制器相关数据、控制器的故障信息。

4）内部处理的信号有直流侧高压母线电压、交流侧三相电流、IGBT 温度、电机的三相绕组阻值。

比亚迪秦驱动电机控制器与 DC/DC 变换器总成结构如图 4-2-13 所示。

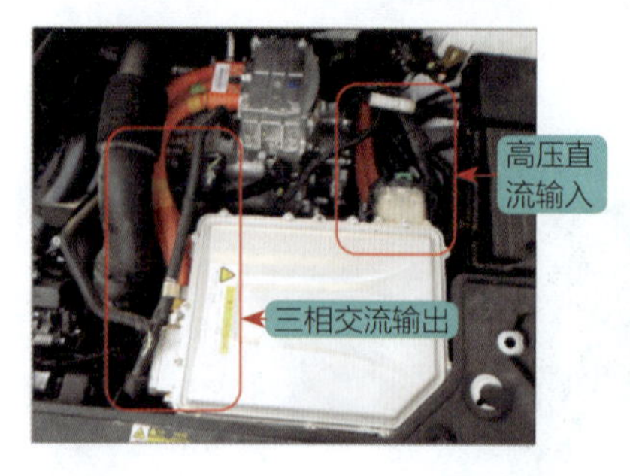

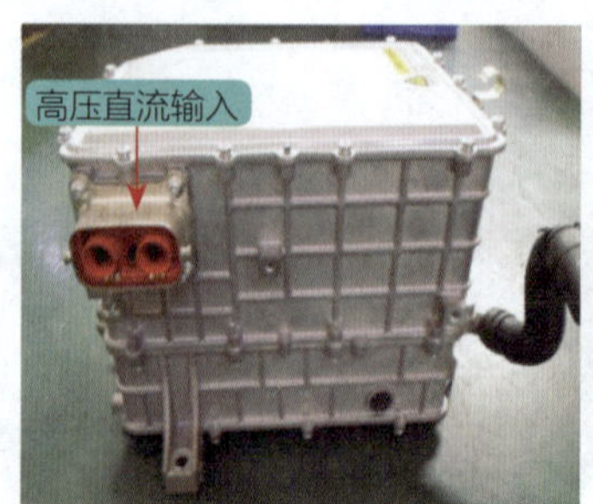

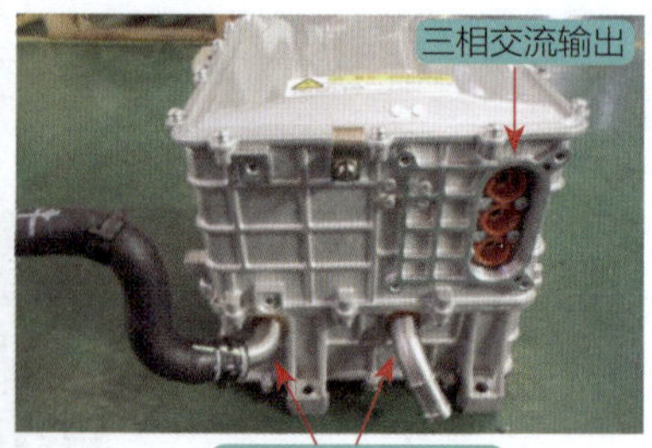

图 4-2-13 比亚迪秦驱动电机控制器与 DC/DC 变换器结构

3. 驱动电机控制器的故障检测方法

（1）驱动电机控制器自检

驱动电机控制器在控制驱动电机的同时，还会对驱动电机、相关的传感器，以及控制器的控制单元进行实时自检。大多数纯电动汽车或混合动力汽车的驱动电机控制器，主要在以下方面进行自检。

1）控制器供电和软件检测

① 供电检测

驱动电机控制器需要来自车辆低压蓄电池的 12 V 参考电源，当连接的参考电源电压过低或过高时，控制器将会实行自我关闭，并对外输出故障码。

② 内部软件检测

驱动电机控制器内部包括电机控制单元、逆变器控制单元等，这些部件都有集成电路及 CPU。在正常运行过程中，系统会进行自我读、写存储器的能力监测，这属于控制器的内部故障检测，一般不能进行故障维修处理，只能重新编程或更换。

2）IGBT 性能检测

驱动电机控制器会根据整车控制器 VCU 的指令，控制 IGBT 的接通和断开，从而来实现驱动电机的输出，或让它作为发电机工作。在对电机逆变的过程中，通过顺序启动 IGBT 的高电流开关晶体管，控制其相应的驱动电机或发电机的速度、方向和输出转矩。同时，控制器会检测每个 IGBT 的运行情况，当发现故障后，会关闭逆变器功能。

3）驱动电机 U、V、W 相电流检测

由于驱动电机或发电机使用三相交流电运行，且 IGBT 通常会对应控制驱动电机或发电机的其中一个相，各相分别标识为 U、V、W。控制器通过监测连接到各驱动电机相或发电机相的电流传感器，以便检测逆变器是否存在电流过大故障。

大多数电流传感器是驱动电机控制器总成的一部分，无法单独维修。

另外，由于所有的电机电路是通过 Y 形方式连接的，其电流总量应相同。电机控制器执行一次计算，以确认相电流传感器的精确性。如果 U、V、W 相电流传感器的相电流总量大致相同，则计算结果应接近零。如果 U、V、W 相电流相差较大，则会认为出了故障。

U、V、W 三相应该不缺相、不漏电。驱动电机三相线圈绕组的电阻两两之间小于 1 Ω，并且分别与电机壳体绝缘。

4）电机温度检测

除了安装在驱动电机上的温度传感器外，在大多数的驱动电机控制器内部也会设置有温度传感器，用于检测连接电机电缆的温度，以及控制器自身集成电路的温度。温度传感器是一个负温度系数的热敏电阻，随着温度升高，电阻减小；随着温度降低，电阻增大。

驱动电机控制器向温度传感器提供一个 5 V 参考电压信号，并测量电路中的电压降。当被检测的电缆或集成电路温度低时，传感器电阻大，控制器检测到高电平信号电压。当温度升高时，传感器电阻减小，信号电压也降低。

当驱动电机控制器检测到温度异常时，会输出故障码，并根据故障情况采取限速甚至停止电机工作等措施。

5）驱动电机位置的检测

驱动电机控制器根据旋转变压器型位置传感器信号，监测驱动电机转子的角度、位置、转速和方向。

当驱动电机控制器检测到电机位置异常时，会输出故障码，并根据故障情况采取限速甚至停止电机工作等措施。

6）驱动电机控制器高压绝缘检测

驱动电机控制器利用若干内部传感器检测来自动力电池的高电压。

驱动电机控制器检测高电压正极电路或高电压负极电路和车辆底盘之间是否存在失去隔离的情况，当检测到电机控制器或者相关电路在动力电池输出高电压后，存在对车辆底盘的电阻过低情况，系统将会将这一信息反馈给整车控制器 VCU，并与 VCU 一起切断车辆的高电压，以避免发生事故。

（2）驱动电机控制器的检测方法

驱动电机控制器（或整个管理系统）发生故障时，可以利用故障检测仪器进行检测，包括故障码读取及数据流分析。故障诊断仪器操作时请同时参阅对应厂家诊断仪器的操作说明书。

图 4-2-14 所示是吉利帝豪 EV300 驱动电机控制器的数据流。从图中可以看出驱动电机其他相关参数数据流，如：驱动电机的三个相位 U、V、W 电流值，驱动电机温度等，维修技师可以与维修手册相关的参考值进行对比，以判断驱动电机的工作运行状态。

图 4-2-14　帝豪 EV300 驱动电机控制器检测仪器数据流图

二 基本技能

驱动电机控制器更换

1. 驱动电机控制器更换

下面介绍吉利帝豪 EV300/EV450 的驱动电机控制器总成更换程序，其他车型请参照相应的原厂维修手册及相关资料。

（1）拆卸程序

1）打开前机舱盖。

2）断开低压蓄电池负极电缆。

3）拆卸维修开关。

4）如图 4-2-15 所示，拆卸电机控制器上盖。

① 拆卸电机控制器上盖的 8 个固定螺栓。

② 取下电机控制器上盖。

图 4-2-15　拆卸电机控制器上盖

5）如图 4-2-16 所示，拆卸驱动电机三相线束。

① 拆卸驱动电机三相线束插接器（电机控制器侧）3 个固定螺栓 1。

② 拆卸驱动电机三相线束端子（电机控制器侧）3 个固定螺栓 2，脱开三相线束。

6）如图 4-2-17 所示，拆卸电机控制器来自动力电池的高压线束。

① 拆卸电机控制器来自动力电池的高压线束插接器（电机控制器侧）两个固定螺栓 1。

② 拆卸电机控制器来自动力电池的高压线束端子（电机控制器侧）两个固定螺栓 2，脱开线束。

1、2—固定螺栓

图 4-2-16　拆卸驱动电机三相线束

1、2—固定螺栓

图 4-2-17　拆卸电机控制器来自动力电池的高压线束

7）如图 4-2-18 所示，断开电机控制器低压线束插接器。

8）如图 4-2-19 所示，拆卸电机控制器 4 个固定螺栓。

图 4-2-18　断开电机控制器低压线束插接器

图 4-2-19　拆卸电机控制器固定螺栓

9）如图 4-2-20 所示，取下防尘盖，拆卸电机控制器的两根搭铁线束固定螺母，脱开搭铁线束。

10）如图 4-2-21 所示，脱开电机控制器的进水、出水两根水管，然后取下电机控制器总成。

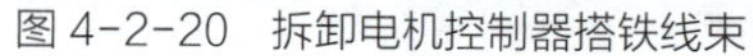

图 4-2-20　拆卸电机控制器搭铁线束

图 4-2-21　脱开电机控制器水管

➤ **注意：**水管脱开前请在车辆底部放置容器，接住防冻液，以免污染地面。

（2）安装程序

1）如图 4-2-21 所示，按拆卸的相反顺序，安装电机控制器总成，并连接电机控制器进、出两根水管。

2）如图 4-2-22 所示，连接电机控制器两根搭铁线，紧固螺母，盖上防尘盖。

紧固力矩：23 N · m

3）如图 4-2-23 所示，连接电机控制器低压线束插接器。

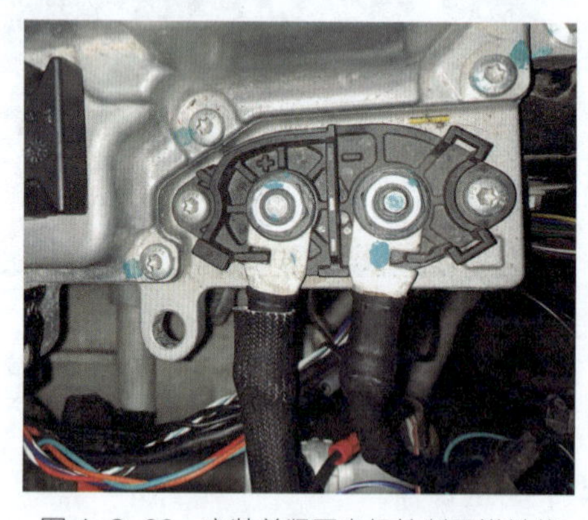

图 4-2-22　安装并紧固电机控制器搭铁线

图 4-2-23　连接电机控制器低压线束插接器

➤ **注意：**插接时注意“一插、二响、三确认”

4）如图 4-2-19 所示，按拆卸的相反顺序，安装并紧固电机控制器 4 个固定螺栓。

紧固力矩：25 N · m

5）如图 4-2-16 所示，按拆卸的相反顺序，连接驱动电机三相线束，安装并紧固驱动电机三相线束插接器（电机控制器侧）3 个固定螺栓 1。

紧固力矩：9 N · m

6）如图 4-2-16 所示，按拆卸的相反顺序，安装并紧固驱动电机三相线束端子（电机控制器侧）3 个固定螺栓 2。

紧固力矩：25 N·m

7）如图 4-2-17 所示，按拆卸的相反顺序，连接线束，安装并紧固电机控制器来自动力电池的高压线束插接器（电机控制器侧）两个固定螺栓 1。

紧固力矩：9 N·m

8）如图 4-2-17 所示，按拆卸的相反顺序，安装并紧固电机控制器来自动力电池的高压线束端子（电机控制器侧）两个固定螺栓 2。

紧固力矩：25 N·m

9）如图 4-2-24 所示，放置电机控制器上盖，安装并紧固电机控制器上盖的 8 个螺栓。

图 4-2-24　安装电机控制器上盖

紧固力矩：25 N·m

➤ **注意：** 电机控制器端盖合盖时采取对角法则拧紧。

10）安装维修开关。

11）连接低压蓄电池负极电缆。

12）加注驱动电机冷却系统冷却液。

① 拧开储液罐盖，加入吉利帝豪指定型号的冷却液。

② 持续加注冷却液，直至储液罐内冷却液容量达到 80% 左右，且液位不再下降，储液罐保持开口状态。

③ 拔出电机控制器出水管，待电机控制器出水口有成股的冷却液流出，装上电机控制器出水管。

④ 排气完成，补充冷却液。

13）关闭前机舱盖。

14）完成 5S 工作。

2. 驱动电机控制器高压电流检测

以下以荣威 e50 纯电动汽车为例，介绍使用钳形电流表（FLUKE 317 为例）检测驱动电机控制器输出的三相高压交流电流的方法。

➤ **警告：** 测量前请佩戴绝缘手套！

➤ **警告：** 高压电流测量必须是车辆运行中的动态测量！请举升车辆离地 10cm，并做好安全检查！

（1）量程和交 / 直流模式选择

如图 4-2-25 所示，将钳形电流表功能旋钮旋至 600A 量程档位，此时电流表默认为直流电流测试模式，按下电流表交 / 直流模式切换按钮（AC/DC）切换至交流档。

➢ **提示：** 电流的量程档位根据所测试的部件技术参数选择，荣威 e50 驱动电机相电流峰值为 200A。

（2）三相高压电流测量

1）如图 4-2-26 所示，将电流钳悬置驱动电机 W 线束。

图 4-2-25　交 / 直流测试模式切换至交流档

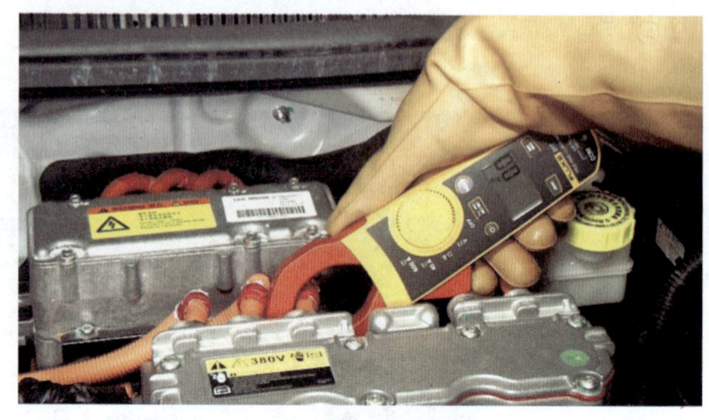

图 4-2-26　将电流钳悬置驱动电机 W 线束

2）如图 4-2-27 所示，起动车辆，踩下加速踏板，读取驱动电机 W 线束电流数值。

3）如图 4-2-28 所示，按下电流表测量数值最小 / 最大锁定按钮（MIN/MAX），启动电流表的最大交流电流锁定模式（显示屏显示 MAX 和 AC）。

图 4-2-27　读取驱动电机 W 线束电流数值

图 4-2-28　启动最大交流电流锁定模式

4）如图 4-2-29 所示。再次起动车辆，踩下加速踏板，读取并记录驱动电机 W 线束通过的最大电流数值。

5）采用同样的方法测量驱动电机 V 线束、U 线束的电流数值，并记录。

（3）测量结束

1）取下并关闭钳形电流表。

2）关闭车辆电源。

3）完成 5S 工作。

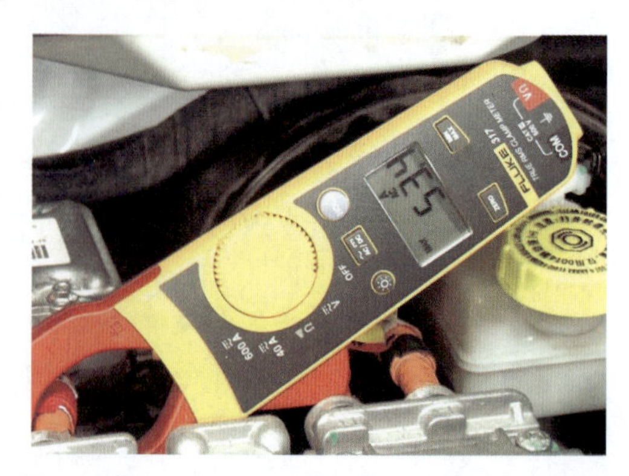

图 4-2-29　读取驱动电机 W 线束通过最大电流值

项目五 纯电动/混合动力汽车充电及辅助系统检修

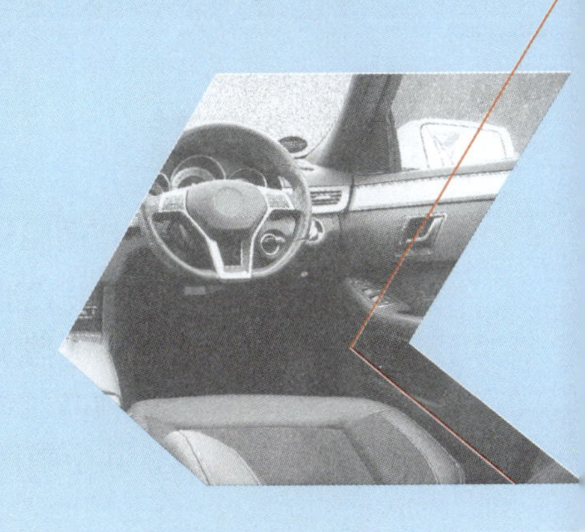

本项目介绍纯电动汽车与混合动力汽车充电及辅助系统检修，分为两个工作任务，分别为：任务一充电系统结构原理与检修；任务二辅助系统结构原理与检修。通过两个工作任务的学习，你能够掌握纯电动汽车与混合动力汽车低压电源与充电、暖风与空调、制动等系统的结构原理，能够进行这些系统的检修。

任务一 充电系统结构原理与检修

情境导入

情境描述

一辆吉利帝豪纯电动汽车，不能正常充电，你的主管让你确认故障原因，你能完成这个任务吗?

情境提示

纯电动汽车与插电式混合动力汽车可以利用外部电源对动力电池充电，如果不能充电，故障原因比较复杂，外部充电桩、车辆充电系统、动力电池都有可能出故障，必须掌握充电系统的结构和原理，然后进行排查。

学习目标

知识目标

1. 能描述纯电动汽车与插电式混合动力汽车充电系统的结构组成。
2. 能描述纯电动汽车与插电式混合动力汽车充电系统的工作原理。
3. 能描述纯电动汽车与插电式混合动力汽车充电系统故障与检修方法。

技能目标

1. 能进行纯电动汽车与插电式混合动力汽车充电口识别和检测。
2. 能进行纯电动汽车与插电式混合动力汽车充电电流检测。

一 基本知识

1. 纯电动汽车与插电式混合动力汽车充电系统的组成

纯电动汽车与插电式混合动力汽车充电系统由充电桩（含充电枪）、充电口（交直流）、车载充电机（车载充电器）、高压配电箱（即高压控制盒 BDU）、动力电池（含电池管理系统 BMS），以及各种高压线束和低压控制线束等组成。图 5-1-1 所示为吉利帝豪充电系统组成部件安装位置，其中辅助控制模块 ACM 控制充电口照明灯、充电指示灯及其他功能。

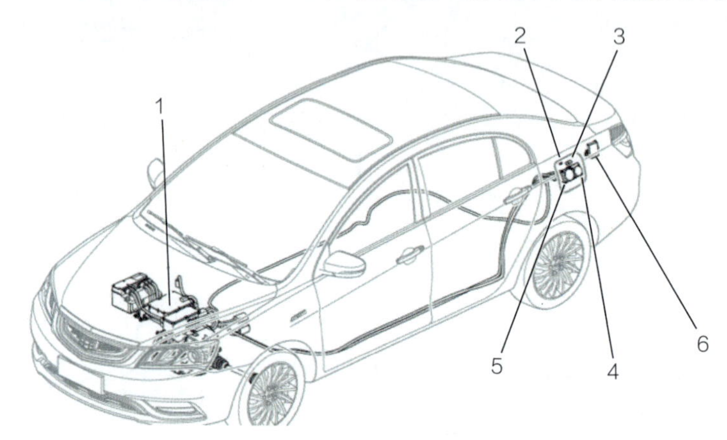

1—车载充电机　2—充电接口照明灯　3—充电接口指示灯　4—交流充电接口
5—直流充电接口　6—辅助控制模块 ACM

图 5-1-1　吉利帝豪充电系统组成部件的安装位置

以交流慢充充电方式为例，如图 5-1-2 所示，充电电流（交流）通过充电桩→充电电缆（含充电枪）→充电线束（含车辆的充电口）→车载充电机→高压控制盒（BDU）→动力电池，完成慢充充电过程。对于 12V 低压蓄电池的充电，是由动力电池直流高电压经高压控制盒、DC/DC 变换器完成的。

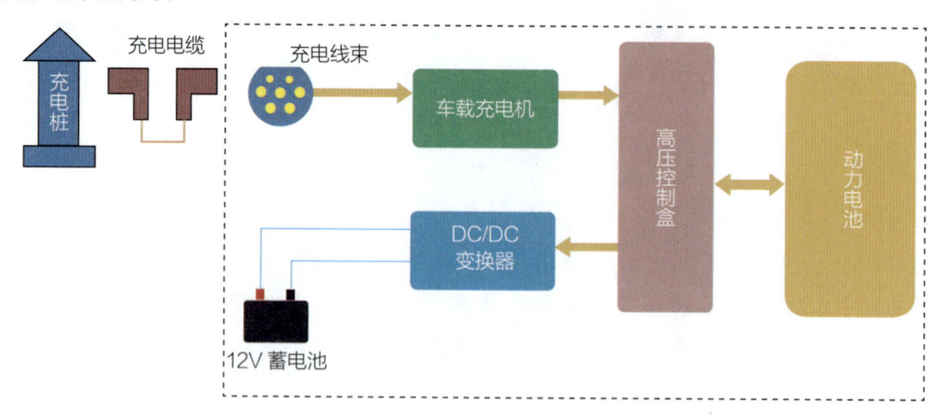

图 5-1-2　交流慢充充电过程示意图

交流慢充方式的充电通过车载充电机进行，直流快充则不用经过车载充电机，可直接为动力电池充电。插电式混合动力汽车和一部分动力电池容量较低的纯电动汽车，只具备交流慢充充电的功能。

（1）充电口

1）充电口的组成与功能

充电口也称充电接口或充电插口，是指用于连接活动的充电电缆和电动汽车的充电部件，主要由充电插座与充电插头两部分组成，如图 5-1-3 所示。根据国家标准对充电口端子的要求，交流充电口采用七针的设计，直流充电口采用九针的设计。

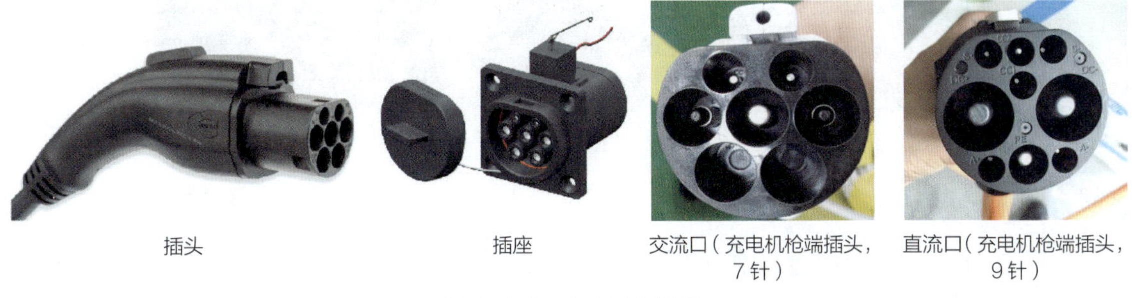

插头　　插座　　交流口（充电机枪端插头，7 针）　　直流口（充电机枪端插头，9 针）

图 5-1-3　充电口的组成

除了充电连接功能外，有些电动汽车的充电口还具有锁止功能，以及通过外部用电设备放电的功能。

功能一：锁止功能

当交流充电电流大于 16A 时，供电接口和车辆接口应具有锁止功能。供电插座和车辆插座应安装电子锁止装置，防止充电过程中的意外断开；当电子锁未可靠锁止时，供电设备或电动汽车应停止充电或不启动充电。图 5-1-4 所示为电子锁外形。

当直流充电时，车辆接口应具有锁止功能。车辆插头端应安装机械锁止装置，供电设备应能判断机械锁是否可靠锁止。车辆插头应安装电子锁止装置，电子锁处于锁止位置时，机械锁应无法操作，供电设备应能判断电子锁是否可靠锁止。当机械锁或电子锁未可靠锁止时，供电设备应停止充电或不启动充电。图 5-1-5 所示为充电接口锁止功能。

图 5-1-4　电子锁外形

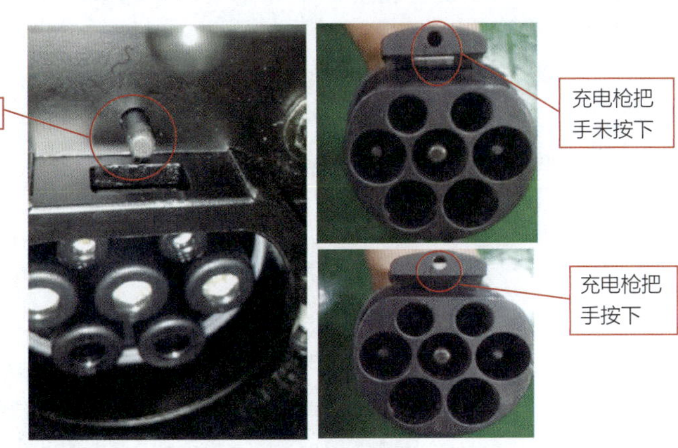

图 5-1-5　充电接口锁止功能

电子锁开启的条件如下：

① 仪表设置启用电子锁（图 5-1-6）。

② 插上充电枪。

③ 闭锁车门或充电中。

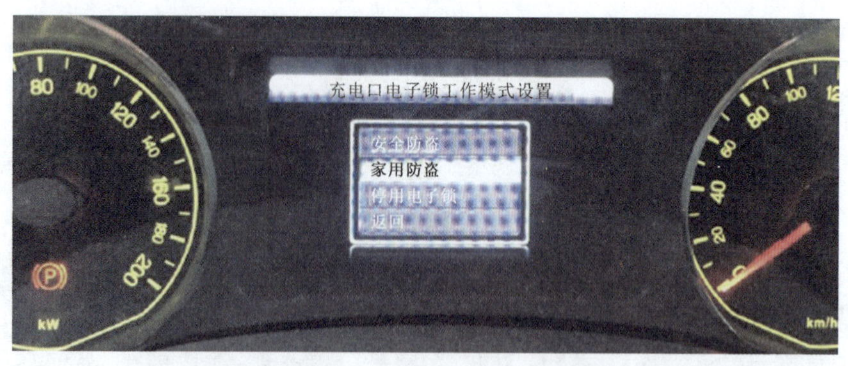

图 5-1-6 仪表的电子锁启用与关闭设置

功能二：放电功能

比亚迪的大部分车型可以利用充电口对外部进行放电，给车外其他用电设备供电。图 5-1-7 所示为比亚迪 EV 车型对外部放电的操作，在点火开关处于 OFF 位置时，按“放电”按键即可对外部放电。

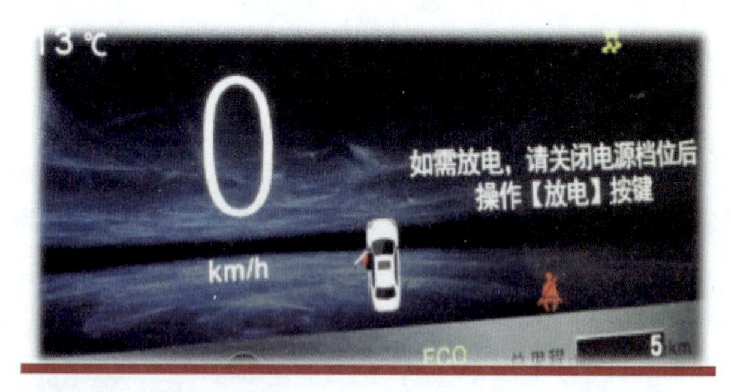

图 5-1-7 比亚迪 EV 车型对外部放电

图 5-1-8 所示的为比亚迪 DM 车型，无需设置即可直接为功率不超过 3kW 的家用电器供电的功能。

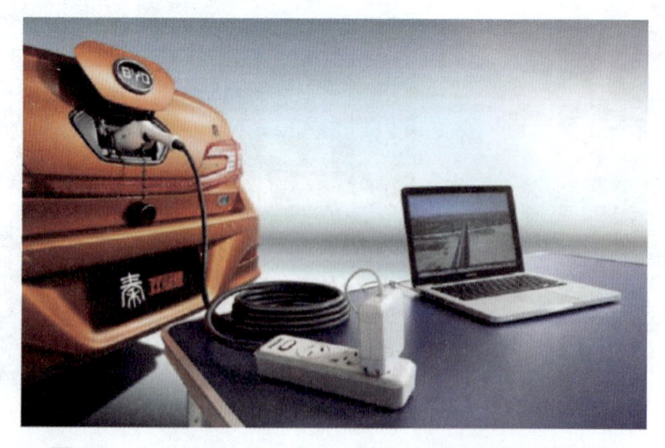

图 5-1-8 比亚迪 DM 车型直接为家用电器供电的功能

其他车型可以通过仪表设置等方式对外部放电，请参阅相关车型使用说明书及技术资料。

2）充电口的位置

充电口包括交流（慢充）口和直流（快充）口，通常位于电动汽车的侧后方（即传统燃油车型油箱盖位置）或前部、后部车标的位置。

图 5-1-9 所示为北汽新能源纯电动汽车充电口位置，在传统汽车油箱盖位置的是慢充充电口；车辆正前方车标位置的为快充充电口。

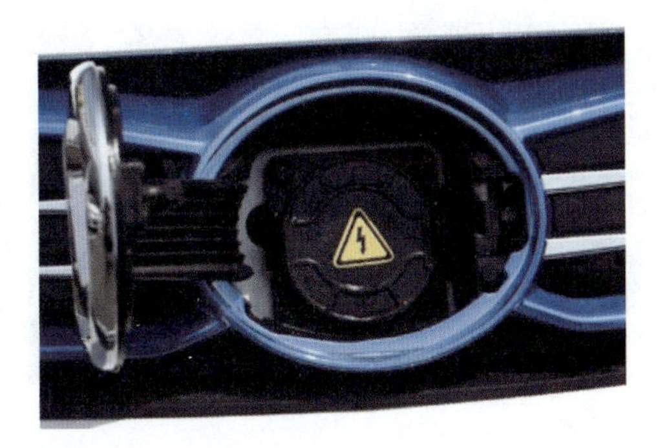

图 5-1-9　北汽新能源纯电动汽车充电口位置

图 5-1-10 所示为比亚迪 e6 纯电动汽车充电口位置，位于左侧的是快充充电口（图中正在充电的接口），右侧是慢充充电口。

图 5-1-10　比亚迪 e6 纯电动汽车充电口位置

如图 5-1-11 所示，比亚迪 e5 纯电动汽车充电口及充电口盖拉锁位置隐藏在中央格栅的车标的后面，充电接口有照明灯，打开盖锁后点亮。

图 5-1-12 所示为吉利帝豪 EV300 纯电动汽车交流、直流充电口的位置。

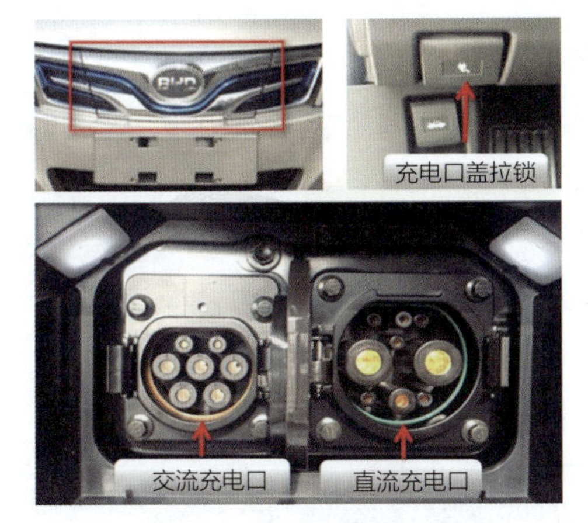

图 5-1-11　比亚迪 e5 纯电动汽车充电口及充电口盖拉锁位置

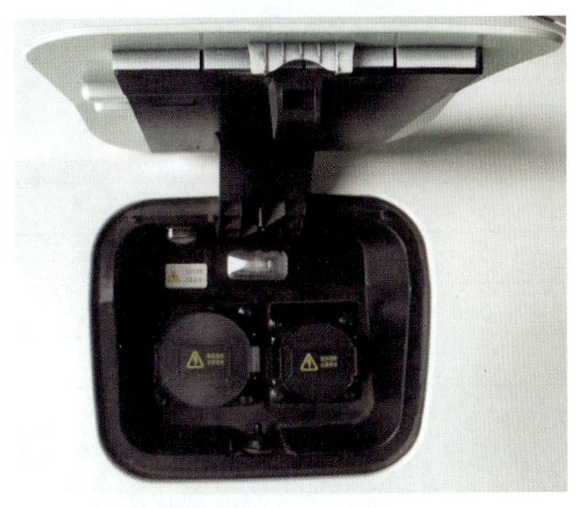

图 5-1-12　吉利帝豪 EV300 纯电动汽车充电口位置

3）充电口的端子说明

① 慢充口

图 5-1-13 所示为慢充口车辆端（插座）的实物图，分为单相和三相两种类型。

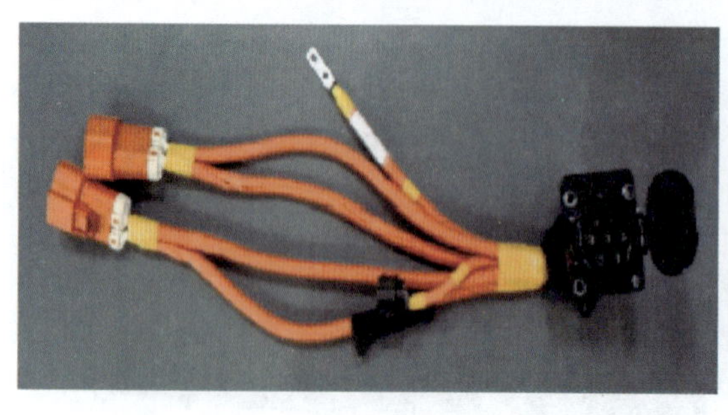

单相

三相

图 5-1-13 慢充口的实物图

慢充充电口各端子的定义说明如图 5-1-14 所示。

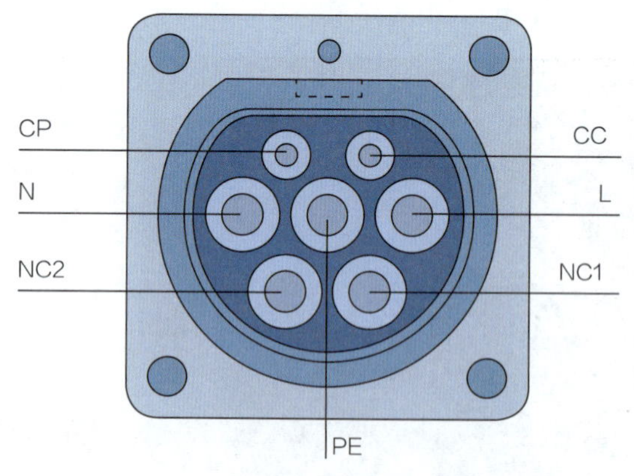

图 5-1-14 慢充（交流）口端子说明

a. CC 端子为充电连接确认，规格：0~30V、2A

车辆充电系统通过 CC 与 PE（车身地）之间的电阻值，来判断充电枪插头是否与车辆插座完全连接。根据电阻值确认充电枪的功率。

CC 与 PE 之间的电阻值对应充电枪功率见表 5-1-1（比亚迪车型为例）。

表 5-1-1 CC 与 PE 电阻值对应充电枪功率表

充电枪（充电器）功率	CC 与 PE 电阻值
3.3kW 及以下	680Ω
7kW	220Ω
40kW	100Ω
VTOL（预留）	2kΩ
VTOV（预留）	100Ω

b. CP 端子为充电控制确认，规格：0~30V、2A

车辆充电系统通过 CP 的占空比信号确认当前供电设备支持的最大充电电流。

c. L 端子为交流电源（单相、三相），规格：单相 250V、10A/16A/32A； 三相 440V、

16A/32A/63A

d. NC1 端子为交流电源（三相），规格：三相 440V、16A/32A/63A

e. NC2 端子为交流电源（三相），规格：三相 440V、16A/32A/63A

f. N 端子为中线（单相、三相），规格：单相 250V、10A/16A/32A；三相 440V、16A/32A/63A

g. PE 端子为保护接地（搭铁）线

② 快充口

图 5-1-15 为快充口车辆端（插座）的实物图。

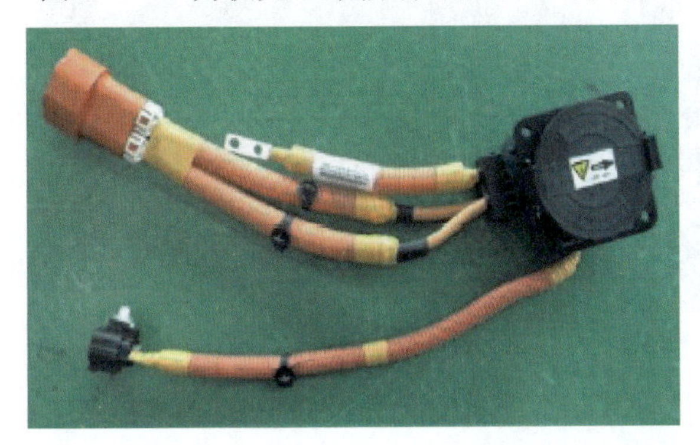

图 5-1-15　快充口的实物图

快充充电口各端子的定义说明如图 5-1-16 所示。

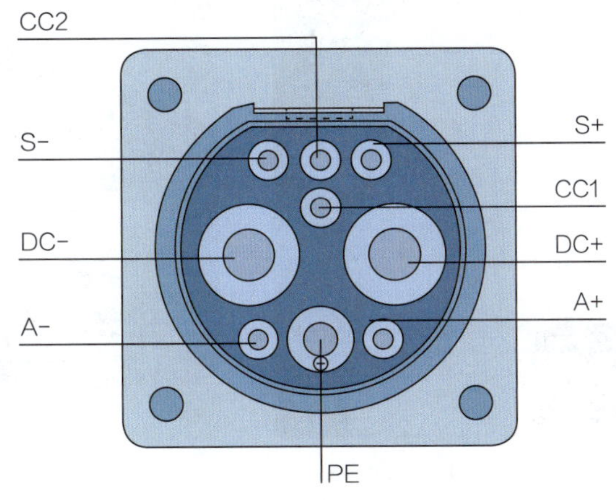

图 5-1-16　快充（直流）口端子说明

a. DC+ 端子为直流电源正，规格：750/1000V、80A/125A/200A/250A

b. DC- 端子为直流电源负，规格：750/1000V、80A/125A/200A/250A

c. S+ 端子为充电通信 CAN-H，规格：0~30V、2A

d. S- 端子为充电通信 CAN-L，规格：0~30V、2A

e. CC1 端子为充电确认线，充电柜确认充电枪是否插好（充电口端与车身地之间电阻为：1kΩ ± 30Ω）。规格：0~30V、2A

f. CC2 端子为充电确认线，电动车确认充电枪是否插好（充电口端与车身地导通）。规格 :0~30V、2A

g. A+ 端子为低压辅助电源正，规格 :0~30V、2A

h. A- 端子为低压辅助电源负，规格 :0~30V、2A

i. PE 端子为保护接地（搭铁）线

（2）车载充电机

车载充电机（On-board Charger，也称车载充电器，简称 OBC）。车载充电机是充电系统的重要组成部件，慢充（交流）充电必须经过车载充电机完成。

1）车载充电机的安装位置

如图 5-1-17 所示，北汽新能源 150EV 纯电动汽车的车载充电机安装在前机舱。

图 5-1-17 北汽新能源 150EV 纯电动汽车车载充电机安装位置

如图 5-1-18 所示，吉利帝豪 EV300 纯电动汽车的车载充电机安装在前机舱。

如图 5-1-19 所示，比亚迪 e6 车载充电机位于车辆后部。

图 5-1-18 吉利帝豪 EV300 纯电动汽车车载充电机安装位置

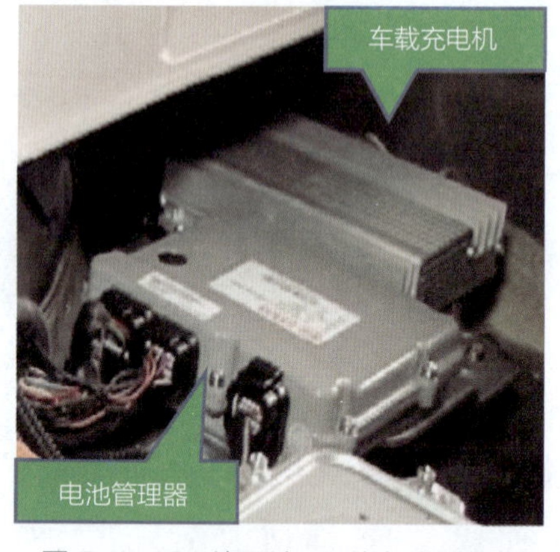

图 5-1-19 比亚迪 e6 纯电动汽车车载充电机安装位置

目前常见的新能源新车型，大部分将车载充电机与其他部件集成一体。如图 5-1-20 所示，北汽新能源的 EV160/EV200 等车型，将车载充电机、DC/DC 变换器、高压控制盒集成为一体（称 PDU 或 PEU 等）。如图 5-1-21 所示，比亚迪 e5 纯电动汽车“四合一”高压电控总成中，集成了车载充电机的功能。

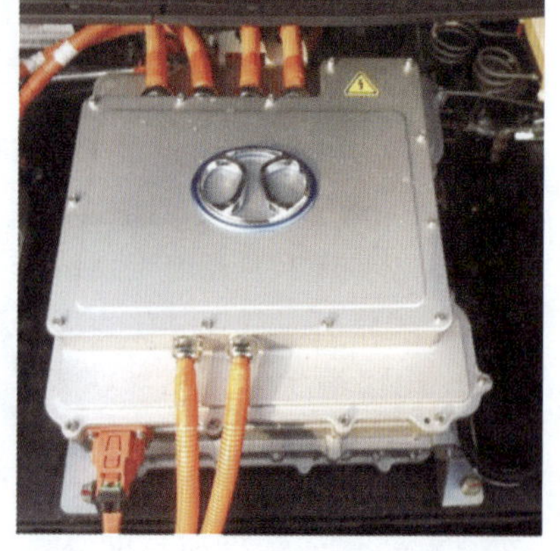

图 5-1-20 北汽新能源的 PDU 集成了车载充电机功能

2）车载充电机的功能

① 车载充电机将慢充充电口输入的 220V 交流电转换成直流电输出，为动力电池充电。

② 车载充电机工作过程需要与充电桩、BMS、VCU 等部件进行通信。

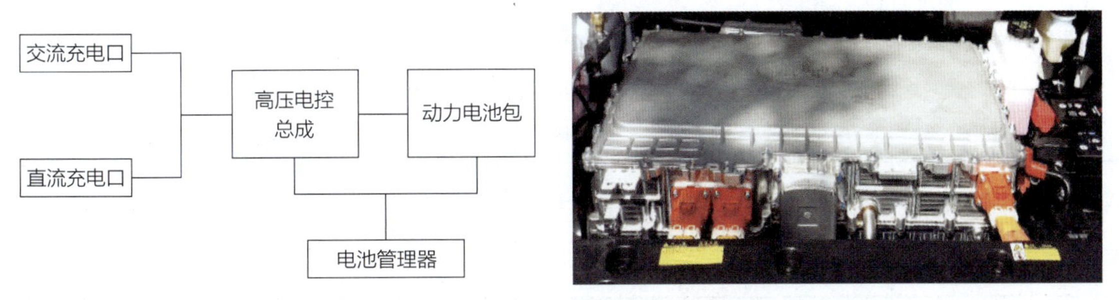

图 5-1-21　比亚迪 e5 的高压电控总成集成了车载充电机功能

③ 车载充电机根据动力电池需求可调节充电输出功率。

④ 软关断功能。为了保证电源切断时，避免立即断电对电子元件造成大电压的冲击，软关断控制器给高压负载一个卸载时间。在点火开关钥匙从 ON 档关闭时，高压电源会延迟 3s 断电。

3）车载充电机的线束端子功能

图 5-1-22 所示为比亚迪 e6 车载充电机的线束功能图。

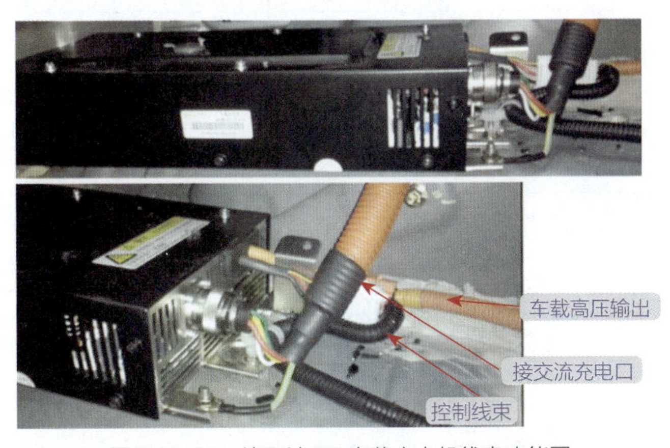

图 5-1-22　比亚迪 e6 车载充电机线束功能图

图 5-1-23 所示为比亚迪 e6 车载充电机接线端子功能图。

图 5-1-24 所示为吉利帝豪 EV300 纯电动汽车车载充电机接线端子图。

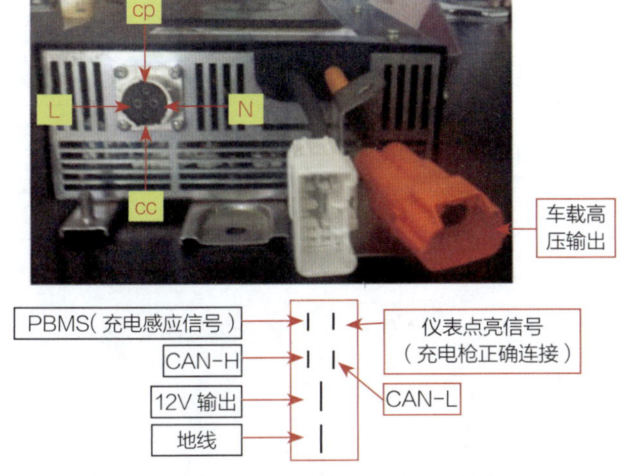

图 5-1-23　比亚迪 e6 车载充电机端子功能图

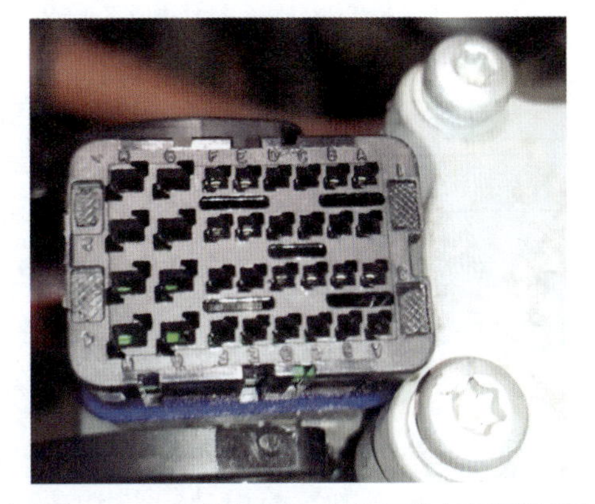

图 5-1-24　吉利帝豪 EV300 车载充电机端子图

4）车载充电机技术参数

比亚迪 e6 车载充电机的技术参数见表 5-1-2。

表 5-1-2 比亚迪 e6 车载充电机技术参数表

项目	参数	备注
输入电压	220V/AC	
输入电流	交流额定 14A	满功率充电：使用 16A 以上充电桩或类似设备
高压输出	200~400V/DC	给高压动力电池充电
低压输出	12V/DC	给低压蓄电池充电

北汽 EV 系列车载充电机的技术参数见表 5-1-3。

表 5-1-3 北汽车载充电机的技术参数表

项目	参数	备注
输入电压	220V/AC	
输出电压	240~410V/DC	
功率	3.3kW	
输入电流	12A	
输出电流	8A	

吉利帝豪车载充电机的技术参数见表 5-1-4。

表 5-1-4 吉利帝豪车载充电机的技术参数表

项目	参数	备注
输入电压	90~264V/AC	
输入频率	50Hz	
输入最大电流	16A	
输出电压	200~450V/DC	
输出最大功率	3.3/6.6（2017 款）kW	
输出最大电流	12A	
效率	≥ 93%	
质量	6kg	
工作温度	-40~80℃	
冷却液类型	50% 水 + 50% 乙二醇（质量分数）	
冷却液流量要求	2~6L/min	

2. 纯电动汽车与混合动力汽车充电系统的工作原理

以下以北汽新能源纯电动汽车为例，介绍充电系统的工作原理，其他车型可以参考。

（1）充电系统工作条件要求

动力电池的充电过程由动力电池管理系统 BMS 进行控制及保护。

快充和慢充的流程均为：采用恒流 - 恒压充电方法，在不同温度范围内，以恒定电流充电至动力电池组总电压达到（或最高单体电压达到）此温度条件下的规定电压值，以恒定电压充电至电流小于0.8A后停止充电。

1）慢充充电条件要求

车载充电机工作状态及指令均由BMS发出的指令进行控制，包括工作模式指令、动力电池允许最大电压、充电允许最大电流、加热状态电流值。

慢充充电条件要求如下：

① 充电线连接确认信号正常。

② 车载充电机供电电源正常（含220V和12V）及充电机工作正常。

③ 充电唤醒信号输出正常（12V）。

④ 车载充电机、VCU、BMS之间通信正常（主继电器闭合、发送电流强度需求）。

⑤ 动力电池电芯温度＞0℃/＜45℃。

⑥ 单体电池最高电压与最低电压差＜0.3V（300mV）。

⑦ 单体电池最高温度与最低温度差＜15℃。

⑧ 绝缘性能＞20MΩ。

⑨ 实际单体最高电压不大于额定单体电压0.4V。

⑩ 高、低压电路连接正常。

慢充充电温度与充电电流要求（车载充电机模式下充电要求）见表5-1-5。

表5-1-5 北汽新能源慢充充电温度与充电电流要求

温度	小于0℃	0~55℃	大于55℃
可充电电流	0A	10A	0A
备注	当电芯最高电压高于3.6V时，降低充电电流到5A；当电芯电压达到3.70V时，充电电流为0A，请求停止充电		

2）快充充电条件要求

快充充电条件要求如下：

① 充电线连接确认信号正常。

② BMS供电电源正常（12V）。

③ 充电唤醒信号输出正常（12V）。

④ 充电桩、VCU、BMS之间通信正常（主继电器闭合、发送电流强度需求）。

⑤ 动力电池电芯温度＞5℃/＜45 ℃。

⑥ 单体电池最高电压与最低电压差＜0.3V（300mV）。

⑦ 单体电池最高温度与最低温度差＜15 ℃。

⑧ 绝缘性能＞20MΩ。

⑨ 实际单体最高电压不大于额定单体电压0.4V。

⑩ 高、低压电路连接正常。

快充采用地面充电桩充电，快充充电温度与充电电流要求（非车载充电模式下充电要求）见表5-1-6。

表5-1-6 北汽新能源快充充电温度与充电电流要求

温度	小于5℃	5~15℃	15~45℃	大于45℃
可充电电流	0A	20A	50A	0A
备注	恒流充电至额定电压343V/电芯电压3.5V以后转为恒压充电方式			

（2）充电系统控制原理

1）慢充模式

如图 5–1–25 所示，在慢充模式下，充电系统由供电设备（充电桩）、慢充接口、车载充电机（车载充电器）、高压控制盒 BDU、动力电池（含 BMS）、整车控制器 VCU、高压线束和低压控制线束等组成。

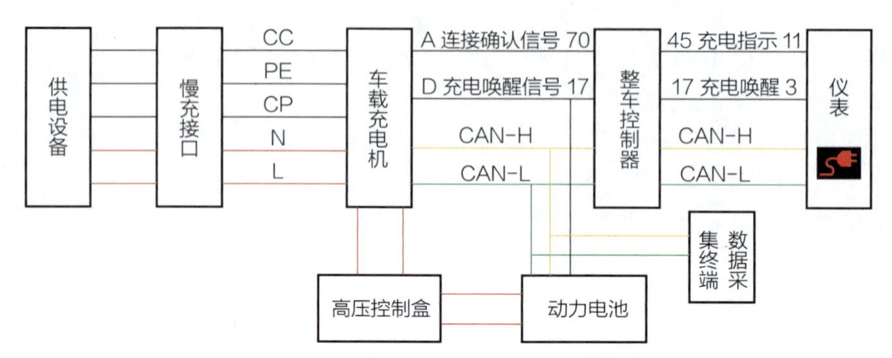

图 5-1-25　慢充模式充电系统结构原理图

充电枪连接通过车载充电机反馈到整车控制器，再唤醒仪表显示连接状态（负触发）；车载充电机同时唤醒整车控制器 VCU 和动力电池 BMS（正触发），VCU 唤醒仪表启动显示充电状态（负触发）；正、负主继电器由 VCU 发出指令，由动力电池 BMS 控制闭合。

慢充的具体控制过程见表 5–1–7 和图 5–1–26 所示。

表 5-1-7　慢充控制过程表

车载充电机	动力电池及 BMS	VCU、仪表及数据采集终端
220V 交流上电	待机	待机
12V 低压供电等待指令	检测充电需求，充电唤醒	唤醒
接收指令并执行加热流程	BMS 检测电池状态并发送加热指令	
接收指令并停止工作	BMS 监控电池温度并发送停止指令	
接收指令并执行充电流程	BMS 待充电机反馈后发送充电指令，并闭合继电器	
接收指令并停止工作	BMS 监控电池状态并发送完成指令，电池断开继电器	
完成后 1min 控制充电桩结算	待机	待机

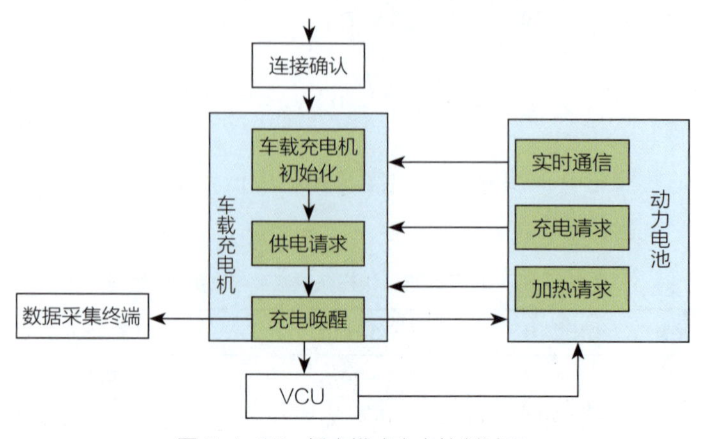

图 5-1-26　慢充模式充电控制过程

2）快充模式

如图 5-1-27 所示，在快充模式下，充电系统由充电桩（直流快充桩）、快充接口、高压控制盒 BDU、动力电池（含 BMS）、整车控制器 VCU、高压线束和低压控制线束等组成。

整车控制器 VCU 是快速充电功能的主控模块。将快速充电接口由充电桩连接至车辆快充接口以后，VCU 通过 CC 线判断充电接口已经正确连接，并启用唤醒线路唤醒车辆内部充电系统电路及部件。VCU 通过输出高压接触器接通指令至高压控制盒，实现快速充电桩与动力电池之间高压电路的接通。接通并实现充电时，VCU 向仪表输出正在充电显示信息。

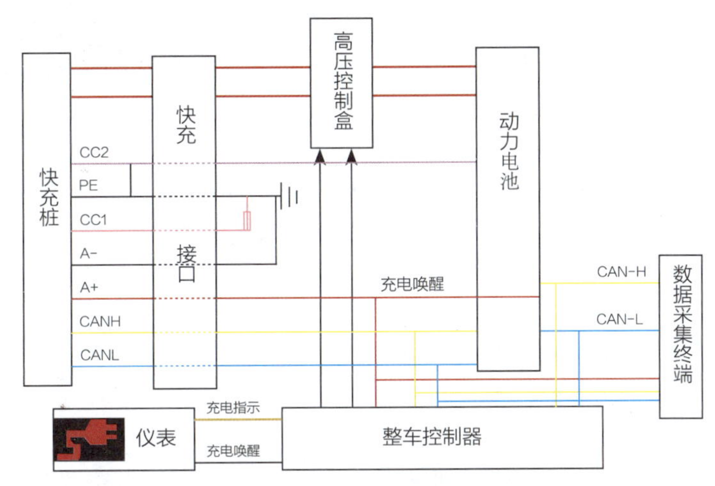

图 5-1-27 快充模式充电系统结构原理图

3. 纯电动汽车与混合动力汽车充电系统常见故障与检修

（1）充电系统指示灯

以北汽新能源 EV 系列汽车为例，仪表充电系统相关的指示灯见表 5-1-8。

表 5-1-8 充电系统指示灯说明

<table>
<tr><th>序号</th><th>显示</th><th>名称</th><th colspan="2">指示说明</th></tr>
<tr><td>1</td><td></td><td>充电线连接指示灯</td><td colspan="2">点亮表示充电线连接。信号来源是 VCU 给出的硬线信号，低有效</td></tr>
<tr><td>2</td><td></td><td>充电提醒灯</td><td colspan="2">电量过低时点亮，信号来自 VCU 的 CAN 信号</td></tr>
<tr><td rowspan="6">3</td><td rowspan="6">F
E</td><td rowspan="6">剩余电量表</td><td>当前 SOC 范围</td><td>5</td></tr>
<tr><td>82% ≥ SOC>62%</td><td>4</td></tr>
<tr><td>62% ≥ SOC>42%</td><td>3</td></tr>
<tr><td>42% ≥ SOC>22%</td><td>2</td></tr>
<tr><td>22% ≥ SOC>5%</td><td>1</td></tr>
<tr><td>SOC ≤ 5%</td><td>0</td></tr>
</table>

（2）车载充电机常见的故障与检修

车载充电机（车载充电器）故障信息将通过 CAN 总线报至总线各模块（BMS、VCU）上，通过诊断仪器可以读出故障信息。

车载充电机常见的故障如下：

1）12V 低压供电异常

当车载充电机 12V 低压供电出现异常时，BMS、仪表等由于没有唤醒信号唤醒，无法与充电机进行通信。

12V 供电是否正常，最简单的判断方式就是交流上电的时候，动力电池没有发出继电器闭合的声音，一般都是 12V 供电异常。需要检查低压熔丝盒内充电唤醒的熔丝及继电器，以及车载充电机端子是否出现退针的情况。

2）车载充电机检测的动力电池电压不满足要求

车载充电机开始工作前需要检测动力电池电压。当动力电池电压在工作范围内，车载充电机可以正常工作，否则车载充电机会因动力电池不满足充电的要求而停止工作。此情况常见的为高压插件端子退针或高压熔丝熔断，或者动力电池电压超过工作范围。

3）车载充电机检测与充电桩通信不正常

车载充电机工作过程中会检测与充电桩之间的通信信号，当判断到 CC 开关断开，车载充电机认为此时将要拔掉充电枪，会停止工作，防止带电插拔，提升充电枪端子寿命。当充电枪未插到位，也可能出现此情况。

4）充电桩输入电压正常，由于施工时电源线不符合标准所引起的无法充电故障

车辆在低温环境下，充电桩开始时与车载充电机连接正常，由于动力电池低温下需将电芯加热至 0~5℃时，才能进行正常充电，加热过程中，负载较小，电压下降并不多，进入充电过程后，负载加大，输入电压下降，充电桩为充电机提供的电源电压低于 187V 时，充电机无法正常工作，充电机停止工作后，负载减小，测量时电压又恢复正常，这种情况一定要在充电机进入充电过程时测量当时准确电压，以找到故障所在。

另外，外接的充电电源接地线线路不良，是造成电动汽车无法充电的常见原因。

（3）慢充常见的故障与检修

以下以北汽新能源纯电动汽车为例，介绍慢充常见故障的诊断与排除方法。

1）车辆无法充电

故障现象：

车辆在使用慢充充电桩充电时，充电桩指示灯亮，车载充电机电源工作灯亮，车辆无法充电现象。

可能原因：

动力电池管理系统 BMS 故障、动力电池故障、充电系统相关的通信故障。

故障诊断与排除：

根据故障现象，充电桩和车载充电机工作指示灯正常，首先检查的对象是动力电池内部故障和通信故障。采用故障检测仪检测故障码及数据流，读出故障码：P1048（SOC 过低保护故障）、P1040（电池单体电压欠压故障）、P1046（电池电压不均衡保护故障）、P0275（电池电压不均衡保护故障）；读出数据流：动力电池单体电芯最低电压为 2.56 V、动力电池单体电芯最高电压为 3.2V，动力电池单体电芯电压差大于 500mV 时 BMS 启动充、放电保护而无法充电。根据故障码和数据流，可以判断为动力电池内部故障，经过更换故障的动力电池单体电芯，动力电池故障排除，车辆恢复充电。

故障分析：

通过以上故障诊断与排除过程，总结动力电池充电需具备的条件：

- 充电桩与车载充电机通信正常。
- 车载充电机应能正常工作，无故障。
- 整车控制器 VCU 与车载充电机、动力电池 BMS 通信应正常。
- 唤醒信号应正常。
- 整车控制器 VCU 和动力电池 BMS 的信号应正常。
- 单体电芯之间电压差小于 500mV。
- 高压电路无绝缘故障。
- 动力电池内部温度在充电的温度范围内。

2）充电时充电桩跳闸

故障现象：

车辆在使用慢充充电桩充电时，出现充电桩跳闸的故障，车载充电机无法工作。

可能原因：

车载充电机内部短路。

故障诊断与排除：

检查了充电桩输入 220V 交流电压、充电桩 CP 线与车载充电机连接正常，再检查充电线束、高压线束、充电机、动力电池的绝缘均正常，更换充电机，故障排除。

故障分析：

车辆的故障现象是充电桩跳闸，说明唤醒信号和互锁电路正常，因此可以断定是车载充电机内部短路故障。

3）车载充电机指示灯不亮

故障现象：

车辆在使用慢充充电桩充电时，充电机指示灯不亮，车辆无法充电。

可能原因：

车载充电机内部故障、充电唤醒信号中断或互锁电路故障。

故障诊断与排除：

检查低压熔丝盒内的电池充电熔丝和充电机低压电源，将万用表旋到直流电压档测量充电机低压电源正常，再检查充电系统连接插件无退针、锈蚀现象，更换车载充电机后，故障排除。

故障分析：

此故障经检查车载充电机低压供电正常，而充电工作指示灯都不亮，可以确定为充电机内部故障。

（4）快充常见的故障与检修

1）充电桩显示车辆未连接

检修方法如下：

- 检查快充口 CC1 端与 PE 端是否有 1000Ω 电阻。
- 检查快充口导电层是否脱落。
- 检查充电枪 CC2 与 PE 是否导通。

2）动力电池控制继电器未闭合

检修方法如下：

- 检查充电桩输出正极唤醒信号是否正常。
- 检查充电桩输出负极唤醒信号与 PE 是否导通。
- 检查充电桩 CAN 总线通信是否正常。

3）动力电池控制继电器正常闭合，但无输出电流

检修方法如下：

- 检查充电桩与动力电池 BMS 软件版本是否匹配。
- 检查高压插接器及线缆是否正确连接。
- 用诊断仪查看充电状态监控数据。

图 5-1-28 所示为北汽新能源 EV 系列纯电动汽车动力电池充电状态监控数据。

北汽新能源>>车辆选择 >> E150EV >> 系统选择 >> 动力电池充电状态监控

名称	当前值	单位
动力电池充电请求	请求充电	
动力电池加热状态	未加热	
动力电池当前充电状态	充电状态	
动力电池允许最大充电电流	10.0	A
动力电池加热电流请求值	6.0	A
动力电池允许最高充电端电压	370.00	V
剩余充电时间	0	min
CHG初始化状态	已完成	
动力电池加热状态	停止加热	
充电机当前充电状态	正在充电	
充电机输出端电流	7.5	A
充电机输出端电压	3353.0	V
充电机输出端过压保护故障	正常	
充电机输出端欠压保护故障	正常	
充电机输出电流过流保护故障	正常	
充电机过温保护故障	正常	

图 5-1-28 充电状态监控数据（北汽新能源）

图 5-1-29 所示为吉利帝豪 EV300 纯电动汽车动力电池充电状态监控数据。

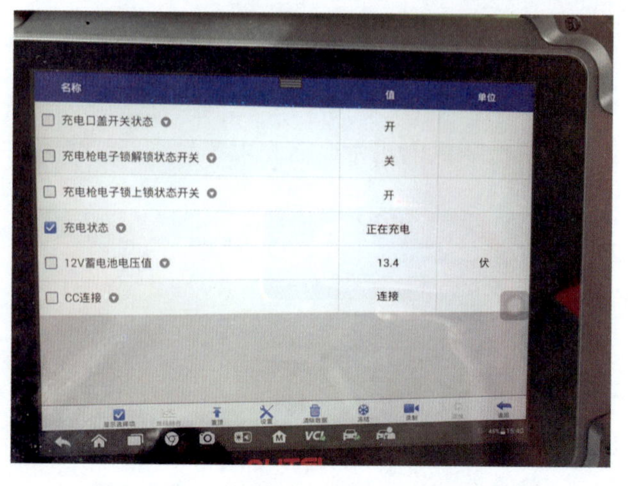

名称	值	单位
充电口盖开关状态	开	
充电枪电子锁解锁状态开关	关	
充电枪电子锁上锁状态开关	开	
充电状态	正在充电	
12V蓄电池电压值	13.4	伏
CC连接	连接	

图 5-1-29 充电状态监控数据（吉利帝豪）

二 基本技能

1. 充电口识别与检测

参照前文“基本知识”的内容，识别充电口各端子的定义，并进行端子电阻、电压数据检测。

2. 充电电流检测

参照前文“基本知识”的内容，以及其他章节关于“钳形电流表使用”的内容，检测充电电流数据。

任务二　辅助系统结构原理与检修

情境导入

情境描述

一辆吉利帝豪纯电动汽车，出现组合仪表黑屏的故障，你的主管要求你确定故障原因并进行检修，你能完成这个任务吗?

情境提示

除了驱动系统外，纯电动汽车和混合动力汽车的低压电源、暖风与空调、制动、转向等辅助系统与传统汽车有所区别，但基本结构与传统汽车基本相同，如果这些系统出了故障，必须区分是与高压电相关的问题，还是传统结构的问题。

学习目标

知识目标

1. 能描述低压电源系统结构原理与检修方法。
2. 能描述暖风与空调系统结构原理与检修方法。
3. 能描述制动系统结构原理与检修方法。
4. 能描述电动转向系统结构原理与检修方法。

技能目标

1. 能进行 DC/DC 变换器线路检测。
2. 能进行暖风与空调系统部件更换。
3. 能进行电动制动系统真空控制部件更换。

一 基本知识

1. 低压电源系统结构原理与检修

（1）纯电动汽车 / 混合动力汽车低压电源系统与传统汽车的区别

传统燃油汽车的电源是蓄电池（12V）和发电机，发动机未起动或起动时由蓄电池供电，起动以后则由发电机供电，同时为蓄电池充电。

纯电动汽车与混合动力汽车低压电源供给是将动力电池的高压电通过 DC/DC 变换器转变为 12V 低压电，为 12V 的低压蓄电池和车身电器部件提供工作电源；常规车身电器部件包括控制模块、灯光、中控门锁、信息娱乐系统、电动车窗等。

传统燃油汽车当发动机转速低时，如果同时使用空调、音响及车灯等，有时“电池的电量会用尽”。即使发动机仍在运行，有些条件下（如用电器全开）也会出现电力不足现象。而混合动力汽车和纯电动汽车不必考虑发动机的转速而持续使用动力电池的电力。

传统燃油汽车的交流发电机利用发动机传来的动力发电，发出的电提供给用电器并为蓄电池充电。纯电动汽车以容量很大的动力电池为电源，能够利用 DC/DC 变换器为低压蓄电池充电。图 5-2-1 所示为纯电动汽车 DC/DC 变换器为低压蓄电池充电示意图。

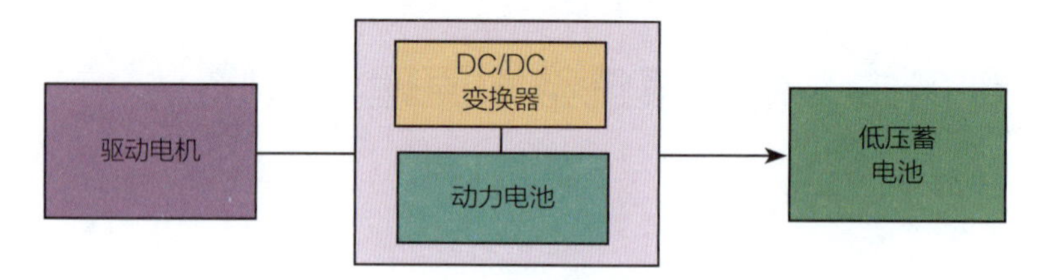

图 5-2-1　DC/DC 变换器为低压蓄电池充电

图 5-2-2 所示为混合动力汽车 DC/DC 变换器为低压蓄电池充电示意图。

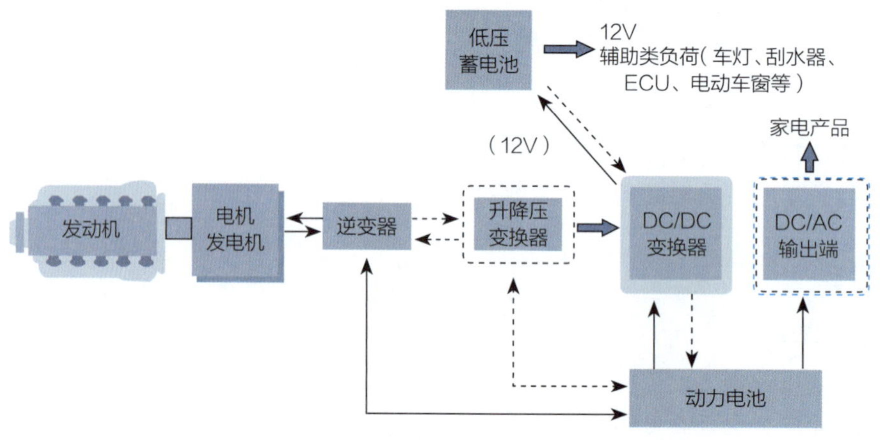

图 5-2-2　混合动力汽车 DC/DC 为低压蓄电池充电

部分混合动力车型的发动机保留了发电机，低压电源系统由 12V 蓄电池、DC/DC 变换器和发电机三个电源共同提供，图 5-2-3 所示为比亚迪秦混合动力汽车的低压电源系统。

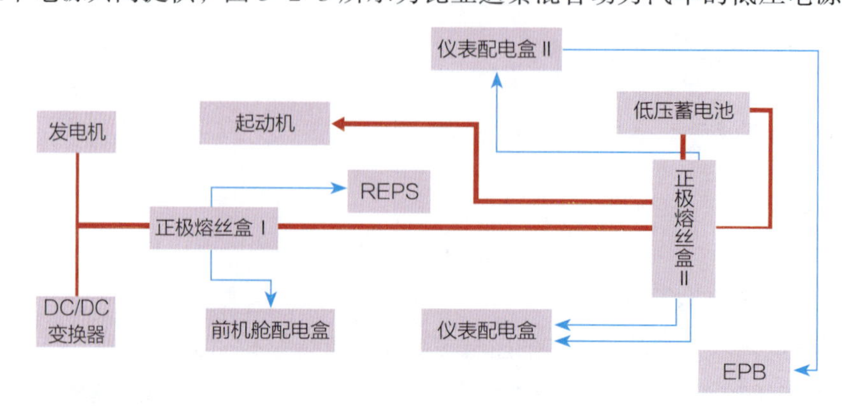

图 5-2-3　比亚迪秦的低压电源系统

（2）低压电源系统的结构组成

以下介绍新能源汽车低压电源系统的结构组成。

1）低压蓄电池

纯电动汽车和混合动力汽车理论上也可以省去低压蓄电池，但实际上还是保留了低压蓄电池。这样做有两个主要原因。

一是保留低压蓄电池更能够降低车辆的成本。低压蓄电池能在短时间内向控制模块、刮水器及灯光等车身电器释放大电流。如果省去低压蓄电池而将高压动力电池的电力直接用于车身电器，DC/DC 变换器的尺寸就要增大，从而使整体成本增加。低压蓄电池价格便宜，因此目前将低压蓄电池取消还没有成本上的优势。

二是确保电源的冗余度。低压蓄电池还具有确保向辅助类电器供电的冗余度的作用。DC/DC 变换器出现故障停止供电时，如果没有低压蓄电池，辅助类电器就会立即停止运行。如夜间车灯不亮，雨天刮水器停止运行等，就会影响驾驶。如果有低压蓄电池，便能够将汽车开到家里或者就近的维修厂。

纯电动汽车的 12V 低压蓄电池不需要给起动机提供起动时的大电流，容量可以变小。混合动力汽车低压蓄电池结构和类型也与传统汽车有所区别。比亚迪秦混合动力汽车 12V 低压蓄电池与传统汽车蓄电池的区别是：

① 用于发动机的起动正极，与其他用电器的供电正极分开。

② 蓄电池内部具有电池智能控制模块（BMS），用于对蓄电池进行智能控制。例如，在蓄电池电压低时，关闭多媒体系统的电源。

图 5-2-4 所示为比亚迪秦 12V 蓄电池的外形，图 5-2-5 为蓄电池的注意事项说明，图 5-2-6 是 BMS 功能之一，当蓄电池电压低时，关闭多媒体系统。

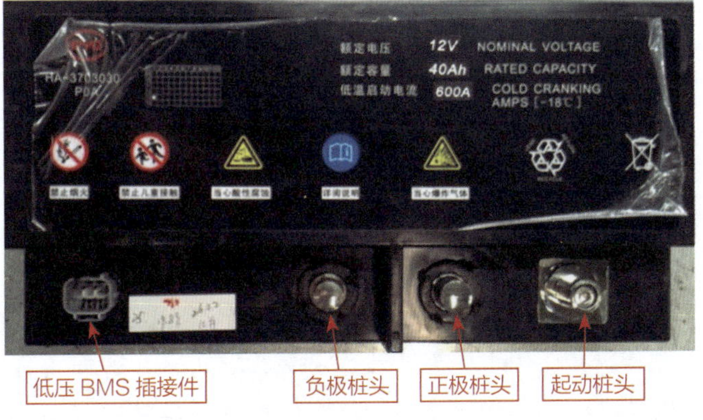

图 5-2-5 比亚迪秦低压蓄电池

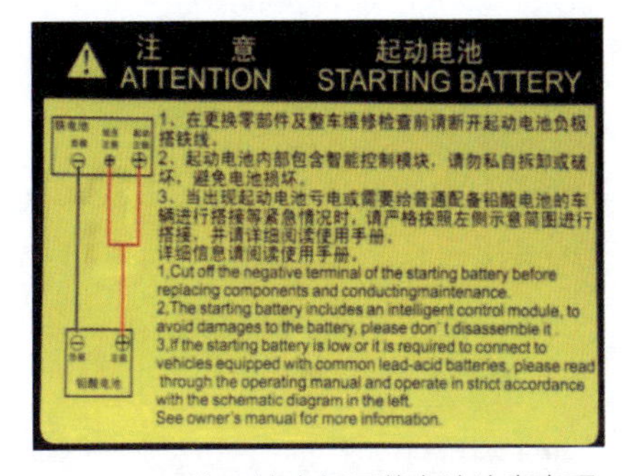

图 5-2-5　比亚迪秦低压蓄电池注意事项

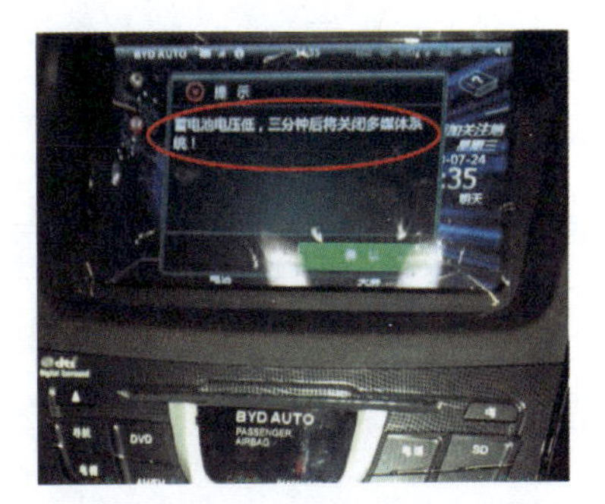

图 5-2-6　BMS 在电压低时关闭多媒体

2）DC/DC 变换器

以下介绍常见车型 DC/DC 变换器的功能和结构特点。

① 吉利帝豪 DC/DC 变换器

吉利帝豪 EV300/EV450 纯电动汽车的 DC/DC 变换器集成在电机控制器内部，其功能是将动力电池的高压电转换成低压电，实现直流高压向直流低压的能量传递，为整车低压电气系统供电。图 5-2-7 所示为吉利帝豪低压电源系统控制方式。图 5-2-8 所示为吉利帝豪电机控制器的 DC/DC 变换器接口。

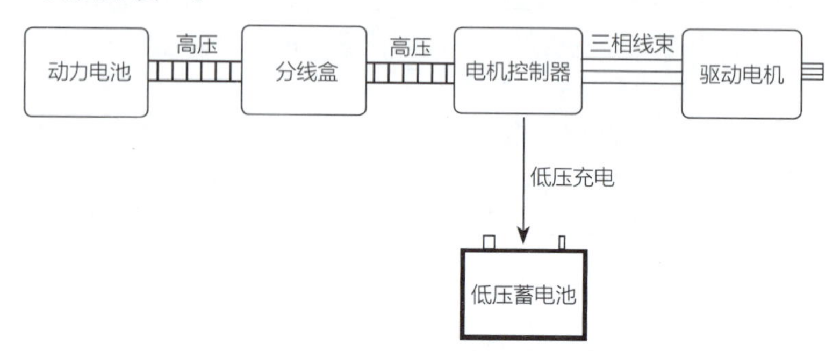

图 5-2-7 吉利帝豪低压电源系统控制方式

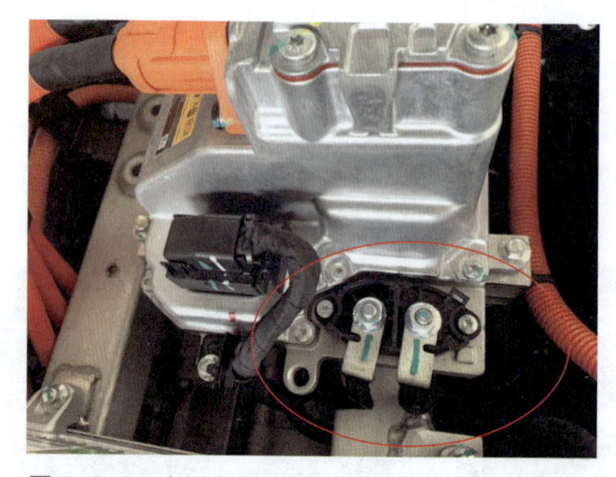

图 5-2-8 吉利帝豪电机控制器 DC/DC 变换器接口

② 北汽新能源汽车 DC/DC 变换器

北汽新能源纯电动汽车的 DC/DC 变换器除了 E150EV 等少数车型独立安装外，其他大部分车型集成在动力控制单元 PDU 内部。如图 5-2-9 所示，整车控制器 VCU 通过使能（提供 12V 电源）控制 DC/DC 变换器开关机，将动力电池的直流高压电转换成 12V 低压电源，为整车低压电气系统供电。VCU 同时监控 DC/DC 变换器是否存在故障。

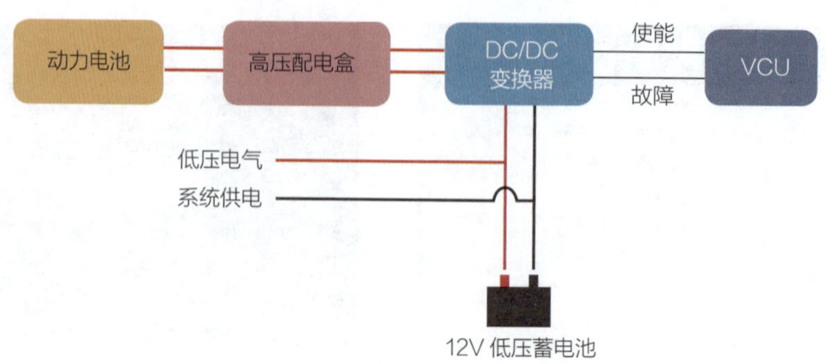

图 5-2-9 北汽新能源低压电源系统控制方式

北汽新能源 DC/DC 变换器结构和接线端子如图 5-2-10 所示。

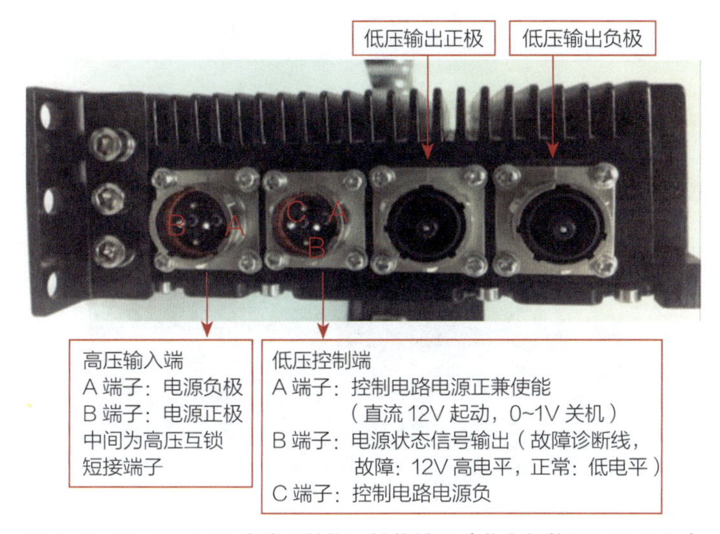

图 5-2-10　DC/DC 变换器结构和接线端子（北汽新能源 E150EV）

DC/DC 变换器技术参数见表 5-2-1。

表 5-2-1　北汽 E150EV DC/DC 变换器技术参数表

项目	参数
输入电压	240~410V DC
输出电压	12V DC
效率	峰值大于 88%
冷却方式	风冷
防护等级	IP67

③ 比亚迪 e6 DC/DC 变换器

比亚迪 e6 的 DC/DC 变换器安装在前机舱内，与空调驱动器集成一体，即同时为空调压缩机和 PTC 暖风加热器提供高压电源。DC/DC 变换器在主接触器吸合时工作，将动力电池的 318V 高压电变换成 12V 电源，供给整车用电器工作，并且在低压蓄电池亏电时给低压电池充电。

比亚迪 e6 的 DC/DC 变换器的安装位置与接口连接关系如图 5-2-11 所示。

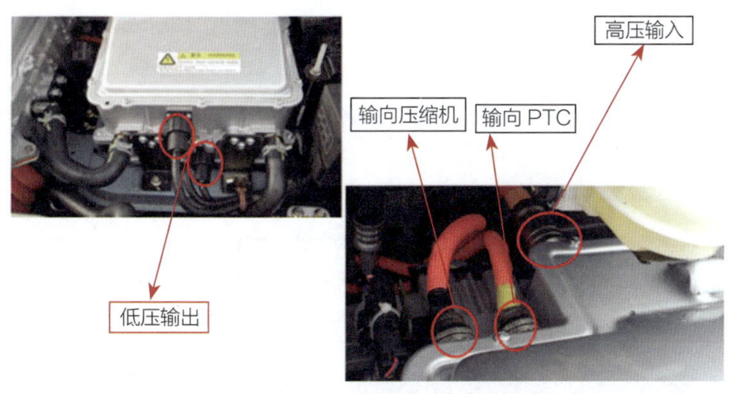

图 5-2-11　DC/DC 变换器的安装位置与接口连接关系（比亚迪 e6）

④ 比亚迪秦 DC/DC 变换器

比亚迪秦混合动力汽车 DC/DC 变换器与驱动电机控制器集成在一起，接口端子连接关系如图 5-2-12 所示。

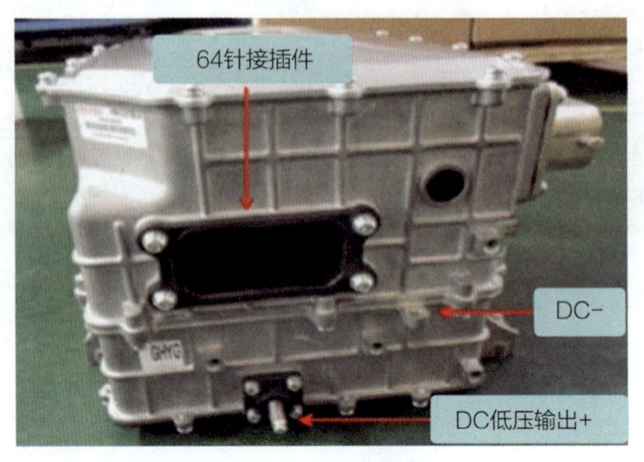

图 5-2-12 比亚迪秦 DC/DC 变换器（与驱动电机控制器一体）

比亚迪秦 DC/DC 变换器的功能如下（图 5-2-13）：

纯电模式下，DC/DC 变换器的功能替代了传统燃油汽车的发电机，与 12V 低压蓄电池（铁电池），并联给各用电器提供低压电源。DC/DC 变换器在动力电池的高压直流输入端接触器吸合后便开始工作，输出的额定电压为 13.5V。

充电模式下，燃油发动机运转带动发电机发出 13.5V 直流电，经过 DC/DC 变换器升压转换为 500V 高压直流电，给动力电池充电。

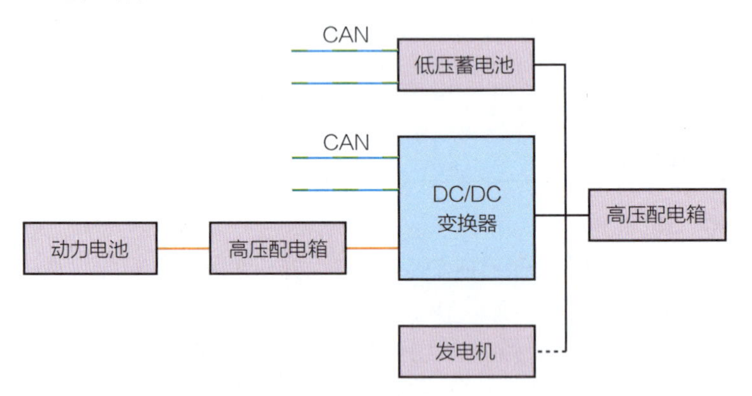

图 5-2-13 比亚迪秦 DC/DC 系统框图

从电压升降的角度，DC/DC 变换器具有降压和升压功能（图 5-2-14）：

降压：将动力电池 480V 的高压电转换成 12V 电源。DC/DC 变换器在主接触器吸合时工作，输出的 12V 电源供给整车用电器工作，并且在低压蓄电池亏电时给低压蓄电池充电。

升压：当动力电池电量不足时，DC/DC 变换器将发电机发出的电（供整车低压用电器用电后多余的量）升压后，给动力电池充电及空调（AC）压缩机用电。

图 5-2-14 比亚迪秦动力电池、DC/DC 变换器与用电器（空调）控制示意图

⑤ 丰田混合动力汽车 DC/DC 变换器

普锐斯混合动力汽车的 DC/DC 变换器内置于变频器（驱动电机控制器）中，并用内部控制线路操控。高压直流输入从一侧与内部控制线路连接，内部控制线路控制晶体管。12V 直流电的输出直接给辅助蓄电池充电，在辅助蓄电池短路时保护 DC/DC 变换器，变换器可以通过输出端子测量实际输出电压的一个反馈信号。图 5-2-15 是变频器（含 DC/DC 变换器）的位置图。

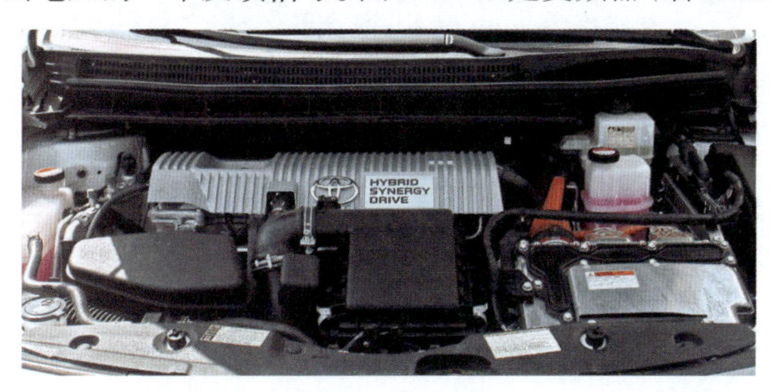

图 5-2-15　丰田混合动力汽车变频器 DC/DC 变换器位置

丰田混合动力汽车 DC/DC 变换器工作过程如图 5-2-16 所示。HV 电池的 288V 高压直流电经 DC/DC 变换器转换成 12V 低压直流电为辅助蓄电池充电；发电机 / 驱动电机（MG1/MG2）发电及制动能量回收的电能经变频器升压成 500V 直流高压电，经可变电压系统也可为辅助蓄电池充电。

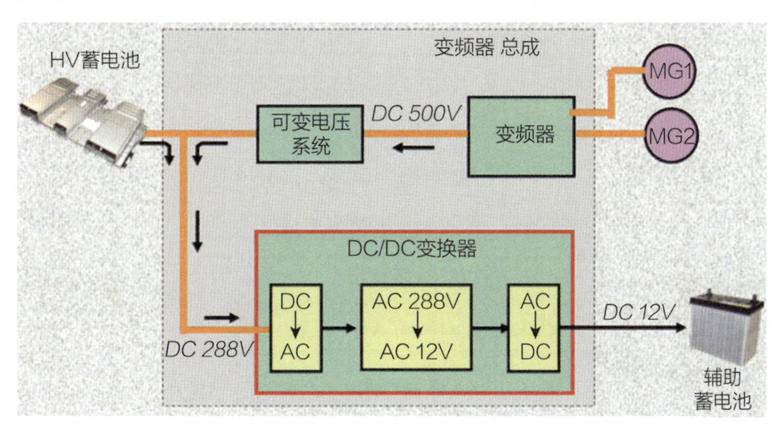

图 5-2-16　DC/DC 变换器变换过程示意图

（3）低压电源系统常见故障与检修

以下介绍低压电源系统常见故障与检修方法，具体车型请参照相关的维修手册或资料。

1）低压蓄电池故障

故障现象：

如图 5-2-17 所示，点火开关置于 ON 位置，仪表显示蓄电池故障，动力系统故障指示灯点亮。

可能原因：

蓄电池本身故障、DC/DC 变换器故障或 DC/DC 变换器与蓄电池连接电路故障。

图 5-2-17　蓄电池报警

故障诊断与排除：

- 检查蓄电池电压值是否正常。
- 检查低压熔丝盒内 DC/DC 变换器的熔断器是否正常。
- 检查 DC/DC 变换器电源正负极供电电路是否正常。
- 检查高压控制盒 BDU 对接高压线束插接器的电路是否正常。
- 检查 DC/DC 变换器输出端的搭铁线负极插接器端子是否正常。

如果不正常，则进行更换或检修。

故障分析：

关于蓄电池故障主要有两个原因：

- 蓄电池本身故障导致储能下降，可采用专用检测仪或高频放电计确定蓄电池性能。
- DC/DC 变换器系统故障无法为蓄电池充电。新能源汽车是利用动力电池的高压直流电通过 DC/DC 变换器变换成低压直流电给其他低压电器供电，同时给蓄电池充电。当整车电器使用的功率大于 DC/DC 变换器输出功率时，蓄电池协助 DC/DC 变换器供电而满足电能的需求。

从以上检查过程可以看出，低压电源系统检查的主要是 DC/DC 变换器本身是否能正常工作，其次检查高压直流电源输入和低压输出的电路。

2）DC/DC 变换器故障

DC/DC 变换器发生故障，利用故障检测仪器读取整车控制器 VCU 等其他控制模块存储的 DTC（故障码），会读取到“P1792 DC/DC 变换器故障”和“P1796 DC/DC 变换器驱动通道对电源短路故障”等故障码，可能的故障原因见表 5-2-2。

表 5-2-2 DC/DC 变换器故障码说明表

DTC	DTC 定义	DTC 检测条件	可能的故障原因
P1792	DC/DC 变换器故障	点火开关 ON/START 位置	DC/DC 变换器故障
P1796	DC/DC 变换器驱动通道对电源短路	点火开关 ON/START 位置	DC/DC 变换器线束与插接器故障

DC/DC 变换器快速检查诊断表见表 5-2-3。

表 5-2-3 DC/DC 变换器快速检查诊断表

序号	检查步骤	检查结果		
0	初步检查	正常	有故障	操作方法
	检查熔断器是否熔断	检查第 1 步	熔断器熔断	更换熔断器
1	检查高压熔断器	正常	有故障	操作方法
	检查高压熔断器是否熔断	检查第 2 步	高压熔断器熔断	更换高压熔断器
2	检查继电器	正常	有故障	操作方法
	检查 DC/DC 继电器是否损坏	检查第 3 步	DC/DC 继电器损坏	更换 DC/DC 继电器
3	检查整车控制器（VCU）	正常	有故障	操作方法
	检查整车控制器（VCU）是否损坏	检查第 4 步	控制器（VCU）损坏	更换 VCU

（续）

序号	检查步骤	检查结果		
4	检查 DC/DC 变换器电路	正常	有故障	操作方法
	检查 DC/DC 变换器供电是否正常	检查第 5 步	DC/DC 变换器短路或断路	维修供电线路
5	检查 DC/DC 变换器	正常	有故障	操作方法
	检查 DC/DC 变换器是否损坏	检查第 6 步	DC/DC 变换器损坏	更换 DC/DC 变换器
6	检查操作	正常	有故障	操作方法
	正确检修操作后，检查故障是否再次出现	诊断结束	故障未消失	从其他症状查找故障原因

2. 暖风与空调系统结构原理与检修

（1）纯电动 / 混合动力汽车暖风系统结构原理与检修

纯电动汽车没有传统汽车的燃油发动机，混合动力汽车的燃油发动机也不是持续工作的，因此没有了稳定的热源，如果采用电器元件（如驱动电机）工作的热量，无法给车内提供足够的热源。因此，纯电动汽车的暖风系统靠电加热器的热能来采暖，暖风形成方式采用 PTC 电加热器，有加热空气和加热冷却液两种。

如图 5-2-18 所示，纯电动 / 混合动力汽车暖风系统的结构组成和传统汽车类似，主要由鼓风机（空气净化风扇）、蒸发器、蒸发器温度传感器、热交换器（电加热器）和热交换器温度传感器组成。暖风系统的送风系统、控制系统与传统汽车基本一致。

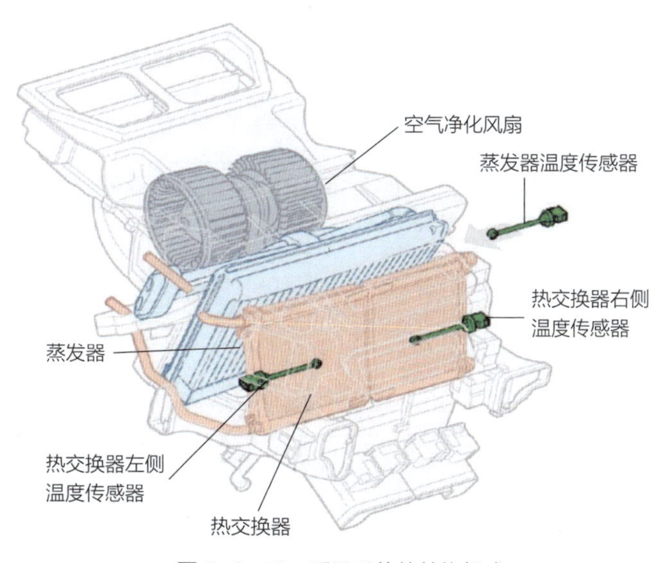

图 5-2-18 暖风系统的结构组成

1）加热空气的暖风形成方式

PTC 是正温度系数（Positive Temperature Coefficient）的英文缩写。PTC 加热器（图 5-2-19）采用热敏陶瓷元件，由若干单片组合后与波纹散热铝条经高温胶粘制成，具有热阻小、换热效率高的显著优点。PTC 的最大特点在于其安全性，即遇风机故障堵转时，PTC 加热器因得不到充分散热，功率会自动急剧下降，此时加热器的表面温度维持限定温度（一般为 240℃左右），从而不致产生电热管类加热器表面的“发红”现象，排除了发生事故的隐患。

图 5-2-19 PTC 加热器

PTC 加热器的结构组成如图 5-2-20 所示：

① 加热器：由 2 组电热阻丝并联组成，单独控制。

② 温度传感器：检测加热器本体的温度，控制加热器导通和切断。

③ 熔断器：位于加热器底座，防止加热器失控发生火灾。

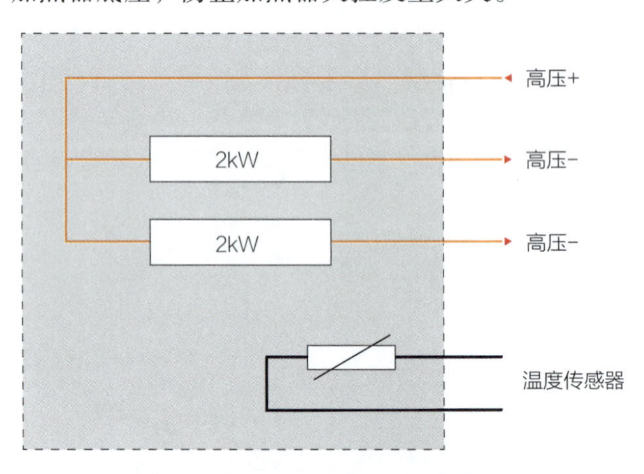

图 5-2-20 PTC 加热器结构示意图

PTC 加热器参数见表 5-2-4。

表 5-2-4 PTC 加热器参数（北汽新能源）

<table>
<tr><th>项目</th><th>技术要求</th><th>试验条件</th></tr>
<tr><td>额定输入电压</td><td>随动力电池电压</td><td>336V</td></tr>
<tr><td>额定功率</td><td>3500W</td><td rowspan="2">环境温度：（25 ± 1）℃
施加电压：（384 ± 1）V DC
风速：4.5m/s</td></tr>
<tr><td>功率偏差率</td><td>-10%~+10%</td></tr>
<tr><td>冷态最大起始电流</td><td>20A</td><td>环境温度：（25 ± 1）℃
施加电压：（336 ± 1）V DC</td></tr>
<tr><td>单级冷态电阻</td><td>80 ~ 300Ω</td><td>在（25 ± 1）℃环境下，放置 >30min 后测量</td></tr>
</table>

PTC 加热器的控制原理图如图 5-2-21 所示。

点火开关打开后，空调继电器为压缩机控制器、PTC 控制器提供电源。PTC 控制器根据来自空调面板（空调控制器）的暖风请求信号（CAN-H 和 CAN-L），以及温度传感器信号，控制 PTC 加热器工作。

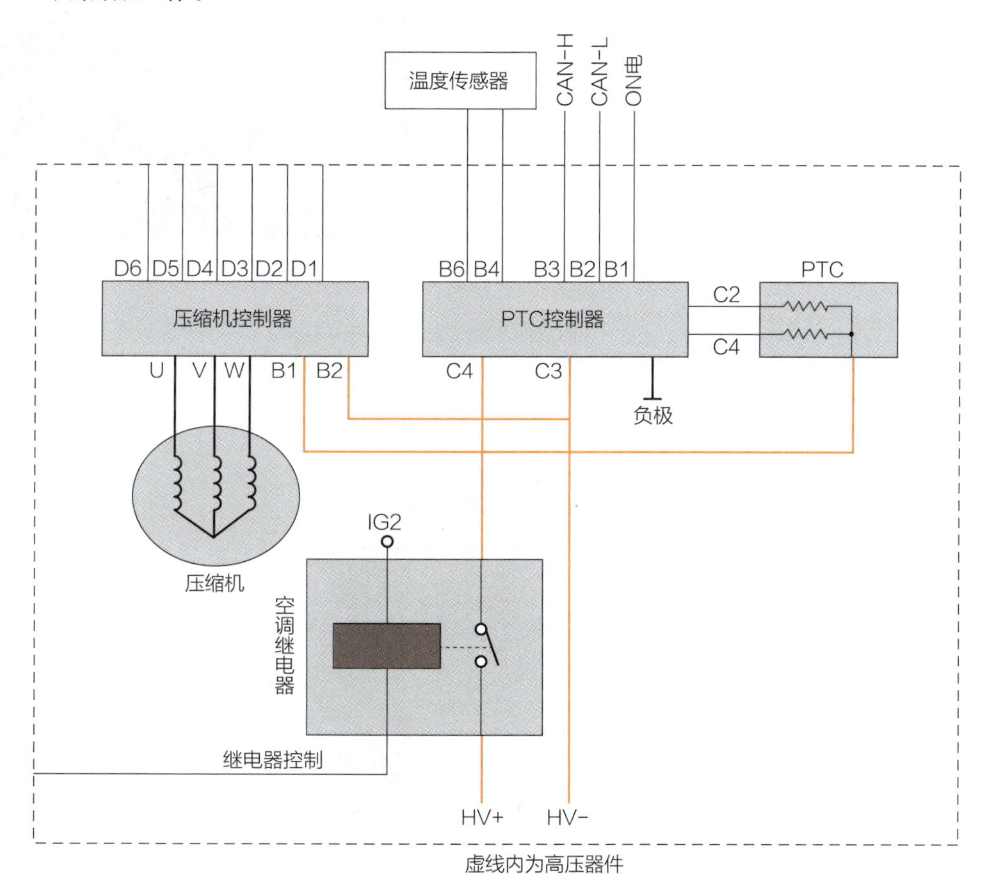

图 5-2-21 PTC 加热器的控制原理图（北汽新能源）

鼓风机吹出的空气将 PTC 散发出的热量送到车内或风窗玻璃上，用以提高车内温度和除霜，如图 5-2-22 所示。

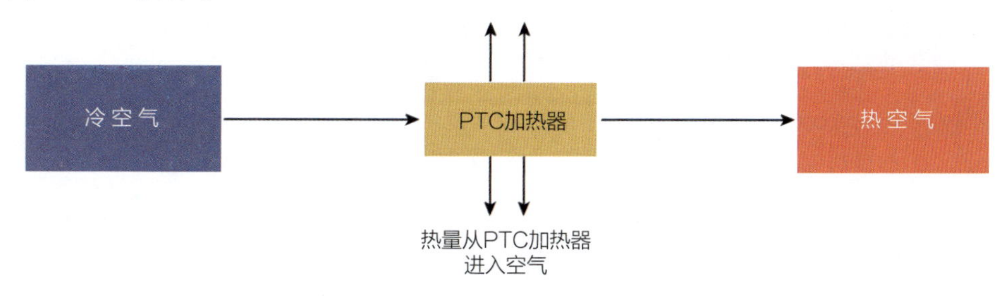

图 5-2-22 暖风形成方式图

2）加热冷却液的暖风形成方式

为保证在温度较低的情况下，给车内提供足够的热源，有些类型的纯电动汽车在冷却液循环系统（图 5-2-23）内安装一个 PTC 加热器（图 5-2-24）。PTC 加热器加热冷却液，使冷却液达到合适的温度，通过暖风芯体给车内提供足够的热源。

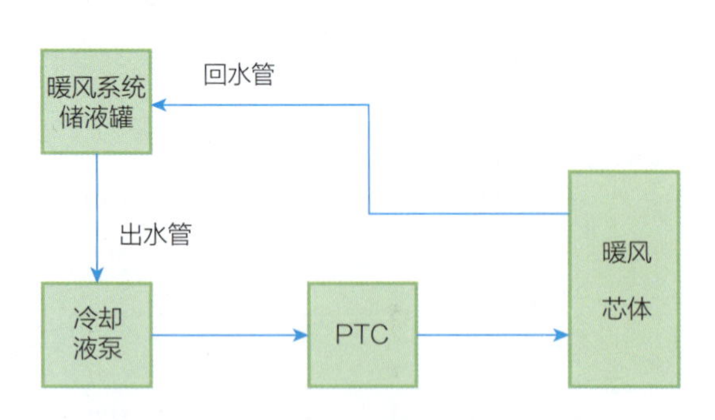

图 5-2-23 暖风冷却液循环系统组成示意图

图 5-2-24 帝豪 EV300 冷却液 PTC 加热器

为了控制合适的冷却液温度，PTC 加热器的工作状态如下：

① 冷却液温度较低时的工作状态

如图 5-2-25 所示，加热丝导通。

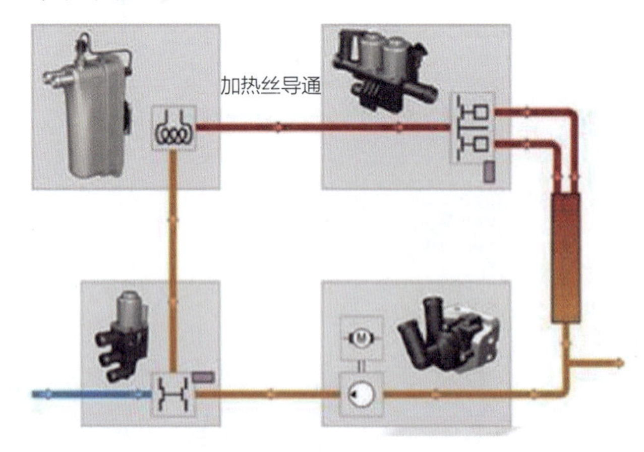

图 5-2-25 冷却液温度较低时加热器工作状态

② 冷却液温度较高时的工作状态

如图 5-2-26 所示，加热丝断开。

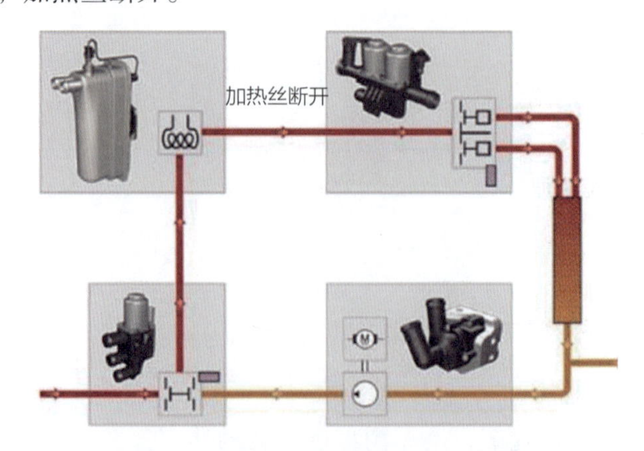

图 5-2-26 冷却液温度较高时加热器工作状态

比亚迪 e5 纯电动汽车采用独立的暖风冷却液循环系统。图 5-2-27 是比亚迪 e5 的 PTC 加热器（比亚迪称“水加热模块”）和暖风系统储液罐。PTC 加热器额定功率为 6kW。图 5-2-28 是暖风系统冷却液泵，安装在电动压缩机上端。

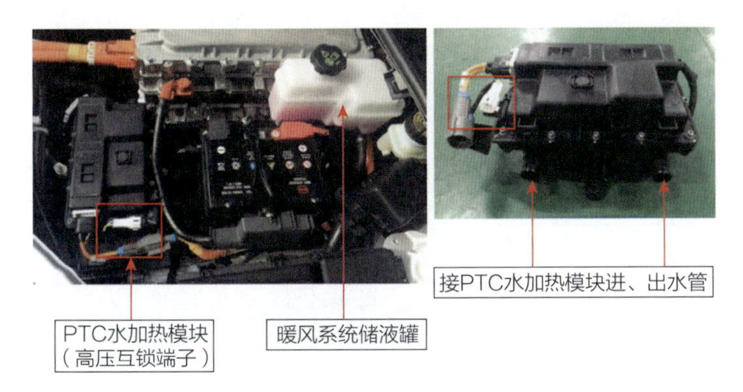

图 5-2-27　比亚迪 e5 暖风系统元件位置图

图 5-2-28　比亚迪 e5 暖风系统冷却液泵

3）送风系统

纯电动 / 混合动力汽车送风系统的结构组成与传统汽车基本相同。

如图 5-2-29 所示，在鼓风机驱动下，新鲜空气通过蒸发器和热交换器（PTC 加热器）形成冷风或暖风的风速，根据驾驶人的需求输送到指定风门。

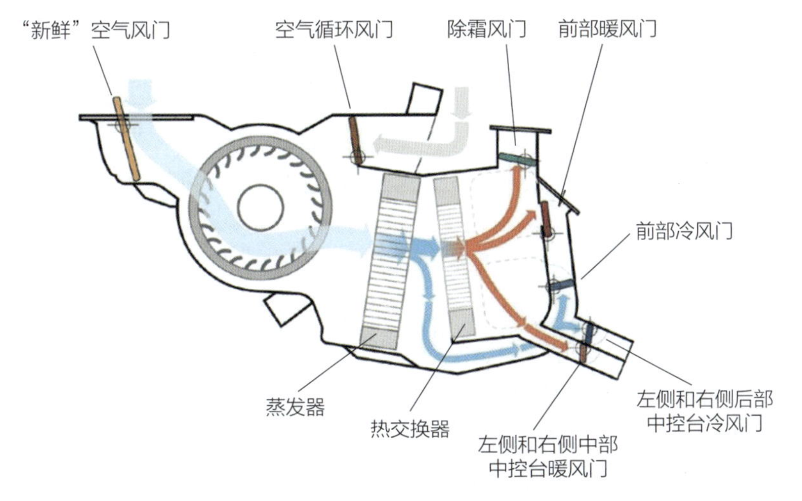

图 5-2-29　新能源汽车送风系统组成

4）空调控制面板

如图 5-2-30 所示，与传统燃油汽车一样，大多数纯电动 / 混合动力汽车的制冷、暖风开关设计都集中在一个控制面板上，这样不仅节省仪表台的空间，而且有利于驾驶人进行自主切换。

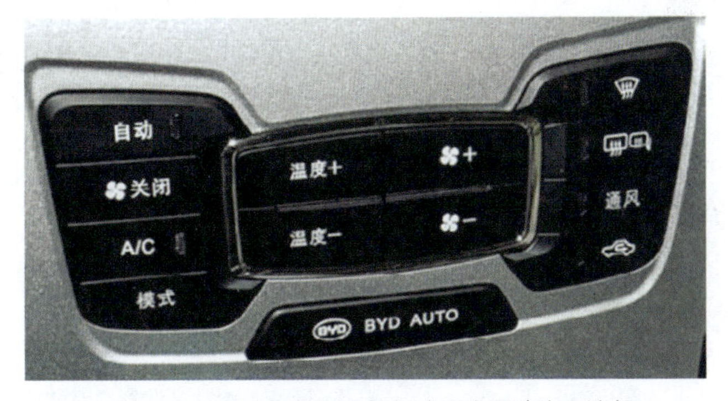

图 5-2-30　空调控制面板组成示意图（比亚迪）

5）暖风系统检修

以下以比亚迪 e6 为例，介绍暖风系统检修方法。其他车型可参考相应的技术资料。

暖风系统常见的故障是不供暖或供暖不足。故障检修的流程如图 5-2-31 所示。

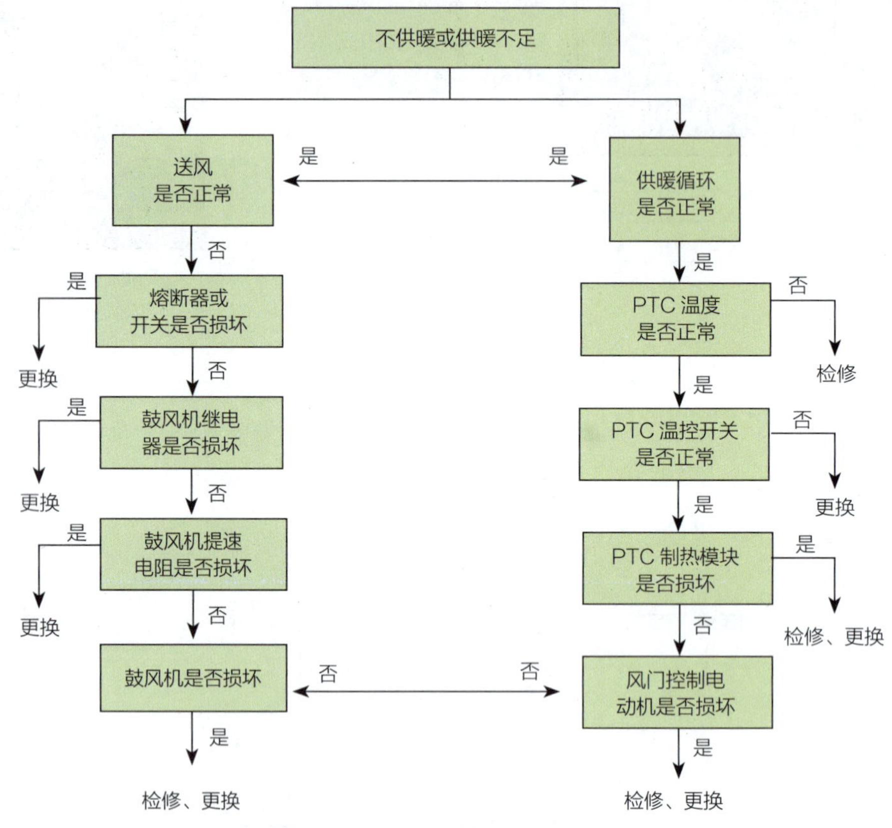

图 5-2-31　暖风系统故障检修流程图

（2）纯电动 / 混合动力汽车制冷系统结构原理与检修

纯电动汽车和大部分混合动力汽车的空调系统采用电动方式驱动压缩机（图 5-2-32），这区别于传统汽车通过内燃机曲轴驱动传动带的驱动形式。

1）电动空调制冷系统结构组成与控制原理

电动空调制冷系统的结构组成与传统汽车相似，如图 5-2-33 所示。

图 5-2-32　电动空调压缩机

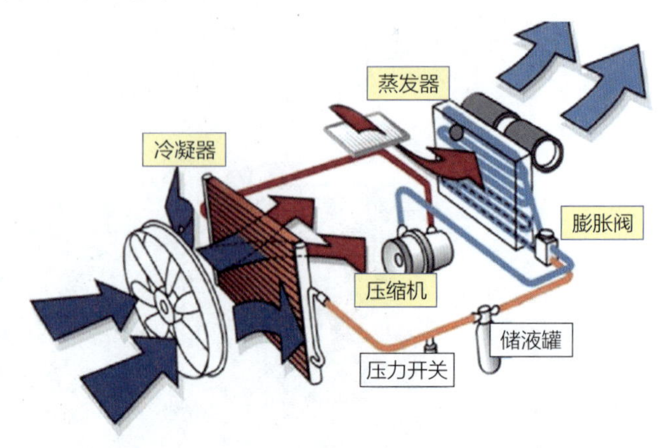

图 5-2-33　电动空调制冷系统结构组成示意图

电动空调系统采用 R134a（如比亚迪 e6、北汽新能源）或 R410a（如比亚迪 e5）制冷剂，与传统车型基本相同。但由于采用电动空调压缩机，必须采用绝缘的 POE 冷冻油，不得与普通冷冻油混用。R410a 制冷剂加注量约 430g，POE 冷冻油加注量约 135mL。

电动空调系统采用的制冷剂工作特性与传统车辆相同，即：高压液态散热，低压气态吸热，如图 5-2-34 所示。

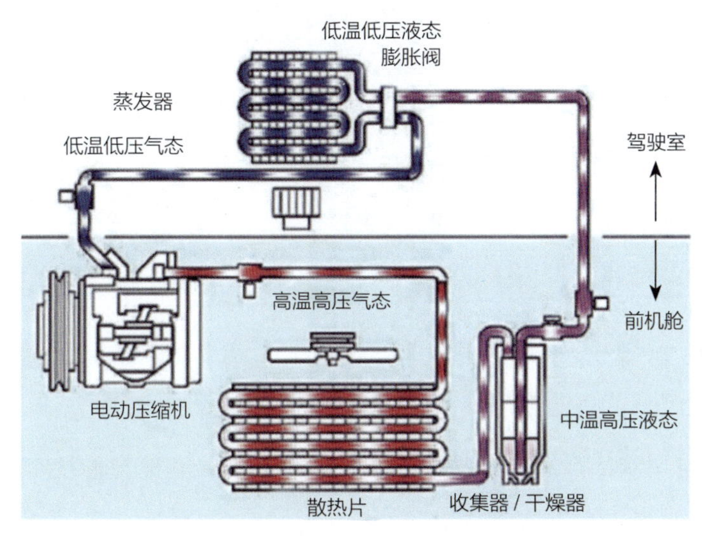

图 5-2-34 电动空调系统制冷系统的工作特性

图 5-2-35 所示为比亚迪 e6 纯电动汽车电动空调系统控制框图。空调控制器接收空调面板开关、各种相关传感器、制冷剂压力开关信号，直接控制鼓风机及各风门电动机动作。同时通过 CAN 信号，指令空调驱动器（与 DC/DC 变换器集成一起）驱动电动压缩机和 PTC 加热器，指令主控 ECU（整车控制器 VCU）控制风扇动作。

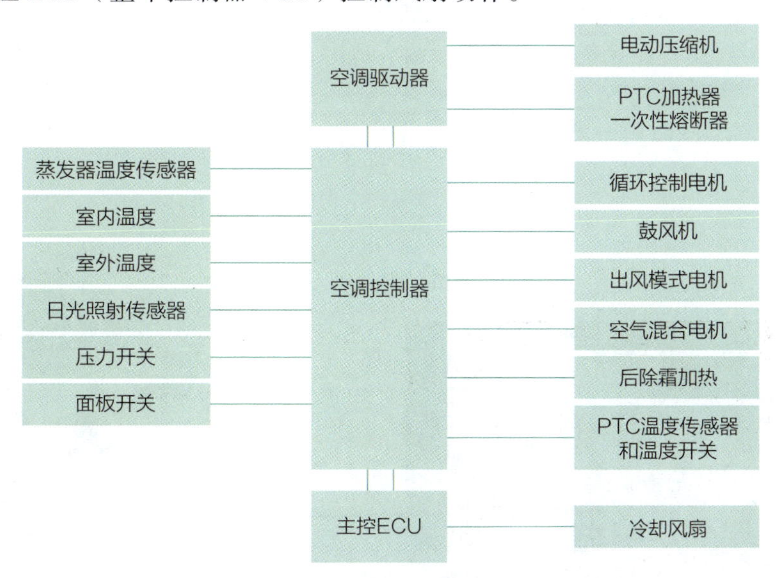

图 5-2-35 比亚迪 e6 电动空调系统控制框图

图 5-2-36 所示为比亚迪 e5 纯电动汽车电动空调系统控制框图。它与比亚迪 e6 的主要区别是：电动压缩机和 PTC 加热器的高压电源来自“四合一”高压电控总成；采用带空调（暖

风）冷却液泵和单独储液罐的独立冷却液循环系统；采用电子膨胀阀、压力传感器（高压管路）、压力温度传感器（低压管路）等电子元件。

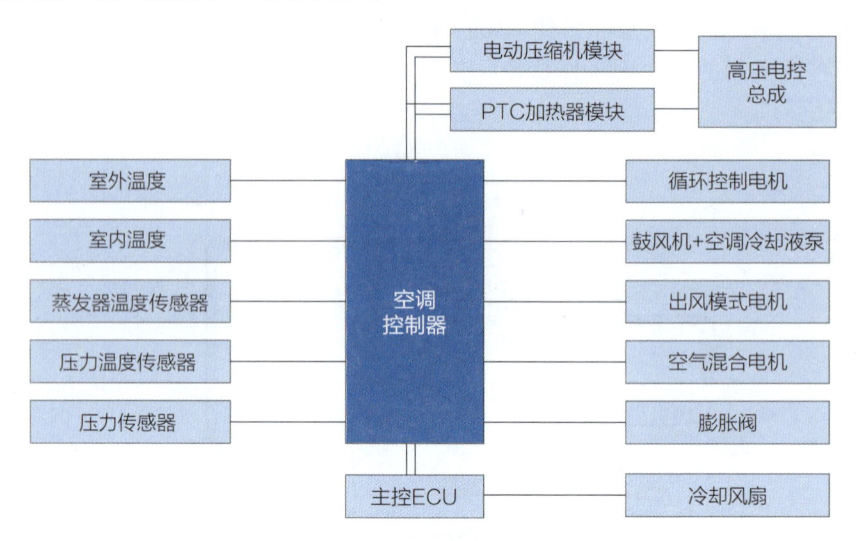

图 5-2-36 比亚迪 e5 电动空调系统控制框图

下面介绍电动空调制冷系统的电动压缩机及典型部件，其他与传统车型相同的部件请参阅相关的技术资料。

2）电动压缩机

① 电动压缩机结构

压缩机是汽车空调制冷装置的心脏，其作用是将低压低温的气态制冷剂压缩成高压高温的气态制冷剂，并推动制冷剂在系统中循环流动。

传统车辆上的空调压缩机转速只能被动地通过发动机转速来调节，空调系统无法主动对压缩机转速进行调节。而纯电动 / 混合动力汽车电动空调系统的压缩机为电动压缩机，由高压电驱动，转速可以由控制系统主动调节，调节范围在 0~4000r/min。这样既保证了良好的制冷效果，同时也节省了电能。

电动空调系统广泛应用电动涡流式压缩机，采用螺旋式的压缩盘，结构如图 5-2-37 和图 5-2-38 所示。

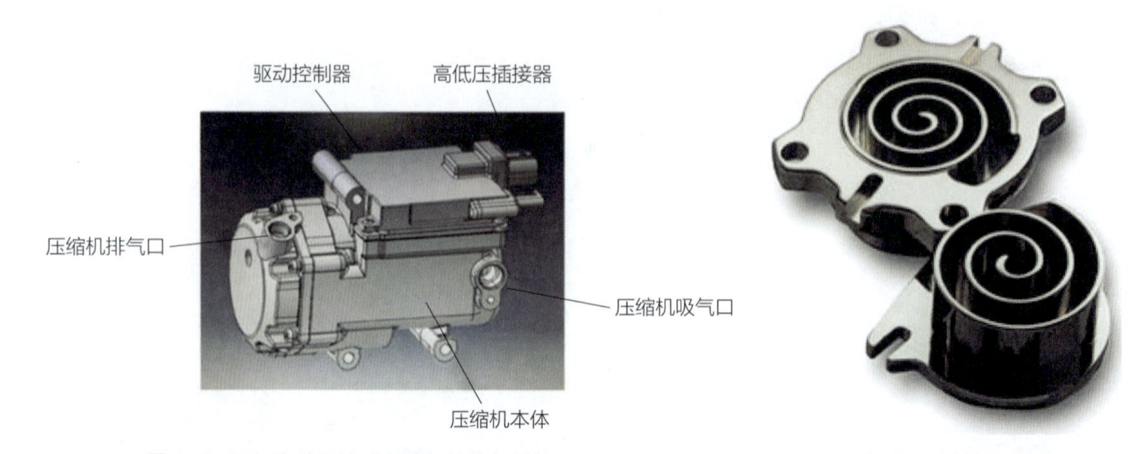

图 5-2-37 电动涡流式压缩机的外部结构

图 5-2-38 电动压缩机的压缩盘

② 电动压缩机参数

比亚迪 e5 电动压缩机参数如下：

额定功率 2kW；系统工作时，高压压力 2.0~3.0MPa，低压压力 0.5~1MPa。

北汽新能源电动压缩机参数如下：

额定功率 2.4kW； 系统工作时，高压压力 1.3~1.5MPa，低压压力 0.25~0.3MPa。

其他车型参照相应的技术资料。

③ 电动压缩机控制电路

比亚迪 e6 压缩机的接线如图 5-2-39 所示，控制电路图如图 5-2-40 所示。电动压缩机由与 DC/DC 变换器集成一体的空调电机驱动器输出三相交流高压电驱动。

空调驱动器的作用是将动力电池的高压直流电逆变成三相交流电，驱动空调压缩机，同时为 PTC 制热模块提供高压直流电源。

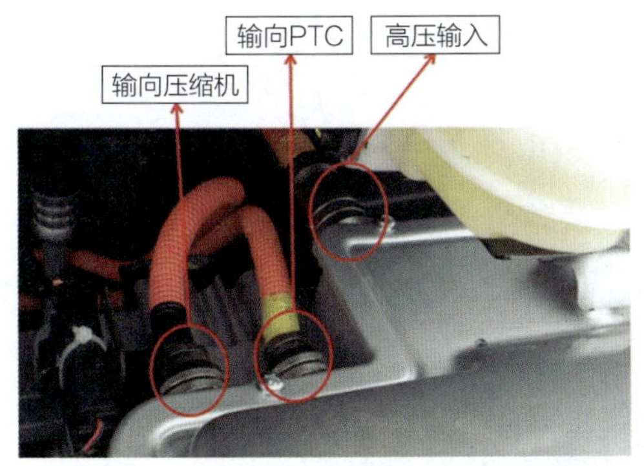

图 5-2-39 电动压缩机接线图

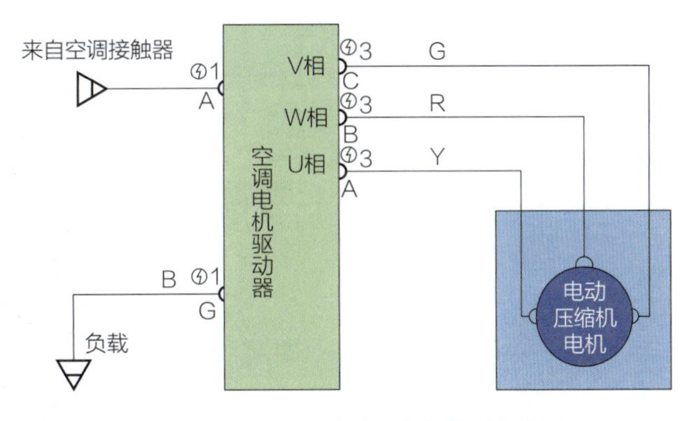

图 5-2-40 电动压缩机控制电路图

比亚迪 e5 电动压缩机的接线如图 5-2-41 所示，压缩机上有低压电源及 CAN 总线通信接口。电动压缩机驱动电源来自“四合一”的高压电控总成的后部，如图 5-2-42 所示。高压插接器带有高压互锁端子。

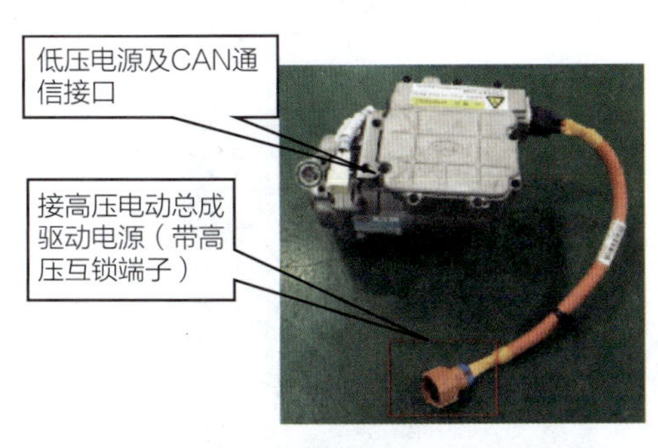

图 5-2-41 比亚迪 e5 电动压缩机接线

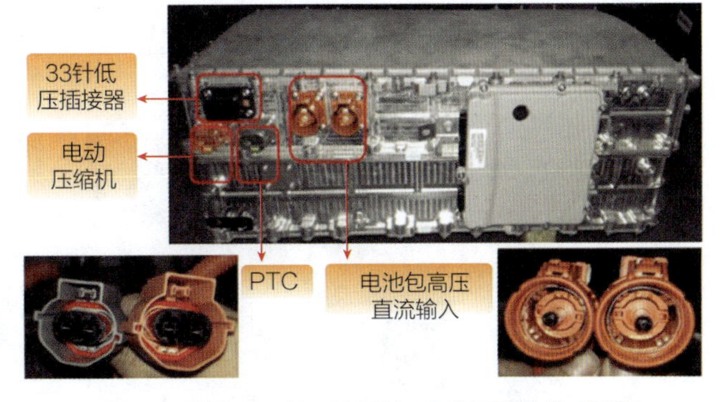

图 5-2-42 比亚迪 e5 高压电控总成后部

3）电动空调系统其他典型部件

空调制冷循环系统需要调节制冷剂流量，以及监控系统的温度和压力参数。图 5-2-43 所示为北汽新能源制冷循环系统示意图，与传统车型基本一致。

图 5-2-44 所示为比亚迪 e5 制冷循环系统，除了电动压缩机外，还安装有电子膨胀阀、压力传感器、压力温度传感器等电子元件。

图 5-2-45 所示为电子膨胀阀，由空调控制器驱动（低压电源），调节制冷剂流量。

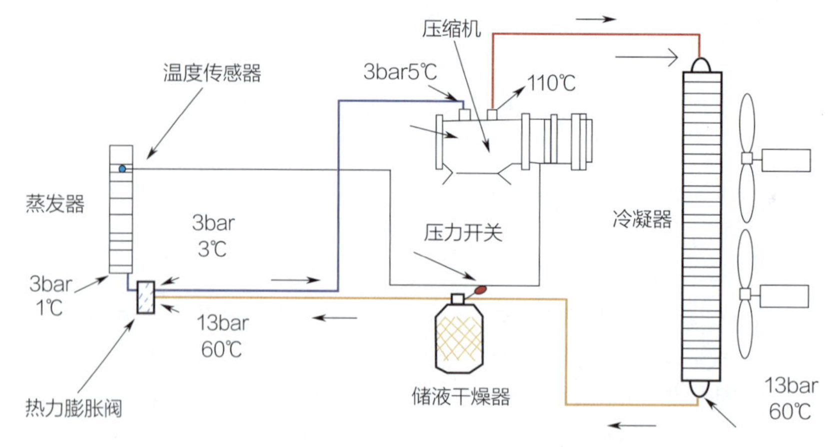

图 5-2-43 空调制冷循环系统温度及压力参数（北汽新能源）

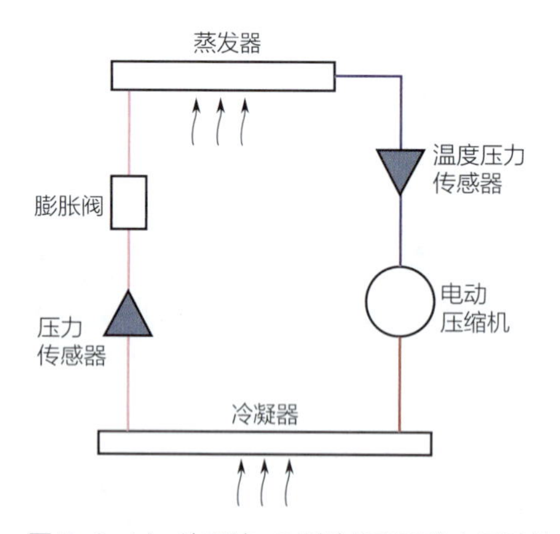

图 5-2-44 比亚迪 e5 制冷循环系统电子元件

图 5-2-45 电子膨胀阀（比亚迪 e5）

图 5-2-46 所示为压力传感器，位于高压管路上，向空调控制器发送高压系统压力信号。

图 5-2-47 所示为温度压力传感器，位于低压管路上，向空调控制器发送低压系统温度和压力信号。

图 5-2-46 压力传感器（比亚迪 e5）

图 5-2-47 温度压力传感器（比亚迪 e5）

4）电动空调系统常见故障与检修

以下以比亚迪 e6 纯电动汽车为例，介绍电动空调系统常见故障与检修方法，其他车型可以参考相应的技术资料。

比亚迪 e6 电动空调系统常见的故障及可能的故障部位见表 5-2-5。

表 5-2-5　比亚迪 e6 空调系统故障现象对照表

故障症状	可能发生故障的部位
制冷系统工作不正常（实际温度与设定温度有偏差，风速档位异常）	1. 各传感器
	2. 前调速模块
	3. AC 鼓风机
	4. 空调控制面板总成
	5. 线束和插接器
出风模式调节不正常	1. 前出风模式风门控制电机
	2. 空调控制器
	3. 线束和插接器
驾驶人侧冷暖调节不正常	1. 驾驶人侧空气混合控制电机
	2. 空调控制器
	3. 线束和插接器
前排乘客侧冷暖调节不正常	1. 前排乘客侧空气混合控制电机
	2. 空调控制器
	3. 线束和插接器
内外循环调节不正常	1. 循环控制电机
	2. 空调控制器
	3. 线束插接器
空调系统所有功能失效	1. 高压配电
	2. 空调电机驱动器
	3. 空调控制器电源电路
	4. 空调控制器
	5. CAN 总线传输系统
	6. 线束和插接器
仅制冷系统失效（鼓风机工作正常）	1. 压缩机
	2. 空调电机驱动器
	3. 压力开关
鼓风机不工作	1. 鼓风机回路
	2. 空调控制器
后除霜失效	1. 后除霜回路
	2. 主控 ECU
	3. 线束和插接器
仅暖风系统失效	1. PTC 制热模块
	2. 空调电机驱动器

系统压力测量方法如下：

电动压缩机的故障一般采用检查系统压力的方法进行诊断。满足下列测试条件后读取歧管压力表（图 5-2-48）压力。

测试条件：

- 起动车辆。
- 鼓风机转速控制开关置于“HI”位置。
- 温度调节旋钮置于“COOL”位置。
- 空调开关打开。
- 车门全开。
- 点火开关置于可使空调压缩机运转的位置。

正常工作的制冷系统压力表读数见表 5-2-6。

表 5-2-6　系统正常时压力表读数

压力	读数
低压压力	0.15 ~0.25 MPa
高压压力	1.37 ~1.57 MPa

图 5-2-48　制冷系统压力表指示

压缩机压缩量不足时，制冷系统压力表读数见表 5-2-7。

表 5-2-7　系统故障时压力表读数

压力	读数	可能原因	诊断	纠正措施
低压压力	高	压缩机内部泄漏	压缩能力过低，阀门损坏引起泄漏，或零件可能断裂	更换压缩机
高压压力	低			

导致汽车空调制冷不足的故障原因很多，在诊断时应熟练掌握制冷系统的工作原理，利用系统的高、低压压力，并配合着各部位的温度变化，根据不同元件故障的不同特征，进行确认与排除。

空调制冷系统不工作，除了制冷循环原因外，通常是电动压缩机不运转。

空调制冷请求信号发送的条件有：

①空调控制面板 A/C 按键有效。

②空调循环系统高压、低压的压力正常。

③电动压缩机起停时间间隔大于等于 10s。

④蒸发器温度大于等于 4℃。

⑤鼓风机运转。

在满足空调制冷的条件下，如果电动压缩机不运转，则检查压缩机电路及压缩机本体。

3. 电动制动系统结构原理与检修

纯电动汽车与混合动力汽车的制动系统是在传统汽车液压制动系统基础上增加了电动真空助力系统，或采用电子制动控制系统，以及采用制动能量回收模式。以下介绍纯电动汽车与混合动力汽车制动系统检修，着重介绍与传统汽车制动系统不同的结构。

（1）纯电动汽车制动系统检修

1）电动真空助力系统结构组成

传统汽车制动真空助力装置的真空源来自于发动机进气歧管，真空度一般可达到 0.05~0.07MPa。纯电动汽车没有发动机的真空源，仅由人力所产生的制动力无法满足行车制动的需要，通常需要单独安装一个电动真空泵来为真空助力器提供真空源。这个助力系统就是电动真空助力系统，即 EVP 系统（Electric Vacuum Pump 电动真空助力泵）。

如图 5-2-49 所示，电动真空助力系统由真空泵、真空罐、真空泵控制器（大部新车型均集成到整车控制器 VCU 里），以及与传统汽车相同的真空助力器、12V 电源组成。

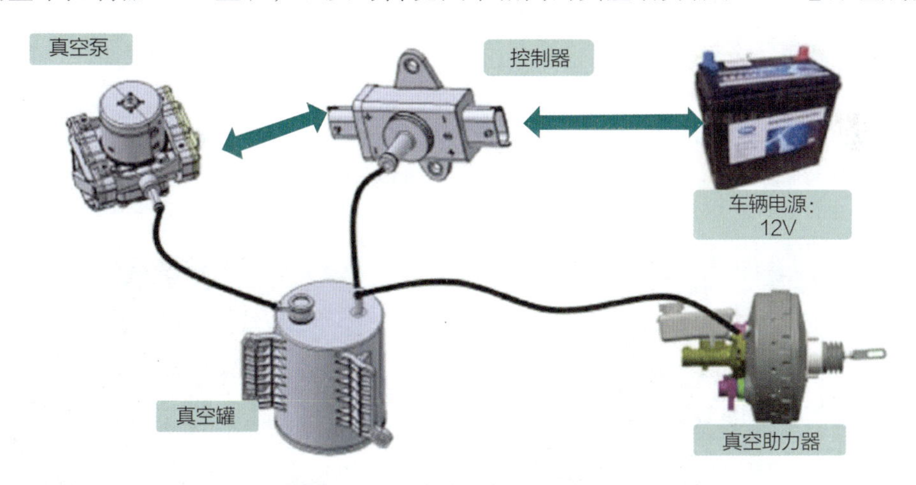

图 5-2-49　电动真空助力系统组成

电动真空助力系统的工作过程为：起动汽车时，车辆电源接通，控制器开始进行系统自检，如果真空罐内的真空度小于设定值，真空罐内的真空压力传感器输出相应电压信号至控制器，此时控制器控制电动真空泵开始工作，当真空度达到设定值后，真空压力传感器输出相应电压信号至控制器，此时控制器控制真空泵停止工作。当真空罐内的真空度因制动消耗，真空度小于设定值时，电动真空泵再次开始工作。

以下介绍电动真空助力系统的主要组成元件。

① 真空泵

真空泵是指利用机械、物理、化学或物理化学的方法，对被抽容器进行抽气而获得真空的器件或设备。通俗来讲，真空泵是用各种方法在某一封闭空间中改善、产生和维持真空的装置。如图 5-2-50 所示是帝豪 EV300 和比亚迪纯电动汽车上采用的电动真空泵。额定电压：12V DC；工作电流：不大于 15A。

帝豪 EV300

比亚迪 e5

图 5-2-50　纯电动汽车真空泵

② 真空罐

真空罐用于储存真空，安装在真空罐上的真空压力传感器检测真空度并把信号发送给真空泵控制器。如图 5-2-51 所示。

以下是北汽新能源纯电动汽车真空罐参数。

真空罐密封性：15s 内在（66.7 ± 5）kPa 真空度下，真空压力降≤ 3kPa

最大真空度：大于 85kPa

抽至真空度 55kPa，压力形成时间：不大于 4s

抽至真空度 70kPa，压力形成时间：不大于 7s

真空度从 40kPa 抽至 85kPa，压力形成时间：不大于 4s

图 5-2-52 所示为比亚迪 e5 真空压力传感器。

图 5-2-51　真空罐（北汽新能源，电线插接器位置为真空压力传感器）

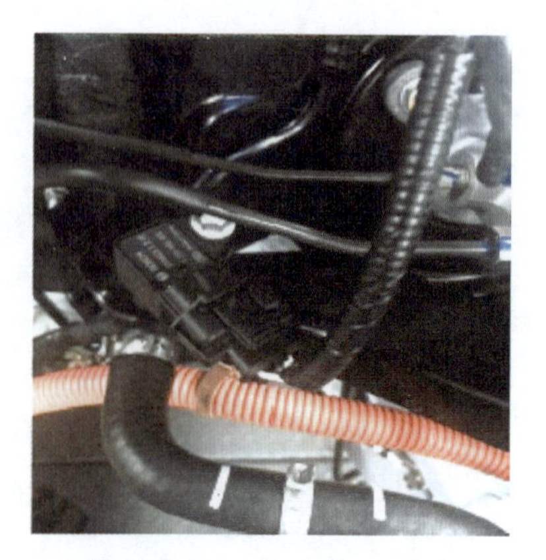

图 5-2-52　比亚迪 e5 真空压力传感器

③ 真空泵控制器

真空泵控制器是电动真空系统的核心部件。真空泵控制器根据真空罐真空压力传感器发送的信号控制真空泵工作，如图 5-2-53 所示。

北汽新能源纯电动汽车，真空泵控制器接通 12V 直流电源，真空泵电机开始工作，当真

空度达到 -55kPa 时真空压力开关闭合，输出高电平信号给控制器，控制器在接收到信号后延时 10s，电机停止工作。

如图 5-2-54 所示，比亚迪 e5 真空泵由整车控制器 VCU 控制。VCU 采集车速信号、真空度压力信号，控制真空泵工作。真空泵起停条件：车速 <60km/h：真空度低于 60kPa 时起动，达到 75kPa 时关闭；车速≥ 60km/h：真空度低于 70kPa 时起动，达到 75kPa 时关闭。

图 5-2-53　真空泵控制器

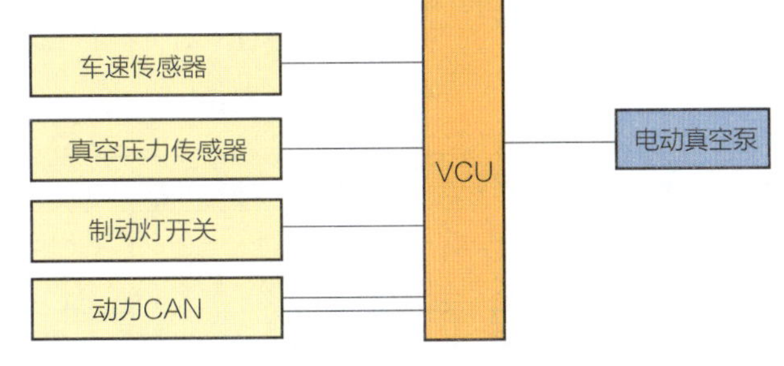

图 5-2-54　比亚迪 e5 电动真空泵控制

2）电动真空助力系统电路及检修

以下介绍电动真空助力系统的检修方法，其他与传统汽车相同的部件检修参照传统汽车的检修方法。

① 电动真空助力系统泄漏监测

电动真空助力系统真空管路发生空气泄漏，真空罐压力传感器检测到真空度不足，就会发送信号给真空泵控制器，控制真空泵工作。如果真空度一直不足，为了防止真空泵过热，在持续工作 15s 之后会自动停止。此时如果踩下制动踏板，整车控制器 VCU 检测到真空罐压力不足 55kPa，就会给真空泵报警继电器和组合仪表发出信号触发仪表显示报警信息，如图 5-2-55 所示。若 8s 后真空度仍未恢复到 55kPa 以上，会给 MCU（驱动电机控制器）发送信号，将车辆限速到 9km/h。

图 5-2-55　仪表报制动故障

② 电动真空助力系统检查与诊断

电动真空助力系统的检查与诊断见表 5-2-8。

表 5-2-8　电动真空助力系统检查与诊断步骤

序号	检查步骤	检查结果及操作方法		
1	检查熔断器是否熔断	正常：进行下一步	不正常：熔断器熔断	更换熔断器
2	检查电动真空泵是否损坏	正常：进行下一步	电路有故障或电动真空泵损坏	检修电路或更换电动真空泵
3	检查真空罐是否漏气	正常：进行下一步	真空罐漏气	更换真空罐
4	正确检修操作后检查故障是否出现	正常：诊断结束	故障未消失	从其他症状查找故障源

（2）混合动力汽车电子制动系统检修

下面以典型的丰田混合动力汽车的 THS-II（第二代再生制动）电子制动系统为例，介绍混合动力汽车的电子制动系统结构原理与检修。

1）丰田混合动力汽车电子制动系统功能与组成

丰田混合动力汽车的 THS–II 制动系统属于 ECB（电子控制制动）系统。THS–II 制动系统可根据驾驶人踩制动踏板的程度和所施加的力计算所需的制动力。系统施加需要的制动力（包括再生制动力和液压制动系统产生的制动力），并有效地回收制动能量。

THS–II 系统采用电动机对滑动的车轮施加液压制动控制，把驱动轮的滑动减小到最低程度，并产生适合路面状况的驱动力。THS–II 制动系统的功能见表 5–2–9。

表 5–2–9 THS–II 制动系统的功能

制动控制系统	功能	概述
ECB 系统	VSC（车辆稳定性控制）	VSC 系统可以在转向时，防止前轮或后轮急速滑动产生的车辆侧滑。它与 EPS ECU 联合控制，以根据车辆的行驶条件提供转向助力
	ABS（防抱死制动系统）	制动过猛或在易滑路面制动时，ABS 能防止车轮抱死，保证车辆及人员安全
	EBD（电子制动力分配）	EBD 控制利用 ABS，根据行驶条件在前分界线和后轮之间分配制动力。另外转向制动时，它还能控制左右车轮的制动力，以保持车辆平衡行驶
	再生制动联合控制	通过尽量使用 THS–II 系统的再生制动能力，控制液压制动来恢复电能
	制动助力	紧急制动时，如果制动踏板制动力不足，可以增大制动力；需要强大制动力时增大制动力

如图 5–2–56 所示，THS–II 制动系统的组成包括制动信号输入、电源和液压控制部分，取消了传统的真空助力器。正常制动时，主缸产生的液压力转换成液压信号，而不是直接作用在轮缸上，通过调整作用于轮缸的制动执行器上液压源的液压获得实际控制压力。

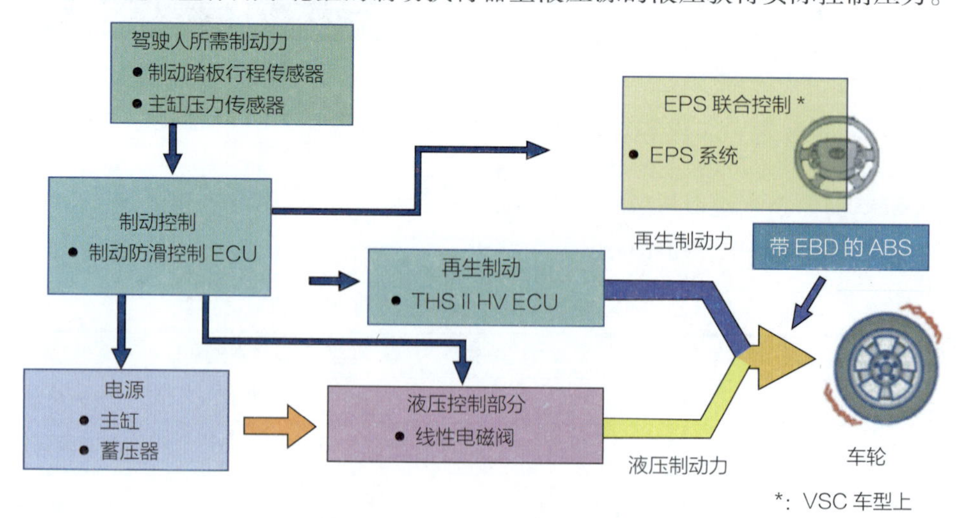

图 5–2–56 THS–II 制动系统组成

ECB（电子控制制动）系统的主要部件有：制动踏板行程传感器、制动灯开关、行程模拟器、制动防滑控制 ECU、制动执行器、制动主缸、备用电源装置。

ECB ECU 和制动防滑控制 ECU 集成在一起，并和液压制动系统（包括带 EBD 的 ABS、制动助力和车辆稳定控制系统 VSC）一起对制动进行综合控制。VSC 系统除了有正常制动控制功能外，还能根据车辆行驶情况和EPS配合，提供转向助力来帮助驾驶人转向。

2）混合动力汽车电子制动系统的工作原理

电源开关（电源信号）打开后，蓄电池向控制器供电，控制器开始工作，此时EMB信号灯显示系统应正常工作。驾驶人进行制动操作时，首先由制动踏板行程传感器检测驾驶人的制动意图（踏板速度和行程），把这一信息传给ECU。ECU汇集轮速传感器、制动踏板位置传感器等各路信号。根据车辆行驶状态计算出每个车轮的最大制动力。再发出指令给执行器（电机）执行各车轮的制动。电动机械制动器能快速而精确地提供车轮所需制动力，从而保证最佳的整车减速度和车辆制动效果。

图5-2-57所示为再生制动联合控制示意图。在制动时，电机MG2起到发电作用，和电机MG2转动方向相反的转动轴产生的阻力是再生制动力的来源。发电量（动力电池充电量）越多，阻力也越大。

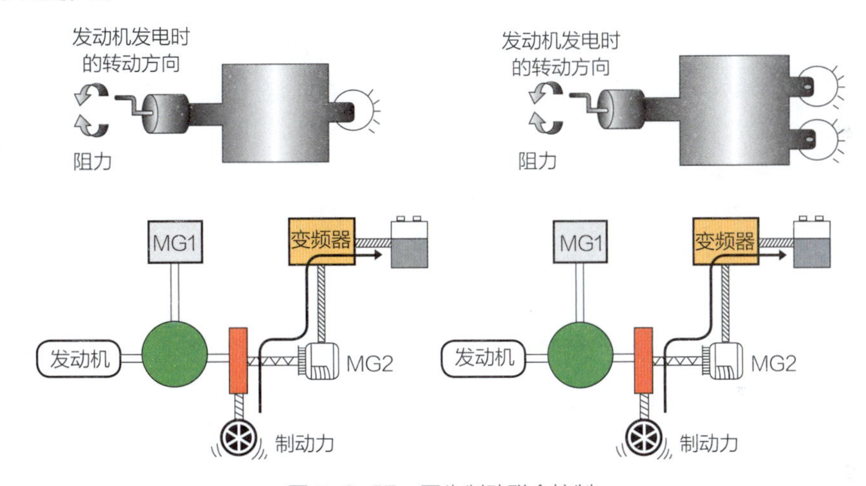

图5-2-57　再生制动联合控制

驱动桥和MG2通过机械方式连接在一起，驱动轮带动MG2转动而发电，MG2产生的再生制动力就会传到驱动轮，这个力由控制发电的THS-II系统进行控制。

再生制动联合控制和传统制动方式最大的区别是，它并不单靠液压系统产生驾驶人所需的制动力，而是与THS-II系统一起联合控制提供再生制动的合制动力。这样控制能够最大限度地减少正常液压制动的动能损失，并把这些动能转化为电能。

THS-II系统的采用使MG2的输出功率得到了增加，并且增大了再生制动力。另外，由于采用ECB系统，制动力得到了改善，从而有效地增加了再生制动的使用范围。这些提高了系统恢复电能的能力，从而提高了燃油经济性。

3）混合动力汽车电子制动系统检修时的注意事项

以下以丰田混合动力汽车为例，介绍典型的混合动力汽车制动系统的检修注意事项。

- 当端子触点或者是零件安装出现故障时，对被怀疑零件的拆除和重新安装可能使系统完全或暂时恢复到正常状态。
- 为了准确地判断故障部位，必须检查故障发生时的各种情况，例如DTC（故障码）输出和历史数据，并且在断开每一个插接器或安装/拆除零件之前都要记录。
- 因为该系统可受到除制动控制系统外所有系统的影响，必须检查其他系统中的DTC。
- 由于VSC或ECB(电子控制制动)部分零件拆装后无法进行正确调整，包括转向传感器、偏移率传感器或制动踏板行程传感器等，因此，除非必要，否则不要对VSC或ECB（电子控制制动）的零件进行拆装。

- 在按照修理手册中的指示完成 VSC 或 ECB 系统的修理工作后和进行确认前，一定要做好相应的准备工作。
- 除非在检查步骤中有专门规定，否则一定要在电源开关关闭的情况下拆装 ECU、执行器以及每个传感器。
- 确保在拆装或者更换 VSC 或 ECB 零件之前拆下两个主继电器。
- 执行器、制动总泵或行程模拟器的拆装以及其他步骤能够造成液面下降到储液罐端口以下。如果在进行后续作业时发生这种情况，一定要拆除两个电动机继电器，直到管路中的气体被完全排空。

当泵电机利用制动执行器软管中的空气来运转时，由于执行器中存在空气，而使得排空空气会变得困难。

即使电源关闭，制动防滑控制 ECU 也可以操作行程模拟器并驱动泵电机。

ECB 系统有自己的辅助电源，将负极端子从备用蓄电池（12V）上断开直到放电完成，这个过程系统都可以运行。

在电源开关关闭的情况下，制动操作完成之后制动防滑控制 ECU 仍能够工作 2min。

- 主继电器和电机继电器的拆除，电源开关断开之后等待 2 min，在拆下两个继电器之前，停止制动踏板操作并且关闭驾驶人侧车门。

在制动控制系统关闭之前，泵电机准备进行下一步操作。

- 在拆装 ECU、执行器和各传感器时，在安装所有零件后，一定要确认在进行测试模式检查和 DTC 输出检查时输出正常显示。

故障码（DTC）注意事项

修理故障零件后并不能清除某些故障码（DTC）的警告，如果在修理之后仍显示警告，则应在电源开关关闭之后清除 DTC。

清除故障码之后重新出现的故障零件的 DTC 会被再次保存。

安全保护功能：

当制动控制系统发生故障时，制动防滑控制 ECU 点亮相应故障系统的警告灯（ECB、ABS、VSC 和 BRAKE）并且禁止 ABS、VSC 和制动辅助系统操作。

根据故障情况，除了故障部件之外，正常部件能继续 ECB 的控制。

如果 4 个车轮中的任一个 ECB 控制被禁止，这个车轮就会失去制动助力功能或制动能力。

一个车轮失去制动助力功能，如果踩下制动踏板时的感觉变得像行程模拟器（踏板反作用力生成电磁阀）一样，则禁止操作。

如果所有车轮的 ECB 控制被禁止，则 2 个前轮制动助力失去功能。

鼓式测试仪注意事项

① 确保 VSC 警告灯在闪烁 [转到 TEST MODE（测试模式）]。

② 用锁链保证车辆的安全。

CAN 通信系统注意事项

① CAN 通信系统用于制动防滑控制 ECU、转向传感器、偏移率传感器（包括减速传感器）和其他 ECU 之间的数据通信。如果 CAN 通信线路有故障，系统会输出通信线路相应的 DTC。

② 如果系统输出 CAN 通信线路的 DTC，应首先修理通信线路的故障，数据通信正常后，还要对 VSC 系统进行故障排除。

③ 由于 CAN 传输线路有规定的长度和路线，因此不能临时使用旁路接线来修理。

➢ **提示：** 断开蓄电池负极(－)端子后，当重新连接端子时，电动车窗控制系统将被初始化。

激活混合动力系统应注意

① 警告灯亮起或蓄电池断开又重新连接，则初次按下电源开关可能无法启动该系统。如果是这样，则再次按下电源开关。

② 打开电源开关（IG），断开蓄电池。如果在重新连接时钥匙不在钥匙孔内，则可能输出 DTC B2799。

4）混合动力汽车电子制动系统故障诊断

进行警告灯和指示灯检查：

松开驻车制动踏板，将点火开关置于 P 位，保持车辆安全。

驻车制动或制动液液位低时，BRAKE 警告灯点亮。

- 打开电源开关（READY），ABS 警告灯、VSC 警告灯、BRAKE 制动警告灯、制动控制警告灯和 SLIP 防滑指示灯正常应点亮大约 3s，然后熄灭。警告灯和指示灯显示如图 5-2-58 所示。

制动警告灯（驻车、制动液位、EBD故障）

制动控制警告灯（制动系统次要故障）

ABS警告灯（ABS、EBD故障）

防滑SLIP指示灯（系统工作或故障）

电子稳定系统指示灯（系统工作或故障）

图 5-2-58　警告灯和指示灯显示

警告灯显示异常（常亮）时，应采用故障诊断仪器读取 DTC，根据 DTC 内容检修。

如果没有 DTC 输出但故障仍然存在，则依照表 5-2-10 所给的顺序依次检查各故障现象的电路。

表 5-2-10　制动控制系统故障症状表

故障现象	可能发生故障的部位
ABS 不工作 BA 不工作 EBD 不工作	（1）再次检查 DTC，确保输出正常代码 （2）IG 电源电路和接地电路 （3）速度传感器电路 （4）使用智能测试仪 II 检查制动执行器 [用 ACTIVE TEST（动态测试）功能检查制动执行器操作]，如果异常，则检查液压回路是否泄漏 （5）检查完故障可能发生部位的上述电路并证明正常后，如果症状仍然出现，则更换制动防滑控制 ECU
ABS 不能有效工作 BA 不能有效工作 EBD 不能有效工作	（1）再次检查 DTC，确保输出正常代码 （2）速度传感器电路 （3）制动控制警告灯开关电路 （4）使用智能测试仪 II 检查制动执行器，如果异常，则检查液压回路是否泄漏 （5）检查完故障可能发生部位的上述电路并证明正常后，如果症状仍然出现，则更换制动防滑控制 ECU
ABS 警告灯异常	（1） ABS 警告灯电路 （2）制动防滑控制 ECU

（续）

故障现象	可能发生故障的部位
不能进行 ABS 的 DTC 检查	（1）再次检查 DTC，确保输出正常代码 （2）TC 端子电路 （3）检查完故障可能发生部位的上述电路并证明正常后，如果症状仍然出现，则更换制动防滑控制 ECU
不能进行传感器信号检查	（1）TC 端子电路 （2）制动防滑控制 ECU
VSC 不工作	（1）再次检查 DTC，确保输出正常代码 （2）IG 电源电路和接地电路 （3）检查液压回路是否泄漏 （4）速度传感器电路 （5）偏移率传感器电路 （6）转向传感器电路 （7）检查完故障可能发生部位的上述电路并证明正常后，如果症状仍然出现，则更换制动防滑控制 ECU
SLIP 指示灯异常	（1）SLIP 指示灯电路 （2）制动防滑控制 ECU
不能进行 VSC 的 DTC 检查	（1）再次检查 DTC，确保输出正常代码 （2）TC 端子电路 （3）检查完故障可能发生部位的上述电路并证明正常后，如果症状仍然出现，则更换制动防滑控制 ECU
VSC 警告灯异常	（1）再次检查 DTC，确保输出正常代码 （2）VSC 警告灯电路 （3）检查完故障可能发生部位的上述电路并证明正常后，如果症状仍然出现，则更换制动防滑控制 ECU
制动控制警告灯异常	（1）再次检查 DTC，确保输出正常代码 （2）制动控制警告灯电路 （3）检查完故障可能发生部位的上述电路并证明正常后，如果症状仍然出现，则更换制动防滑控制 ECU

4. 电动转向系统检修

（1）纯电动 / 混合动力汽车电动转向系统的类型

由于纯电动汽车取消了内燃机，混合动力汽车内燃机也随时可能停止运转，不能通过内燃机驱动液压助力泵的方式来实现液压助力，因此纯电动汽车与混合动力汽车都采用电动转向系统，即在原机械转向系统基础上安装一个电机，作为转向的辅助动力。

纯电动汽车与混合动力汽车电动转向系统 EPS 与传统汽车的电动转向系统基本相同。

电动转向系统根据助力电机的安装位置不同，又可以分为转向轴助力式、齿轮助力式、齿条助力式 3 种。转向轴助力式 EPS 的电机固定在转向轴一侧，通过减速机构与转向轴相连，直接驱动转向轴助力转向。齿轮助力式 EPS 的电机和减速机构与小齿轮相连，直接驱动齿轮助力转向。齿条助力式 EPS 的电机和减速机构则直接驱动齿条提供助力。如图 5-2-59 所示，电动转向系统共分为三种形式：转向轴助力式、齿轮助力式和齿条助力式。

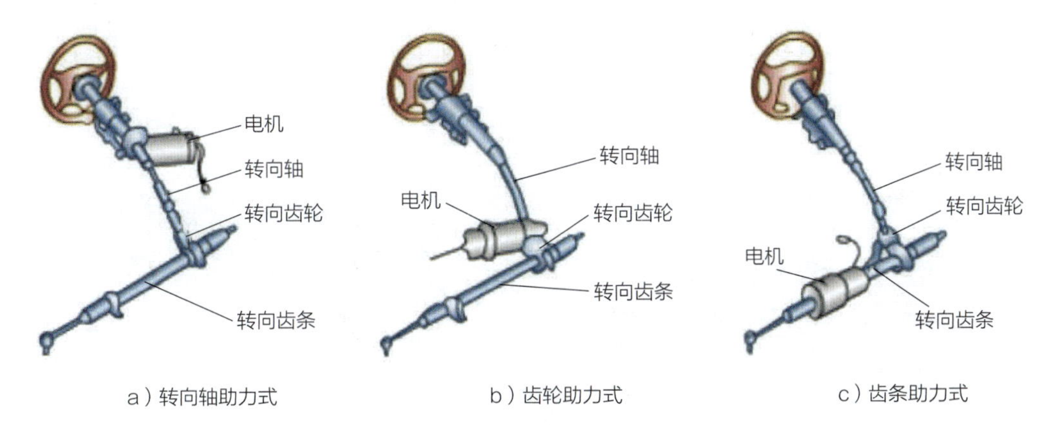

图 5-2-59　电动转向系统的类型

（2）电动转向系统的结构组成

下面以丰田混合动力汽车为例，介绍电动转向系统的结构组成。

如图 5-2-60 所示，电动转向系统由转向机（含转向轴柱和减速机构等）、电机、转矩传感器、EPS 控制器等部件组成。EPS 控制器根据各传感器输出的信号计算所需的转向助力，并通过功率放大模块控制助力电机的转动，电动机的输出经过减速机构减速增矩后驱动齿轮齿条机构，产生相应的转向助力。

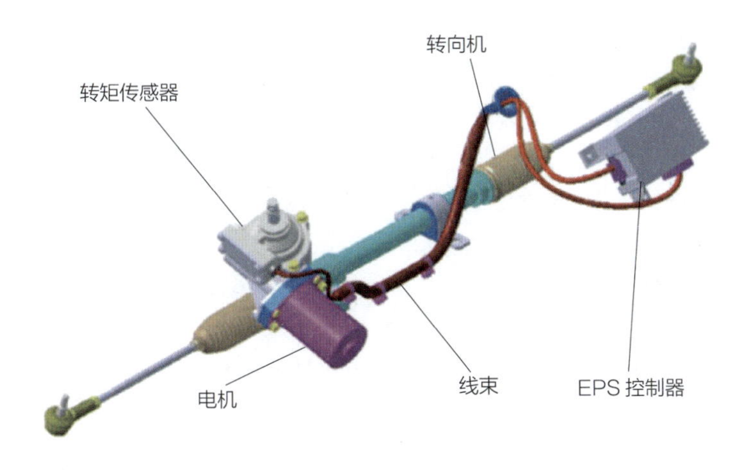

图 5-2-60　电动转向系统组成

1）转向机、转向柱轴、减速机构

转向机与传统的机械转向相同，在打转向盘的同时，帮助驾驶人用力，以减轻驾驶人转向时的用力程度，达到开车时驾驶人轻松、方便的目的。

如图 5-2-61（左）所示，电机、减速机构和转矩传感器都安装在转向柱轴上，转矩传感器为感应式电阻传感器。

减速机构通过蜗杆和蜗轮降低电机的转速并将之传送到转向柱轴，蜗杆由滚子轴承支承以减小噪声和摩擦。

2）电机

EPS 系统采用的电机为小型直流电机，因此也称 DC 电机，可以根据 EPS 控制器的信号产生转向助力。

如图 5-2-61（右）所示，直流（DC）电机包括转子、定子和电机轴，电机产生的转矩通过联轴器传到蜗杆，转矩又通过蜗轮传送到转向柱轴。

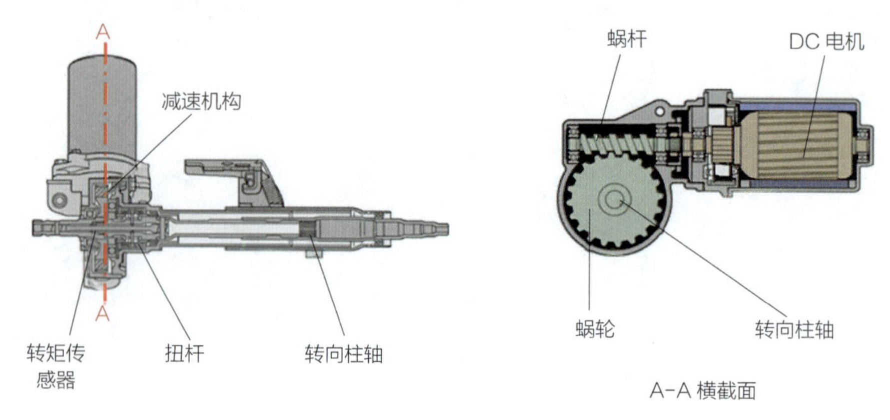

图 5-2-61 转向柱轴（左）和直流（DC）电机及减速机构（右）

3）转矩传感器

转矩传感器检测扭力杠杆的扭曲程度，转换为电信号来计算扭力杆上的转矩，并将信号传输给 EPS 控制器。

在输入轴上安装有检测环 1 和检测环 2，而检测环 3 安装在输出轴上，输入轴和输出轴通过扭力杆连接在一起，检测线圈和校正线圈位于各检测环外侧，不经接触可形成励磁电路。检测误差 1 和检测误差 2 的功能是校正温度误差，可以检测校正圈中的温度变化并校正温度变化引起的误差。

检测线圈通过对偶电路可以输出 2 个信号 VT1（转矩传感器信号 1）和 VT2（转矩传感器信号 2）。ECU 根据这两个信号控制助力大小，同时检测传感器故障。

直线行驶时，如果车辆直线行驶且没有转动转向盘，则 ECU 会检测出的转向盘位置，不向 EPS 电动机供电。

转向时，向左或向右转动转向盘时，扭力杆的扭曲就会在检测环 2 和检测环 3 之间产生相对位移，检测环可以把这个变化转换为两个电信号 VT1 和 VT2，并发送到 EPS 控制器。转向盘左转时，输出一个比自由位置输出电压低的电压，这样，就可以根据转向助力检测到转向方向，转向助力由输出值的量级决定。转矩传感器输出电压与助力转矩关系如图 5-2-62 所示。

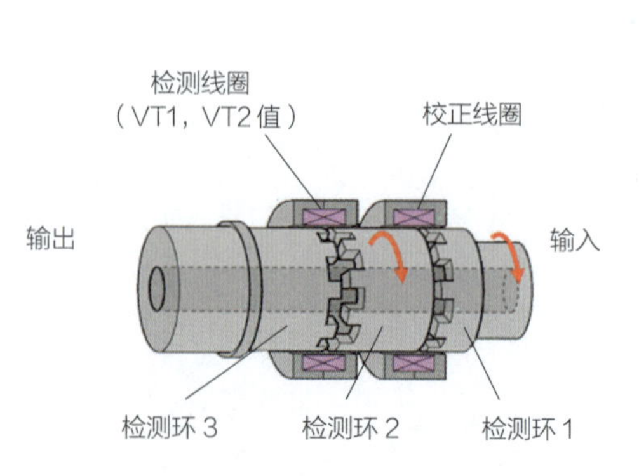

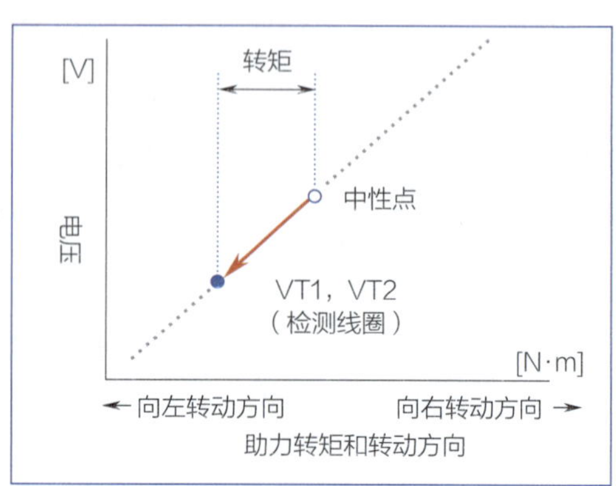

图 5-2-62 丰田汽车转矩传感器（左）输出电压与助力转矩关系（右）

4）EPS 控制器

EPS 控制器根据各传感器（包括车速传感器）发出的信号，控制转向柱上的电机运转来提供转向助力。

电控助力转向系统工作原理如图 5-2-63 所示。

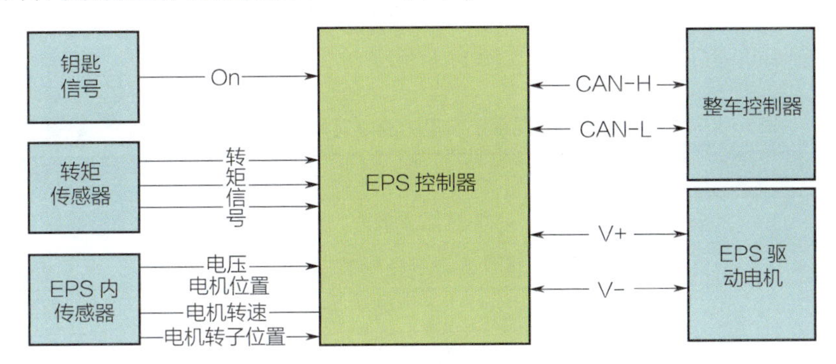

图 5-2-63　EPS 工作原理

当整车处于停车下电状态，EPS 不工作（EPS 不进行自检、不与整车控制器 VCU 通信、EPS 电机不工作）；当钥匙开关处于 ON 位，ON 位继电器吸合后 EPS 开始工作。

EPS 正常工作时，EPS 根据接收来自 VCU 的车速信号、唤醒信号及来自转矩传感器的转矩信号和 EPS 助力电机的位置、转速、转子位置、电流、电压信号等进行综合判断，以控制 EPS 助力电机的转矩、转速和方向。

转向控制器在上电 200ms 内完成自检，上电 200ms 后可以与 CAN 总线交互信息，上电 300ms 后输出转向故障和转向状态信息，上电 1200ms 后输出控制系统版本信息。

当 EPS 检测到故障时，通过 CAN 总线向 VCU 发送故障信息，并采取相应的处理措施。

5）电动转向系统检修

① 电动转向系统转向力的检查

转向力的检查有助于判断电动助力转向系统的工作情况。

- 汽车停放在水平路面上，转向盘放置在平直向前位置。
- 检查轮胎充气压力是否符合规定的要求。
- 起动车辆。
- 通过沿切线方向勾住转向盘的弹簧秤来测量转向力。

转向力标准：至少 35N

② 电动转向系统检修时操作注意事项

当处理电子部件时：

- 避免撞击电子部件，如 EPS 控制器和 EPS 电机。如果这些部件跌落或遭受严重撞击，则应该换新。
- 不要将任何电子部件暴露在高温或者潮湿的环境中。
- 不要触碰插接器端子，以防变形或者因静电引起的故障。
- 断开或重新连接插接器时必须确认钥匙置于 OFF 位置。

当处理机械总成时：

- 避免撞击转向管柱或者转向机总成，特别是电机或者转矩传感器，如果这些部件遭受严重撞击，则应换新。

- 当移动管柱或者转向机总成时，不要提拉线束。

③ 电动转向系统故障诊断

电动助力转向系统常见故障及排除方法见表 5-2-11。

➢ **提示：** 务必首先排除非电动助力转向系统的原因，如四轮定位、悬架、轮胎等。

表 5-2-11 电动助力转向系统常见的故障现象、故障原因及排除方法表

故障现象	可能的原因	排除方法
转向沉重	插接器未插好	插好插接器
	线束接触不良或破损	更换线束
	转向盘安装不正确（扭曲）	正确安装转向盘
	转矩传感器性能不良	更换转向器
	转向器故障	更换转向器
	电机转速传感器故障	更换电机转速传感器
	车速传感器性能不良	更换车速传感器
	主熔断器和线路熔断器烧坏	更换熔断器
	EPS 控制器故障	更换 EPS 控制器
在直行时车总是偏向一侧	转矩传感器性能不良	更换转向器
转向力不平顺	转矩传感器性能不良	更换转向器

二 基本技能

1.DC/DC 变换器线路检测

DC/DC 与蓄电池之间线路的检测

下面以吉利帝豪 EV300/EV450 纯电动汽车为例，介绍 DC/DC 变换器线路检测步骤，其他车型参照相关的维修手册或技术资料。

（1）电机控制器线束接口识别

图 5-2-64 所示为帝豪纯电动汽车电机控制器各线束接口示意图，图中“4”为低压充电（DC/DC）接口，即电机控制器 EP12 DC 输出 + 线束插接器（图 5-2-65）。

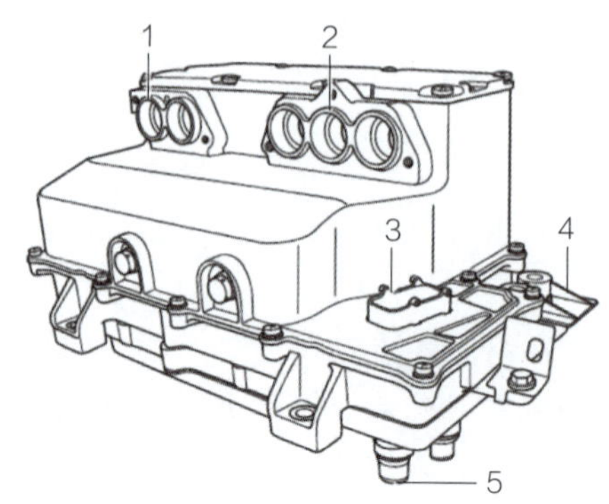

1—动力电池高压线束接口 2—驱动电机三相线束接口 3—低压信号接口
4—低压充电（DC/DC）接口 5—冷却管口

图 5-2-64 吉利帝豪纯电动汽车电机控制器线束接口示意图

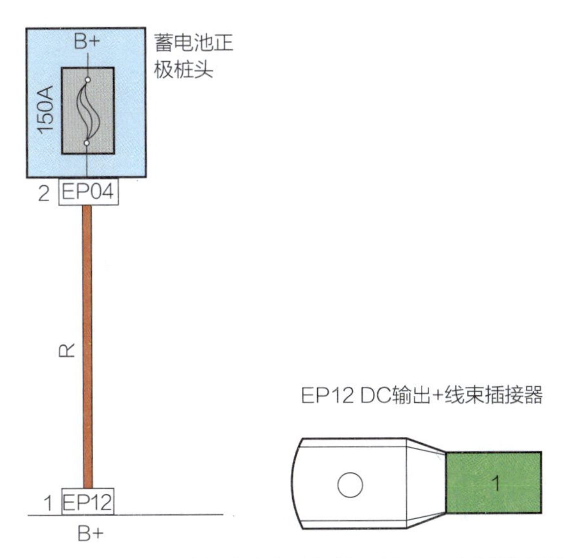

图 5-2-65　吉利帝豪纯电动汽车电机控制器 DC 输出端子及线路图

（2）DC/DC 变换器线路检测步骤

1）关闭电源开关。

2）断开蓄电池负极电缆。

3）断开电机控制器线束插接器 EP12。

4）断开蓄电池正极电缆。

5）用万用表测量电机控制器线束插接器 EP12 端子 1 和蓄电池正极电缆之间的电阻。

标准电阻值：小于 1Ω

6）确认测量值是否符合标准，否则更换或修理线束。

2. 暖风与空调系统部件更换

以下以吉利帝豪 EV300/EV450 纯电动汽车为例，介绍 PTC 加热器冷却液泵总成更换程序，其他车型参照相关的维修手册或技术资料。

图 5-2-66 所示为吉利帝豪 PTC 加热器冷却液泵实物图，图 5-2-67 为组成部件位置示意图。

图 5-2-66　吉利帝豪纯电动汽车 PTC 冷却液泵实物图

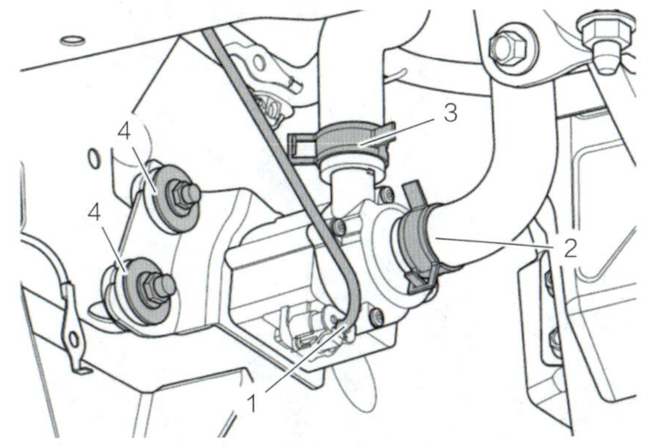

1—冷却液泵线束插接器　2—冷却液泵暖风出水管
3—冷却液泵出水管　4—固定螺母

图 5-2-67　吉利帝豪纯电动汽车 PTC 冷却液泵组成部件示意图

（1）拆卸程序

1）打开前机舱盖。

2）断开蓄电池负极电缆。

3）断开 PTC 冷却液泵线束插接器 1。

4）拆卸 PTC 冷却液泵暖风出水管环箍，脱开 PTC 冷却液泵暖风出水管 2。

5）拆卸 PTC 冷却液泵出水管环箍，脱开 PTC 冷却液泵出水管 3。

➢ **注意：**水管脱开前请在车辆底部放置容器，接住冷却液，以免污染地面。

6）拆卸 PTC 冷却液泵支架 2 个固定螺母 4，取下 PTC 冷却液泵总成。

（2）安装程序

1）放置 PTC 冷却液泵，安装并紧固冷却液泵支架上的 2 个固定螺母 4。

紧固力矩：23 N·m

2）连接 PTC 冷却液泵暖风出水管 2，安装 PTC 冷却液泵暖风出水管环箍。

➢ **注意：**环箍安装位置对齐标示线。

3）连接 PTC 冷却液泵出水管 3，安装 PTC 冷却液泵出水管环箍。

➢ **注意：**根据水管上的箭头方向区分进水管、出水管，防止装反。

4）连接 PTC 冷却液泵线束插接器 1。

➢ **注意：**插接时注意“一插、二响、三确认”。

5）加注冷却液。

6）连接蓄电池负极电缆。

7）关闭前机舱盖。

3. 电动制动系统真空控制部件更换

电动真空泵拆装

下面以吉利帝豪 EV300/EV450 纯电动汽车为例，介绍制动系统电动真空泵总成更换程序，其他车型参照相关的维修手册或技术资料。

图 5-2-68 所示为吉利帝豪电动真空泵实物图，图 5-2-69 所示为组成部件位置图。

图 5-2-68 吉利帝豪纯电动汽车电动真空泵实物图

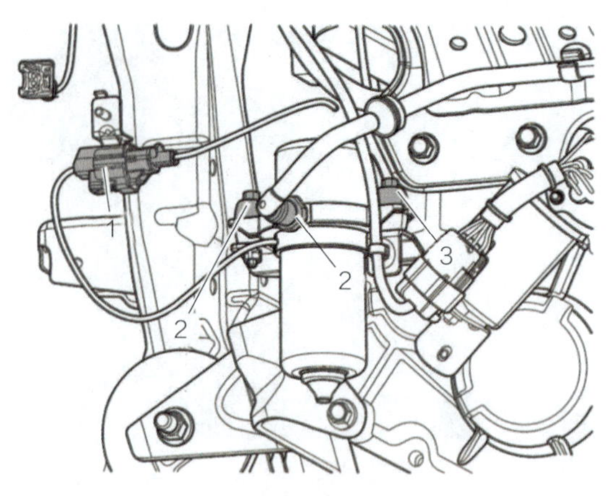

图 5-2-69 吉利帝豪纯电动汽车电动真空泵组成部件位置图

（1）拆卸程序

1）断开蓄电池负极电缆。

2）拆卸左侧下护板。

3）断开电动真空泵线束插接器 1。

4）断开真空管 2。

5）拆卸电动真空泵 2 个固定螺栓 3。

6）取下电动真空泵总成。

（2）安装程序

1）放置电动真空泵。

2）安装并紧固电动真空泵 2 个固定螺栓 3。

紧固力矩：9 N · m

3）连接真空管 2。

4）连接电动真空泵线束插接器 1。

5）安装左侧下护板。

6）连接蓄电池负极电缆。

参 考 文 献

［1］ 吴晓斌，刘海峰. 新能源汽车概论［M］. 北京：人民交通出版社，2017.

［2］ 曾鑫，刘涛. 新能源汽车动力电池与驱动电机［M］. 北京：人民交通出版社，2017.

［3］ 唐勇，王亮. 新能源汽车电气技术［M］. 北京：人民交通出版社，2017.

［4］ 吴荣辉，李颖. 新能源汽车认知与应用［M］. 2 版. 北京：机械工业出版社，2021.

［5］ 吴荣辉. 彩色图解新能源汽车结构原理与检修［M］. 北京：机械工业出版社，2021.

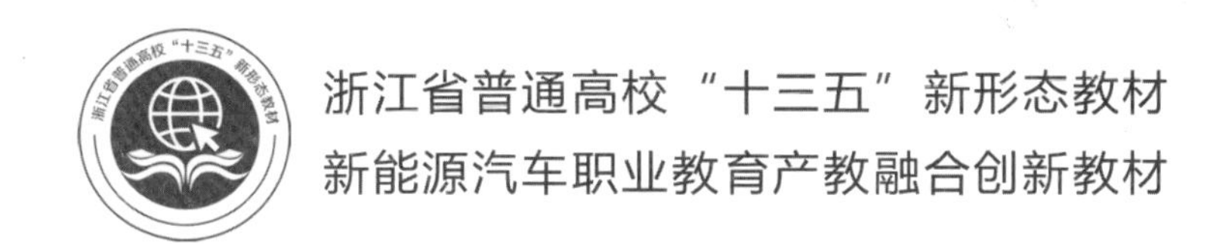

浙江省普通高校“十三五”新形态教材

新能源汽车职业教育产教融合创新教材

纯电动/混合动力汽车结构原理与检修

实训工单

◎ 金希计 吴荣辉 主编

班级：______________________

姓名：______________________

机械工业出版社
CHINA MACHINE PRESS

项目一　纯电动 / 混合动力汽车概述

实训工单 1　纯电动汽车类型、运行模式与结构特征识别

学生姓名		班　　级		学　　号	
实训场地		工作时间		日　　期	

技能操作

一、工作任务

本工作任务共有 2 项：

项目 1：纯电动汽车类型与结构识别。

项目 2：纯电动汽车维修开关拆卸与安装。

请根据任务要求，确定所需要的场地和物品，并对小组成员进行合理分工，制订详细的工作计划。

二、准备工作

阅读安全须知，检查及记录完成任务需要的场地、设备、工具及材料。

1. 安全要求及注意事项

请认真阅读以下内容：

（1）实训车辆按要求停在指定工位上，未经老师批准不准起动；经老师批准起动后，应先检查车轮的安全顶块是否放好，驻车制动是否启用，变速杆是否放在 P 位（A/T），车前有没有人在操作。

（2）禁止触碰任何带安全警示标示的部件。

（3）实训期间禁止嬉戏打闹。

异常记录：________________________________

2. 场地检查

检查工作场地是否清洁及存在安全隐患，如不正常，请汇报老师并及时处理。

异常记录：________________________________

____

3. 车辆、台架、总成、部件、充电桩检查（需要 / 正常打√；不需要 / 不正常打 ×，并记录）

□纯电动整车 □混合动力整车 □台架 □总成 □部件 □充电桩

其他：________________

异常记录：________________

____

4. 设备及工具检查（需要 / 正常打√；不需要 / 不正常打 ×，并记录）

个人防护装备：□常规实训工装 □绝缘手套 □绝缘安全帽 □绝缘鞋 □护目镜

其他：________________

车辆防护装备：□翼子板布 □前格栅布 □地板垫 □座椅套 □转向盘套

其他：________________

设备及拆装工具：□举升机 □动力电池举升机 □普通拆装工具 □绝缘拆装工具

□故障诊断仪 □示波器 □数字式万用表 □绝缘测试仪

□钳形电流表 □红外测温仪

其他：________________

异常记录：________________

____

5. 其他材料检查（需要 / 正常打√；不需要 / 不正常打 ×，并记录）

材料：□抹布 □绝缘胶布 □发动机机油 □齿轮油 □冷却液

其他：________________

异常记录：________________

____

三、操作流程

根据工作任务，小组进行讨论，确定工作计划（流程 / 工序），并记录。

警告：在没有断开高压线路之前，请勿用手直接触碰前机舱内的高压部件，如果不可避免请借助高压绝缘棒，或者以绝缘物质代替。

项目 1：纯电动汽车类型与结构识别

参考车型：吉利帝豪 EV300/EV450

实训车型：________________

（1）外观标识

车身纯电动汽车的标识：________________

（2）铭牌参数

铭牌的高压相关参数：________________

（3）高压电缆

高压电缆的特点 / 功能：________________

（4）充电口

充电口的位置 / 功能：________________

（5）动力电池

动力电池的位置 / 功能：________________

（6）变速驱动单元及驱动电机

变速驱动单元及驱动电机的位置 / 功能：______

（7）逆变器 / 驱动电机控制器

逆变器 / 驱动电机控制器的位置 / 功能：______

（8）车载充电机

车载充电机的位置 / 功能：______

（9）DC/DC 变换器

DC/DC 变换器的位置 / 功能：______

（10）高压配电箱

高压配电箱的位置 / 功能：______

（11）整车控制器

整车控制器的位置 / 功能：______

（12）漏电传感器

漏电传感器的位置 / 功能：______

（13）维修开关（根据车型）

维修开关的位置 / 功能：______

（14）空调和暖风系统

电动压缩机的位置 / 功能：______

PTC 暖风加热器的位置 / 功能：______

（15）制动系统

制动系统的特点：______

（16）转向系统

转向系统的特点：______

（17）组合仪表

进入驾驶室，打开点火开关：

根据实际车型，观察变速杆外观和组合仪表的显示，并记录与传统燃油汽车不同的内容。

变速杆的特点：______

组合仪表的特点：______

______

你找到了几个纯电动汽车组合仪表与传统汽车不同的地方，包括指示灯及其他信息显示：______

______

项目 2：纯电动汽车维修开关拆卸与安装

参考车型：吉利帝豪 EV300/EV450

实训车型：______

（1）拆卸程序

操作记录：______

______

______

注意： 防止异物落入维修开关插座，以免造成维修开关短路。

提示： 拆卸后请采用万用表再次确认需拆卸的高压部件没有高压电。

（2）安装程序

操作记录：____

____

____

任务评价

一、自我评估

1. 判断题

（1）动力电池除了提供高压直流电使驱动电机工作外，不再对外供电。（　　）

（2）所有的混合动力汽车都属于新能源汽车。（　　）

（3）动力电池是纯电动汽车唯一的动力源，也是混合动力汽车辅助的动力源。（　　）

（4）纯电动汽车驱动时，动力电池的能量通过 BDU 直接输送给驱动电机实现车辆驱动。（　　）

（5）漏电传感器主要用于监测动力电池与车身的漏电电流。（　　）

2. 单项选择题

（1）汽车根据动力系统获取能源方式，可以分为以下哪个类型（　　）。

A. 燃油汽车　　B. 替代燃料汽车

C. 电动汽车　　D. 以上三个都是

（2）以下纯电动汽车的动力布置形式正确的是？（　　）

A. 替代内燃机布置　　B. 电机齿轮机构集成布置

C. 轮毂电机布置　　D. 以上都是

（3）纯电动汽车在运行时，动力电池的电能去向错误的是？（　　）

A. 动力电池→ BDU →逆变器

B. 动力电池→车载充电机→ BDU

C. 动力电池→ BDU → DC/DC 变换器

D. 动力电池→ BDU → PTC 暖风加热器

（4）纯电动汽车运行的主控模块是？（　　）

A. 驱动电机控制器 MCU　　B. 动力电池管理系统 BMS

C. 整车控制器 VCU　　D. DC/DC 变换器

（5）纯电动汽车制动系统与传统汽车制动系统最主要的区别是？（　　）

A. 液压制动系统　　B. 电动真空助力系统

C. 制动蹄片　　D. 轮速传感器

二、自我评价

（1）通过本任务的学习，对照本任务的学习目标，你认为你是否已经掌握学习目标？

知识目标：（　　）

A. 掌握　　B. 部分掌握　　C. 未掌握

说明：________________

技能目标：（　　）

A. 掌握　　B. 部分掌握　　C. 未掌握

说明：________________

（2）你是否积极学习，不会的内容积极向别人请教，会的内容积极帮助他人学习？（　　）

A. 积极学习　　B. 积极请教

C. 积极帮助他人　　D. 三者均不积极

（3）工具、设备和零件有没有落地现象发生，有无保持作业现场的清洁？（　　）

A. 无掉地且场地清洁　　B. 有颗粒掉地

C. 保持作业环境清洁　　D. 未保持作业现场的清洁

（4）实施过程中是否注意操作质量和有责任心？（　　）

A. 注意质量，有责任心　　B. 不注意质量，有责任心

C. 注意质量，无责任心　　D. 全无

（5）在操作过程中是否注意清除隐患，在有安全隐患时是否提示其他同学？（　　）

A. 注意，提示　　B. 不注意，未提示

学生签名：________

____年____月____日

三、教师评价及反馈

参照以上填写的数据及内容，学生本次任务成绩（请在 □ 上打 ✓）：

□ 不合格　　□ 合格　　□ 良好　　□ 优秀

说明：________________

____

教师签名：________

____年____月____日

实训工单 2 混合动力汽车类型、运行模式与结构特征识别

学生姓名		班　　级		学　　号	
实训场地		工作时间		日　　期	

技能操作

一、工作任务

本工作任务共有 3 项：

项目 1：混合动力汽车类型识别。
项目 2：混合动力汽车结构识别。
项目 3：混合动力汽车高压安全断电操作程序。

请根据任务要求，确定所需要的场地和物品，并对小组成员进行合理分工，制订详细的工作计划。

二、准备工作

阅读安全须知，检查及记录完成任务需要的场地、设备、工具及材料。

1. 安全要求及注意事项

请认真阅读以下内容：

（1）实训车辆按要求停在指定工位上，未经老师批准不准起动；经老师批准起动后，应先检查车轮的安全顶块是否放好，驻车制动是否启用，变速杆是否放在 P 位（A/T），车前有没有人在操作。
（2）禁止触碰任何带安全警示标示的部件。
（3）实训期间禁止嬉戏打闹。

异常记录：______________________________

2. 场地检查

检查工作场地是否清洁及存在安全隐患，如不正常，请汇报老师并及时处理。

异常记录：______________________________

3. 车辆、台架、总成、部件、充电桩检查（需要 / 正常打√；不需要 / 不正常打 ×，并记录）

□纯电动整车 □混合动力整车 □台架 □总成 □部件 □充电桩

其他：______________________________

异常记录：______________________________

4. 设备及工具检查（需要 / 正常打√；不需要 / 不正常打 ×，并记录）

个人防护装备：□常规实训工装 □绝缘手套 □绝缘安全帽 □绝缘鞋 □护目镜

其他：______________________________

车辆防护装备：□翼子板布　□前格栅布　□地板垫　□座椅套　□转向盘套
其他：____
设备及拆装工具：□举升机　□动力电池举升机　□普通拆装工具　□绝缘拆装工具
□故障诊断仪　□示波器　□数字式万用表　□绝缘测试仪
□钳形电流表　□红外测温仪
其他：____
异常记录：____
____

5. 其他材料检查（需要 / 正常打√；不需要 / 不正常打 ×，并记录）
材料：□抹布　□绝缘胶布　□发动机机油　□齿轮油　□冷却液
其他：____
异常记录：____
____

三、操作流程

根据工作任务，小组进行讨论，确定工作计划（流程 / 工序），并记录。

警告：在没有断开高压线路之前，请勿用手直接触碰前机舱内的高压部件，如果不可避免请借助高压绝缘棒，或者以绝缘物质代替。

项目 1：混合动力汽车类型识别
参考车型：丰田普锐斯 / 丰田卡罗拉双擎 / 比亚迪秦
实训车型：____
根据不同分类方式，确定实训的车辆属于哪种类型的混合动力汽车。
1）驱动连接方式：□串联式　□并联式　□混联式
2）混合程度：□轻度　□中度　□重度
3）充电方式：□插电式　□非插电式
4）燃料种类：□汽油　□柴油

项目 2：混合动力汽车结构识别
参考车型：丰田普锐斯 / 丰田卡罗拉双擎 / 比亚迪秦
实训车型：____
（1）外观标识
混合动力汽车的标识：______________________________
（2）充电口（根据车型）
是否装备充电口：□有　□没有
充电口的位置 / 功能：______________________________
（3）动力电池
动力电池的位置 / 功能：______________________________
（4）变速驱动单元及驱动电机
变速驱动单元及驱动电机的位置 / 功能：____________________
（5）逆变器 / 驱动电机控制器

逆变器/驱动电机控制器的位置/功能：________________

（6）空调和暖风系统

是否有采用电动压缩机：□有 □没有

暖风实现方式：□传统 □ PTC 加热

（7）制动系统

制动系统的特点：________________

（8）转向系统

转向系统的特点：________________

（9）组合仪表

组合仪表的特点：________________

你找到了几个混合动力汽车组合仪表与传统汽车不同的地方，包括指示灯及其他信息显示：________________

项目 3：混合动力汽车高压安全断电操作程序

参考车型：丰田卡罗拉双擎

实训车型：________________

以下以丰田卡罗拉双擎车型为例，介绍标准高压安全断电操作程序：

（1）准备工作

操作记录：________________

____

（2）手动维修开关拆卸

操作记录：________________

____

（3）验电操作

操作记录：________________

____

任务评价

一、自我评估

1. 判断题

（1）混合动力汽车通常是指油、电类型的混合动力汽车，即内燃机与动力电池、驱动电机的驱动混合。（ ）

（2）根据混合动力汽车的充电方式，可以分为非插电式混合动力和插电式混合动力两种类型。（ ）

（3）混合动力汽车还具有内燃机，因此混合动力汽车可以采用液压助力转向系统。（ ）

（4）混合动力汽车都可以实现纯电动驱动模式。（ ）

（5）变速驱动单元的设计是混合动力汽车的核心。（ ）

2. 单项选择题

（1）以下哪个是混合动力汽车驱动连接方式。（ ）

A. 串联式 B. 并联式 C. 混联式 D. 以上三种都是

（2）以下哪个车型是混合动力车型？（ ）

A. 丰田卡罗拉双擎 B. 特斯拉汽车 C. 帝豪 EV300 D. 比亚迪 e5

（3）以下哪个标识表示插电式混合动力车型？（ ）

A. HEV B. EV C. PHEV D. TSI

（4）以下混合动力模式中，内燃机不参与工作的是？（ ）

A. 燃油模式 B. 全速驱动模式 C. 怠速充电模式 D. 纯电力模式

（5）以下属于混合动力汽车相比燃油汽车增加的部件，全部正确的是？（ ）

A. 动力电池、驱动电机、电子制动系统

B. 动力电池、驱动电机、DC/DC 变换器

C. 动力电池、驱动电机、电子转向系统

D. 动力电池、驱动电机、小排量的内燃机

二、自我评价

（1）通过本任务的学习，对照本任务的学习目标，你认为你是否已经掌握学习目标？

知识目标：（ ）

A. 掌握 B. 部分掌握 C. 未掌握

说明：______________________________

技能目标：（ ）

A. 掌握 B. 部分掌握 C. 未掌握

说明：______________________________

（2）你是否积极学习，不会的内容积极向别人请教，会的内容积极帮助他人学习？（ ）

A. 积极学习 B. 积极请教 C. 积极帮助他人 D. 三者均不积极

（3）工具、设备和零件有没有落地现象发生，有无保持作业现场的清洁？（ ）

A. 无掉地且场地清洁 B. 有颗粒掉地

C. 保持作业环境清洁 D. 未保持作业现场的清洁

（4）实施过程中是否注意操作质量和有责任心？（ ）

A. 注意质量，有责任心 B. 不注意质量，有责任心

C. 注意质量，无责任心 D. 全无

（5）在操作过程中是否注意清除隐患，在有安全隐患时是否提示其他同学？（ ）

A. 注意，提示 B. 不注意，未提示

学生签名：________

____年____月____日

三、教师评价及反馈

参照以上填写的数据及内容，学生本次任务成绩（请在 □ 上打 ✓）：

□ 不合格 □ 合格 □ 良好 □ 优秀

说明：______________________________

教师签名：________

____年____月____日

项目二　纯电动 / 混合动力汽车使用及充电

实训工单 1　纯电动 / 混合动力汽车起动及操控

学生姓名		班　　级		学　　号	
实训场地		工作时间		日　　期	

技能操作

一、工作任务

本工作任务共有 2 项：

项目 1：纯电动汽车起动与操控。

项目 2：混合动力汽车起动与操控。

请根据任务要求，确定所需要的场地和物品，并对小组成员进行合理分工，制订详细的工作计划。

二、准备工作

阅读安全须知，检查及记录完成任务需要的场地、设备、工具及材料。

1. 安全要求及注意事项

请认真阅读以下内容：

（1）实训车辆按要求停在指定工位上，未经老师批准不准起动；经老师批准起动后，应先检查车轮的安全顶块是否放好，驻车制动是否启用，变速杆是否放在 P 位（A/T），车前有没有人在操作。

（2）禁止触碰任何带安全警示标示的部件。

（3）实训期间禁止嬉戏打闹。

异常记录：________________________________

2. 场地检查

检查工作场地是否清洁及存在安全隐患，如不正常，请汇报老师并及时处理。

异常记录：________________________________

3. 车辆、台架、总成、部件、充电桩检查（需要 / 正常打√；不需要 / 不正常打 ×，并记录）

□纯电动整车　□混合动力整车　□台架　□总成　□部件　□充电桩

其他：________________

异常记录：________________

4. 设备及工具检查（需要/正常打√；不需要/不正常打 ×，并记录）

个人防护装备：□常规实训工装 □绝缘手套 □绝缘安全帽 □绝缘鞋 □护目镜

其他：________________

车辆防护装备：□翼子板布 □前格栅布 □地板垫 □座椅套 □转向盘套

其他：________________

设备及拆装工具：□举升机 □动力电池举升机 □普通拆装工具
□绝缘拆装工具 □故障诊断仪 □示波器 □数字式万用表
□绝缘测试仪 □钳形电流表 □红外测温仪

其他：________________

异常记录：________________

5. 其他材料检查（需要/正常打√；不需要/不正常打 ×，并记录）

材料：□抹布 □绝缘胶布 □发动机机油 □齿轮油 □冷却液

其他：________________

异常记录：________________

三、操作流程

根据工作任务，小组进行讨论，确定工作计划（流程/工序），并记录。

警告：在没有断开高压线路之前，请勿用手直接触碰前机舱内的高压部件，如果不可避免请借助高压绝缘棒，或者以绝缘物质代替。

提示：指导教师事先利用举升机顶起车辆，车轮离地 5~10cm，并确认安全。

项目 1：纯电动汽车起动与操控

参考车型：吉利帝豪 EV300/EV450

实训车型：________________

（1）起动前安全检查

检查结果：________________

（2）档位认识

记录（P、R、N、D 位）：________________

（3）点火钥匙/起动按钮

记录：________________

（4）仪表指示灯

记录（OK/READY/其他信息）：________________

（5）起动车辆

起动车辆并加、减速，观察仪表指示灯及其他信息显示变化。

记录：________________

（6）电器操作

操作空调、暖风、灯光、音响、仪表及显示屏等电器，请参阅用户手册。

记录：________________

项目 2：混合动力汽车起动与操控

参考车型：丰田卡罗拉双擎混合动力汽车

实训车型：________________

（1）起动前安全检查

检查结果：________________

（2）档位认识

记录（P、R、N、D 位）：________________

（3）点火钥匙 / 起动按钮

记录：________________

（4）仪表指示灯

记录（OK/READY/ 其他信息）：________________

（5）起动车辆

起动车辆并加、减速，观察仪表指示灯及其他信息显示变化。

记录：________________

（6）能量图识别

切换各种运行模式，观察能量图信息显示变化。

记录：________________

（7）电器操作

操作空调、暖风、灯光、音响、仪表及显示屏等电器，请参阅用户手册。

记录：________________

任务评价

一、自我评估

1. 判断题

（1）起动纯电动或混合动力汽车前，一定要遵循车辆已挂入 P 位、制动踏板被完全踩下的要求。（　　）

（2）混合动力汽车确认车辆已经处于起动状态下的主要依据是内燃机是否运转。（　　）

（3）纯电动汽车行驶过程中，不要操作一键起动开关，否则可能造成事故。（　　）

（4）纯电动汽车的变速器与传统汽车的变速器一致。（　　）

（5）一般新能源汽车能量回收的强度可以进行设置，以满足驾驶人对车辆减速和制动时特性的不同需求。（　　）

2. 单项选择题

（1）纯电动汽车或混合动力汽车，起动后组合仪表应该点亮的指示灯是（　　）。

A. “START” 或 “RUN”　　B. “OK” 或 “READY”

C. “OK” 或 “YES”　　D. “ON” 或 “RUN”

（2）有些纯电动或混合动力车型在监测到高压系统故障时，变速杆不能换入（　　）。

A. 任何档位　　B. P 位和 N 位

C. D 位和 R 位　　D. 以上都错误

（3）纯电动或混合动力车型在需要推车或拖车时，变速杆档位应处于（　　）。

A. P 位　　B. D 位　　C. N 位　　D. 任意档位

（4）比亚迪秦混合动力汽车 HEV 模式按钮是（　　）。

A. 纯电模式　　B. 混动模式　　C. 内燃机模式　　D. 能量回收模式

（5）丰田混合动力汽车的能量图显示状态包括（　　）。

A. 电源关闭　　B. 电池驱动　　C. 能量回收　　D. 以上全是

二、自我评价

（1）通过本任务的学习，对照本任务的学习目标，你认为你是否已经掌握学习目标？

知识目标：（　　）

A. 掌握　　B. 部分掌握　　C. 未掌握

说明：____________________

技能目标：（　　）

A. 掌握　　B. 部分掌握　　C. 未掌握

说明：____________________

____

（2）你是否积极学习，不会的内容积极向别人请教，会的内容积极帮助他人学习？（　　）

A. 积极学习　　B. 积极请教

C. 积极帮助他人　　D. 三者均不积极

（3）工具、设备和零件有没有落地现象发生，有无保持作业现场的清洁？（　　）

A. 无掉地且场地清洁　　B. 有颗粒掉地

C. 保持作业环境清洁　　D. 未保持作业现场的清洁

（4）实施过程中是否注意操作质量和有责任心？（　　）

A. 注意质量，有责任心　　B. 不注意质量，有责任心

C. 注意质量，无责任心　　D. 全无

（5）在操作过程中是否注意清除隐患，在有安全隐患时是否提示其他同学？（　　）

A. 注意，提示　　B. 不注意，未提示

学生签名：________

____年____月____日

三、教师评价及反馈

参照以上填写的数据及内容，学生本次任务成绩（请在 □ 上打 ✓）：

□ 不合格　　□ 合格　　□ 良好　　□ 优秀

说明：____________________

____

____

____

教师签名：________

____年____月____日

实训工单 2 纯电动 / 混合动力汽车充电操作

学生姓名		班　　级		学　　号	
实训场地		工作时间		日　　期	

技能操作

一、工作任务

本工作任务共有 1 项：

项目：电动汽车充电操作。

请根据任务要求，确定所需要的场地和物品，并对小组成员进行合理分工，制订详细的工作计划。

二、准备工作

阅读安全须知，检查及记录完成任务需要的场地、设备、工具及材料。

1. 安全要求及注意事项

请认真阅读以下内容：

（1）实训车辆按要求停在指定工位上，未经老师批准不准起动；经老师批准起动后，应先检查车轮的安全顶块是否放好，驻车制动是否启用，变速杆是否放在 P 位（A/T），车前有没有人在操作。

（2）禁止触碰任何带安全警示标示的部件。

（3）实训期间禁止嬉戏打闹。

异常记录：________________________________

2. 场地检查

检查工作场地是否清洁及存在安全隐患，如不正常，请汇报老师并及时处理。

异常记录：________________________________

3. 车辆、台架、总成、部件、充电桩检查（需要 / 正常打√；不需要 / 不正常打 ×，并记录）

□纯电动整车 □混合动力整车 □台架 □总成 □部件 □充电桩

其他：________________________________

异常记录：________________________________

4. 设备及工具检查（需要 / 正常打√；不需要 / 不正常打 ×，并记录）

个人防护装备：□常规实训工装 □绝缘手套 □绝缘安全帽 □绝缘鞋 □护目镜

其他：________________________________

车辆防护装备：□翼子板布 □前格栅布 □地板垫 □座椅套 □转向盘套

其他：________________________________

设备及拆装工具：□举升机 □动力电池举升机 □普通拆装工具

□绝缘拆装工具 □故障诊断仪 □示波器 □数字式万用表

□绝缘测试仪 □钳形电流表 □红外测温仪

其他：____

异常记录：____

5. 其他材料检查（需要 / 正常打√；不需要 / 不正常打 ×，并记录）

材料：□抹布　□绝缘胶布　□发动机机油　□齿轮油　□冷却液

其他：____

异常记录：____

三、操作流程

根据工作任务，小组进行讨论，确定工作计划（流程 / 工序），并记录。

警告：在没有断开高压线路之前，请勿用手直接触碰前机舱内的高压部件，如果不可避免请借助高压绝缘棒，或者以绝缘物质代替。

警告：务必先认真阅读“充电时的注意事项”内容。

提示：插电式混合动力汽车充电步骤参照纯电动汽车，或相关的用户手册等技术资料。

项目：电动汽车充电操作

参考车型：吉利帝豪 EV300/EV450

实训车型：____

（1）充电电源、充电桩选择及检查

针对慢充、快充模式，检查充电电源、充电桩是否正确及是否存在安全隐患。

检查结果：____

（2）充电口选择

针对慢充、快充模式，选择正确的充电口。

记录：____

（3）充电模式设置

根据车型需要进行充电模式设置，必要时参阅《用户手册》及相关资料。

记录：____

（4）为车辆充电

连接充电枪，为车辆进行充电，并监控充电桩、车辆仪表的充电电流等信息。

记录（充电电流 / 其他信息）：____________________________

任务评价

一、自我评估

1. 判断题

（1）电动汽车的关键技术问题是如何能实现高效率的快速充电。（　　）

（2）按充电方式分类，充电系统分为接触式和感应式两种类型。（　　）

（3）交流充电桩具备车载充电机的功能。（　　）

（4）所有的纯电动汽车都同时具有快充和慢充充电口。（　　）

（5）充电前，需检查充电枪、车辆充电口及导线状态是否良好。（　　）

2. 单项选择题

（1）以下是直流充电桩特点的是（　　）。

A. 充电时间短　　B. 不经过车载充电机充电

C. 输出高压直流电　　D. 以上都正确

（2）慢充充电口的端子数量是（　　）。

A. 5 针　　B. 7 针　　C. 9 针　　D. 10 针

（3）随车配置的家用插座交流充电器电流规格是（　　）。

A. 3A　　B. 8A　　C. 16A　　D. 32A

（4）电动汽车可以通过车辆电子显示屏设置充电模式，充电模式包括（　　）。

A. 即插即充　　B. 预约充电　　C. A 和 B 都是　　D. A 和 B 都不是

（5）电动汽车的充电口一般的位置是（　　）。

A. 传统车型油箱盖的位置　　B. 前车标位置

C. 后车标的位置　　D. 以上都可能

二、自我评价

（1）通过本任务的学习，对照本任务的学习目标，你认为你是否已经掌握学习目标？

知识目标：（　　）

A. 掌握　　B. 部分掌握　　C. 未掌握

说明：________________________________

技能目标：（　　）

A. 掌握　　B. 部分掌握　　C. 未掌握

说明：________________________________

（2）你是否积极学习，不会的内容积极向别人请教，会的内容积极帮助他人学习？（　　）

A. 积极学习　　B. 积极请教　　C. 积极帮助他人　　D. 三者均不积极

（3）工具、设备和零件有没有落地现象发生，有无保持作业现场的清洁？（　　）

A. 无掉地且场地清洁　　B. 有颗粒掉地

C. 保持作业环境清洁　　D. 未保持作业现场的清洁

（4）实施过程中是否注意操作质量和有责任心？（　　）

A. 注意质量，有责任心　　B. 不注意质量，有责任心

C. 注意质量，无责任心　　D. 全无

（5）在操作过程中是否注意清除隐患，在有安全隐患时是否提示其他同学？（　　）

A. 注意，提示　　B. 不注意，未提示

学生签名：________

____年____月____日

三、教师评价及反馈

参照以上填写的数据及内容，学生本次任务成绩（请在 □ 上打 ✓）：

□ 不合格　　□ 合格　　□ 良好　　□ 优秀

说明：________________________________

____

教师签名：________

____年____月____日

项目三　纯电动 / 混合动力汽车动力电池及管理系统检修

实训工单 1　动力电池结构原理与检修

学生姓名		班　级		学　号	
实训场地		工作时间		日　期	

技能操作

一、工作任务

本工作任务共有 2 项：

项目 1：动力电池总成更换。
项目 2：动力电池分解、检测和组装。

请根据任务要求，确定所需要的场地和物品，并对小组成员进行合理分工，制订详细的工作计划。

二、准备工作

阅读安全须知，检查及记录完成任务需要的场地、设备、工具及材料。

1. 安全要求及注意事项

请认真阅读以下内容：

（1）实训车辆按要求停在指定工位上，未经老师批准不准起动；经老师批准起动后，应先检查车轮的安全顶块是否放好，驻车制动是否启用，变速杆是否放在 P 位（A/T），车前有没有人在操作。

（2）禁止触碰任何带安全警示标示的部件。

（3）实训期间禁止嬉戏打闹。

异常记录：______________________________

2. 场地检查

检查工作场地是否清洁及存在安全隐患，如不正常，请汇报老师并及时处理。

异常记录：______________________________

3. 车辆、台架、总成、部件、充电桩检查（需要 / 正常打√；不需要 / 不正常打 ×，并记录）

□纯电动整车　□混合动力整车　□台架　□总成　□部件　□充电桩

其他：______________________________

异常记录：______________________________

4. 设备及工具检查（需要 / 正常打√；不需要 / 不正常打 ×，并记录）

个人防护装备：□常规实训工装 □绝缘手套 □绝缘安全帽 □绝缘鞋 □护目镜

其他：________________

车辆防护装备：□翼子板布 □前格栅布 □地板垫 □座椅套 □转向盘套

其他：________________

设备及拆装工具：□举升机 □动力电池举升机 □普通拆装工具 □绝缘拆装工具
□故障诊断仪 □示波器 □数字式万用表 □绝缘测试仪
□钳形电流表 □红外测温仪

其他：________________

异常记录：________________

5. 其他材料检查（需要 / 正常打√；不需要 / 不正常打 ×，并记录）

材料：□抹布 □绝缘胶布 □发动机机油 □齿轮油 □冷却液

其他：________________

异常记录：________________

三、操作流程

根据工作任务，小组进行讨论，确定工作计划（流程 / 工序），并记录。

警告：在没有断开高压线路之前，请勿用手直接触碰前机舱内的高压部件，如果不可避免请借助高压绝缘棒，或者以绝缘物质代替。

警告：检查个人安全防护设备，确保绝缘手套等防护设备在有效检验期内并可用！

项目 1：动力电池总成更换

参考车型：吉利帝豪 EV300/EV450

实训车型：

以下介绍吉利帝豪 EV/300/EV450 的动力电池总成更换程序，其他车型和部件请参照维修手册及相关资料。

（1）拆卸程序

操作记录：________________

（2）安装程序

操作记录：________________

项目 2：动力电池分解、检测和组装

参考车型：丰田混合动力汽车 HV 电池总成

实训车型：

（1）分解动力电池总成

操作记录：________________

（2）组装动力电池模块

操作记录：________________

（3）检测电池模块

检查记录：________________

1）动力电池总电压检测

测量动力电池正、负极端子电压（直流）：____V，是否正常：____。

2）电池单组模块电压检测

测量动力电池单组模块的电压，并记录和分析。

序号	电压 / V	是否正常	序号	电压 / V	是否正常
1			18		
2			19		
3			20		
4			21		
5			22		
6			23		
7			24		
8			25		
9			26		
10			27		
11			28		
12			29		
13			30		
14			31		
15			32		
16			33		
17			34		
备注：					

（4）安装动力电池连接片及维修开关总成

操作记录：____

（5）检查动力电池总成

检查记录：____

任务评价

一、自我评估

1. 判断题

（1）动力电池是纯电动汽车的核心部件，也是成本最高的部件。（　　）

（2）动力电池在电动汽车上安装的位置最合适的是前机舱。（　　）

（3）动力电池应该尽可能完全放电后再充足电。（　　）

（4）目前应用在电动汽车上的动力电池类型主要是镍氢电池、锂电池和燃料电池。（　　）

（5）电动汽车的动力电池都是由很多的单个电池单元进行并联、串联组成的，这样用于提高整个电池的容量和输出电压。（　　）

2. 单项选择题

（1）以下不属于新能源汽车动力电池的是（　　）。

A. 铅酸蓄电池　B. 锂电池　C. 燃料电池　D. 镍氢电池

（2）以下不是镍氢电池优点的是（　　）。

A. 应急补充充电性能好　B. 低温性能较好

C. 循环寿命长　D. 具有“记忆效应”

（3）锂电池的优点有（ ）。

A. 循环寿命长　B. 自放电率低

C. 单体电池工作电压高　D. 以上三个都是

（4）某类型纯电动汽车的动力电池能量为 30kW·h，那么能行驶的里程大约是（ ）。

A. 100~200km　B. 200~300km　C. 300~400km　D. 400~500km

（5）某类型纯电动汽车的动力电池由 3 个 60V 和 4 个 30V 模块串联而成，那么额定电压大约是（ ）。

A. 30V　B. 60V　C. 300V　D. 400V

二、自我评价

（1）通过本任务的学习，对照本任务的学习目标，你认为你是否已经掌握学习目标？

知识目标：（ ）

A. 掌握　B. 部分掌握　C. 未掌握

说明：____

____

技能目标：（ ）

A. 掌握　B. 部分掌握　C. 未掌握

说明：____

____

（2）你是否积极学习，不会的内容积极向别人请教，会的内容积极帮助他人学习？（ ）

A. 积极学习　B. 积极请教　C. 积极帮助他人　D. 三者均不积极

（3）工具、设备和零件有没有落地现象发生，有无保持作业现场的清洁？（ ）

A. 无掉地且场地清洁　B. 有颗粒掉地

C. 保持作业环境清洁　D. 未保持作业现场的清洁

（4）实施过程中是否注意操作质量和有责任心？（ ）

A. 注意质量，有责任心　B. 不注意质量，有责任心

C. 注意质量，无责任心　D. 全无

（5）在操作过程中是否注意清除隐患，在有安全隐患时是否提示其他同学？（ ）

A. 注意，提示　B. 不注意，未提示

学生签名：________

____年____月____日

三、教师评价及反馈

参照以上填写的数据及内容，学生本次任务成绩（请在 □ 上打 ✓）：

□ 不合格　□ 合格　□ 良好　□ 优秀

说明：____

____

教师签名：________

____年____月____日

实训工单 2　动力电池管理系统结构原理与检修

学生姓名		班　级		学　号	
实训场地		工作时间		日　期	

技能操作

一、工作任务

本工作任务共有 3 项：

项目 1：动力电池管理系统结构组成认识。
项目 2：动力电池水冷型热管理系统结构组成认识。
项目 3：动力电池风冷型热管理系统部件认识。

请根据任务要求，确定所需要的场地和物品，并对小组成员进行合理分工，制订详细的工作计划。

二、准备工作

阅读安全须知，检查及记录完成任务需要的场地、设备、工具及材料。

1. 安全要求及注意事项

请认真阅读以下内容：

（1）实训车辆按要求停在指定工位上，未经老师批准不准起动；经老师批准起动后，应先检查车轮的安全顶块是否放好，驻车制动是否启用，变速杆是否放在 P 位（A/T），车前有没有人在操作。

（2）禁止触碰任何带安全警示标示的部件。

（3）实训期间禁止嬉戏打闹。

异常记录：____

2. 场地检查

检查工作场地是否清洁及存在安全隐患，如不正常，请汇报老师并及时处理。

异常记录：____

3. 车辆、台架、总成、部件、充电桩检查（需要 / 正常打√；不需要 / 不正常打 ×，并记录）

□纯电动整车　□混合动力整车　□台架　□总成　□部件　□充电桩

其他：____

异常记录：____

4. 设备及工具检查（需要 / 正常打√；不需要 / 不正常打 ×，并记录）

个人防护装备：□常规实训工装　□绝缘手套　□绝缘安全帽　□绝缘鞋　□护目镜

其他：____

车辆防护装备：□翼子板布　□前格栅布　□地板垫　□座椅套　□转向盘套

其他：____

设备及拆装工具：□举升机 □动力电池举升机 □普通拆装工具
□绝缘拆装工具 □故障诊断仪 □示波器 □数字式万用表
□绝缘测试仪 □钳形电流表 □红外测温仪
其他：________
异常记录：________

5. 其他材料检查（需要/正常打√；不需要/不正常打 ×，并记录）

材料：□抹布 □绝缘胶布 □发动机机油 □齿轮油 □冷却液
其他：________
异常记录：________

三、操作流程

根据工作任务，小组进行讨论，确定工作计划（流程/工序），并记录。

警告：在没有断开高压线路之前，请勿用手直接触碰前机舱内的高压部件，如果不可避免请借助高压绝缘棒，或者以绝缘物质代替。

警告：检查个人安全防护设备，确保绝缘手套等防护设备在有效检验期内并可用！

提示：指导教师可以提前设置故障。

项目 1：动力电池管理系统结构组成认识

参考车型：吉利帝豪 EV300/EV450；锂电池智能交互实训台

实训车型：________

提示：以下以“锂电池智能交互实训台”为例，介绍动力电池管理系统 BMS 结构认识、工作原理及检测方法，如使用其他设备请参照设备说明书。

（1）动力电池管理系统 BMS 安装位置识别

查找并识别实车上动力电池管理系统 BMS 的外观特征及安装位置。

操作记录：________

（2）认识锂电池智能交互实训台架组成

在表格处填写“锂电池智能交互实训台”组成部件名称及端口作用。

锂电池智能交互实训台	编号	实物名称	简述其作用
	1	电机	
	2	BMS	
	3	电池组	
	4	维修开关	
	5	负极接触器	
	6	充电接触器	
	7	主接触器	
	8	电池组正极	
	9	充电机	
	10	电机控制器	
	11	电池组负极	
	12	电压采集线	
	13	温度采集线	

（3）锂电池电压检测

1）锂电池智能交互实训台通电工作。

2）使用电池数据监测 APP 软件读取电池电压，并记录数值。

3）使用汽车万用表测量电池电压，并记录数值。

电池序号 1，软件显示值为______V，用万用表测量值为______V；

电池序号 2，软件显示值为______V，用万用表测量值为______V；

电池序号 3，软件显示值为______V，用万用表测量值为______V；

电池序号 4，软件显示值为______V，用万用表测量值为______V；

电池序号 5，软件显示值为______V，用万用表测量值为______V；

电池序号 6，软件显示值为______V，用万用表测量值为______V；

电池序号 7，软件显示值为______V，用万用表测量值为______V；

电池序号 8，软件显示值为______V，用万用表测量值为______V；

电池序号 9，软件显示值为______V，用万用表测量值为______V；

电池序号 10，软件显示值为______V，用万用表测量值为______V；

电池 1–10 合计，软件显示值为______V，用万用表测量值为______V。

动力电池模组由____块磷酸铁锂电池串联组成，动力电池模组有____根单体电压数据采集线，分别采集____块电池的实时电压数值；____个单体电压温度采集传感器，分别采集____块电池的实时温度。单格磷酸铁锂电池的标称电压是____V、高位终止充电电压是____V、低位终止放电电压是____V，根据测试结果，锂电池电压值____（是 / 否）正常。

（4）锂电池内阻检测

1）锂电池智能交互实训台断电。

2）使用内阻测试仪测量电池内阻，并记录数值。

电池序号 1，内阻测试仪测试内阻值为______mΩ，电压为______V；

电池序号 2，内阻测试仪测试内阻值为______mΩ，电压为______V；

电池序号 3，内阻测试仪测试内阻值为______mΩ，电压为______V；

电池序号 4，内阻测试仪测试内阻值为______mΩ，电压为______V；

电池序号 5，内阻测试仪测试内阻值为______mΩ，电压为______V；

电池序号 6，内阻测试仪测试内阻值为______mΩ，电压为______V；

电池序号 7，内阻测试仪测试内阻值为______mΩ，电压为______V；

电池序号 8，内阻测试仪测试内阻值为______mΩ，电压为______V；

电池序号 9，内阻测试仪测试内阻值为______mΩ，电压为______V；

电池序号 10，内阻测试仪测试内阻值为______mΩ，电压为______V。

（5）锂电池充、放电电流检测

1）检测动力电池放电电流。

①使锂电池智能交互实训台处于断电状态。

②关闭电流检测区开关，确保切断电源电路。

③检查动力电池放电时，使用万用表的______档位，万用表红表笔接______、黑表笔接______。

④接通锂电池智能交互实训台电源，并打开电池数据监测 APP 软件，改变加速踏板的位置，测量并记录放电电流。

电机转速 500r/min 时，测量电流值为______A；软件显示电流值为______A；
电机转速 1000r/min 时，测量电流值为______A；软件显示电流值为______A；
电机转速 1500r/min 时，测量电流值为______A；软件显示电流值为______A；
电机转速 2000r/min 时，测量电流值为______A；软件显示电流值为______A；
电机转速 3000r/min 时，测量电流值为______A；软件显示电流值为______A。
说明：电机转速越快，放电电流______。当动力电池过度放电后，电池管理控制系统 BMS 发送电压低信号，并点亮仪表上的电量过低指示灯。

2）检测动力电池充电电流。

①使锂电池智能交互实训台处于断电状态。

②关闭电流检测区开关，确保切断电源电路。

③检查动力电池充电时，使用万用表的______档位，万用表红表笔接______、黑表笔接______。

3）接通外接充电器，使实训台通电，并打开电池数据监测 APP 软件，测量并记录充电电流，数值为______。当动力电池组电压数值达到系统设定值后，BMS 控制充电电路断开，充电结束。

（6）温度传感器检测

1）打开电池数据监测 APP 软件，记录温度传感器 T1–T4 的温度值。

温度传感器 T1，APP 显示温度值为______；
温度传感器 T2，APP 显示温度值为______；
温度传感器 T3，APP 显示温度值为______；
温度传感器 T4，APP 显示温度值为______。

2）使用万用表电压档，检测并记录温度传感器电压。

检测端子 TCOM–T5，测量值为______V；
检测端子 TCOM–T6，测量值为______V；
检测端子 TCOM–T7，测量值为______V；
检测端子 TCOM–T8，测量值为______V；
检测端子 TCOM–T9，测量值为______V；
检测端子 TCOM–T10，测量值为______V；
检测端子 TCOM–T11，测量值为______V。

模拟温度传感器故障：将面板上的 T1 模拟温度控制电位器顺时针旋转，在 BMS APP 上查看实时参数，可以发现当温度超过设置值上限时 BMS 系统将停止对外的充、放电，进入______。

项目 2：动力电池水冷型热管理系统结构组成认识

参考车型：帝豪 EV300/EV450

实训车型：____

（1）冷却液储液罐及管路认识

记录（位置及管路走向）：________________________________

（2）控制电磁阀及管路认识

记录（位置及管路走向）：________________________________

（3）冷却液泵及管路认识

记录（位置及管路走向）：________________________________

（4）动力电池组散热器及管路认识

记录（位置及管路走向）：______________________________

项目 3：动力电池风冷型热管理系统部件认识

参考车型：卡罗拉双擎

实训车型：______________________________

（1）冷却风扇认识

记录（位置及控制线路）：______________________________

（2）冷却管路认识

记录（进、出风口位置及管路走向）：______________________________

任务评价

一、自我评估

1. 判断题

（1）BMS是动力电池的控制模块，用于检测动力电池内单个电池单元的电压、电流、温度，并实现多个电池单元之间的均衡控制。（　　）

（2）BMS 采集的动力电池数据，包括电压、电流、温度、绝缘性能等重要指标。（　　）

（3）BMS 通过高压开关控制动力电池的充、放电。（　　）

（4）动力电池充电时，当单体最高电压高于额定电压一定的数值时，BMS 会请求停止充电。（　　）

（5）电池组在充、放电时会释放一定的热量，故需要对电池组进行加热。（　　）

2. 单项选择题

（1）动力电池管理系统 BMS 上报信息的模块是（　　）。

A. 驱动电机控制器 MCU　　B. 车身控制模块 BCM

C. 整车控制器 VCU　　D. DC/DC 变换器

（2）丰田混合动力汽车 BMS 在（　　）个位置上监控电池单元（34 组单元）电压。

A. 17　　B. 34　　C. 10　　D. 不一定

（3）动力电池管理系统 BMS 的主要控制功能包括（　　）。

A. 数据采集、状态计算、能量管理　　B. 安全管理、热管理、均衡控制

C. 通信功能和人机接口　　D. 以上都是

（4）动力电池热管理系统类型包括（　　）。

A. 水冷　　B. 风冷　　C. A 和 B 都是　　D. A 和 B 都不是

（5）动力电池水冷系统电池组温度过高时，采用的增强冷却措施是（　　）。

A. PTC 加热器工作　　B. 冷却风扇转速增高

C. 冷却液泵转速增高　　D. 空调系统运行对冷却液降温

二、自我评价

（1）通过本任务的学习，对照本任务的学习目标，你认为你是否已经掌握学习目标？

知识目标：（　　）

A. 掌握　　B. 部分掌握　　C. 未掌握

说明：____

____

技能目标：（　　）

A. 掌握　　B. 部分掌握　　C. 未掌握

说明：____

____

（2）你是否积极学习，不会的内容积极向别人请教，会的内容积极帮助他人学习？（　　）

A. 积极学习　　B. 积极请教

C. 积极帮助他人　　D. 三者均不积极

（3）工具、设备和零件有没有落地现象发生，有无保持作业现场的清洁？（　　）

A. 无掉地且场地清洁　　B. 有颗粒掉地

C. 保持作业环境清洁　　D. 未保持作业现场的清洁

（4）实施过程中是否注意操作质量和有责任心？（　　）

A. 注意质量，有责任心　　B. 不注意质量，有责任心

C. 注意质量，无责任心　　D. 全无

（5）在操作过程中是否注意清除隐患，在有安全隐患时是否提示其他同学？（　　）

A. 注意，提示　　B. 不注意，未提示

学生签名：________

____年____月____日

三、教师评价及反馈

参照以上填写的数据及内容，学生本次任务成绩（请在 □ 上打 ✓）：

□ 不合格　　□ 合格　　□ 良好　　□ 优秀

说明：____

____

____

____

教师签名：________

____年____月____日

项目四　纯电动 / 混合动力汽车驱动电机及控制器检修

实训工单 1　驱动电机结构原理与检修

学生姓名		班　　级		学　　号	
实训场地		工作时间		日　　期	

技能操作

一、工作任务

本工作任务共有 2 项：

项目 1：驱动电机三相线束总成更换。
项目 2：电机冷却系统主要部件的更换。

请根据任务要求，确定所需要的场地和物品，并对小组成员进行合理分工，制订详细的工作计划。

二、准备工作

阅读安全须知，检查及记录完成任务需要的场地、设备、工具及材料。

1. 安全要求及注意事项

请认真阅读以下内容：

（1）实训车辆按要求停在指定工位上，未经老师批准不准起动；经老师批准起动后，应先检查车轮的安全顶块是否放好，驻车制动是否启用，变速杆是否放在 P 位（A/T），车前有没有人在操作。

（2）禁止触碰任何带安全警示标示的部件。

（3）实训期间禁止嬉戏打闹。

异常记录：____

2. 场地检查

检查工作场地是否清洁及存在安全隐患，如不正常，请汇报老师并及时处理。

异常记录：____

3. 车辆、台架、总成、部件、充电桩检查（需要 / 正常打√；不需要 / 不正常打 ×，并记录）

□纯电动整车　□混合动力整车　□台架　□总成　□部件　□充电桩

其他：____

异常记录：______

4. 设备及工具检查（需要 / 正常打√；不需要 / 不正常打 ×，并记录）

个人防护装备：□常规实训工装 □绝缘手套 □绝缘安全帽 □绝缘鞋 □护目镜
其他：______

车辆防护装备：□翼子板布 □前格栅布 □地板垫 □座椅套 □转向盘套
其他：______

设备及拆装工具：□举升机 □动力电池举升机 □普通拆装工具 □绝缘拆装工具
□故障诊断仪 □示波器 □数字式万用表 □绝缘测试仪
□钳形电流表 □红外测温仪
其他：______
异常记录：______

5. 其他材料检查（需要 / 正常打√；不需要 / 不正常打 ×，并记录）

材料：□抹布 □绝缘胶布 □发动机机油 □齿轮油 □冷却液
其他：______
异常记录：______

三、操作流程

根据工作任务，小组进行讨论，确定工作计划（流程 / 工序），并记录。

警告：在没有断开高压线路之前，请勿用手直接触碰前机舱内的高压部件，如果不可避免请借助高压绝缘棒，或者以绝缘物质代替。

警告：检查个人安全防护设备，确保绝缘手套等防护设备在有效检验期内并可用！

提示：参照维修手册操作步骤进行！

项目 1：驱动电机三相线束总成更换

参考车型：吉利帝豪 EV300/EV450
实训车型：______
（1）拆卸程序
操作记录：______
（2）安装程序
操作记录：______

项目 2：电机冷却系统主要部件的更换

参考车型：吉利帝豪 EV300/EV450
实训车型：______
（1）拆卸程序
操作记录：______
（2）安装程序
操作记录：______

任务评价

一、自我评估

1. 判断题

（1）驱动电机，是一种将电能转化成机械能，用来驱动其他装置的电气设备。（　　）

（2）大多数纯电动汽车和油电混合动力汽车使用的驱动电机是直流电机。（　　）

（3）旋转变压器，是一种输出电压随转子转角变化的信号元件。（　　）

（4）为了提升功率，混合动力汽车使用的驱动电机越大越好。（　　）

（5）目前绝大部分的纯电动汽车都采用水冷型的驱动电机。（　　）

2. 单项选择题

（1）市场上大多数纯电动汽车和油电混合动力汽车使用的驱动电机类型是（　　）。

A. 直流电机　　B. 异步电机（三相交流）

C. 三相交流永磁同步电机　　D. 开关磁阻电机

（2）旋转变压器，简称旋变器，也称旋变传感器或角度传感器，用于检测电机的（　　）。

A. 供电电压　　B. 转子位置

C. 输出功率　　D. 输出力矩

（3）吉利帝豪电机冷却系统冷却液的类型是（　　）。

A. 100% 水　　B. 100% 乙二醇

C. 50% 水 +50% 乙二醇（质量分数）　　D. 无特殊要求

（4）丰田混合动力变速驱动桥由（　　）和行星齿轮组成。

A. 手动变速器　　B. 自动变速器

C. 驱动电机 MG1、发电机 MG2　　D. 发电机 MG1、驱动电机 MG2

（5）以下属于吉利帝豪 EV300/EV450 纯电动汽车电机冷却系统部件组成的是（　　）。

A. 电子冷却液泵　　B. 储液罐

C. 散热器及风扇　　D. 以上都是

二、自我评价

（1）通过本任务的学习，对照本任务的学习目标，你认为你是否已经掌握学习目标？

知识目标：（　　）

A. 掌握　　B. 部分掌握　　C. 未掌握

说明：____

____

技能目标：（　　）

A. 掌握　　B. 部分掌握　　C. 未掌握

说明：____

____

（2）你是否积极学习，不会的内容积极向别人请教，会的内容积极帮助他人学习？（　　）

A. 积极学习　　B. 积极请教

C. 积极帮助他人　　D. 三者均不积极

（3）工具、设备和零件有没有落地现象发生，有无保持作业现场的清洁？（ ）

A. 无掉地且场地清洁　　B. 有颗粒掉地

C. 保持作业环境清洁　　D. 未保持作业现场的清洁

（4）实施过程中是否注意操作质量和有责任心？（ ）

A. 注意质量，有责任心　　B. 不注意质量，有责任心

C. 注意质量，无责任心　　D. 全无

（5）在操作过程中是否注意清除隐患，在有安全隐患时是否提示其他同学？（ ）

A. 注意，提示　　B. 不注意，未提示

学生签名：________

____年____月____日

三、教师评价及反馈

参照以上填写的数据及内容，学生本次任务成绩（请在 □ 上打 ✓）：

□ 不合格　□ 合格　□ 良好　□ 优秀

说明：____

____

____

____

教师签名：________

____年____月____日

实训工单 2　驱动电机控制器结构原理与检修

学生姓名		班　　级		学　　号	
实训场地		工作时间		日　　期	

技能操作

一、工作任务

本工作任务共有 2 项：

项目 1：驱动电机控制器更换。
项目 2：驱动电机控制器高压电流检测。

请根据任务要求，确定所需要的场地和物品，并对小组成员进行合理分工，制订详细的工作计划。

二、准备工作

阅读安全须知，检查及记录完成任务需要的场地、设备、工具及材料。

1. 安全要求及注意事项

请认真阅读以下内容：

（1）实训车辆按要求停在指定工位上，未经老师批准不准起动；经老师批准起动后，应先检查车轮的安全顶块是否放好，驻车制动是否启用，变速杆是否放在 P 位（A/T），车前有没有人在操作。

（2）禁止触碰任何带安全警示标示的部件。

（3）实训期间禁止嬉戏打闹。

异常记录：________________________________

2. 场地检查

检查工作场地是否清洁及存在安全隐患，如不正常，请汇报老师并及时处理。

异常记录：________________________________

3. 车辆、台架、总成、部件、充电桩检查（需要 / 正常打√；不需要 / 不正常打 ×，并记录）

□纯电动整车　□混合动力整车　□台架　□总成　□部件　□充电桩

其他：________________________________

异常记录：________________________________

4. 设备及工具检查（需要 / 正常打√；不需要 / 不正常打 ×，并记录）

个人防护装备：□常规实训工装　□绝缘手套　□绝缘安全帽　□绝缘鞋　□护目镜

其他：________________________________

车辆防护装备：□翼子板布 □前格栅布 □地板垫 □座椅套 □转向盘套

其他：________________

设备及拆装工具：□举升机 □动力电池举升机 □普通拆装工具

□绝缘拆装工具 □故障诊断仪 □示波器 □数字式万用表

□绝缘测试仪 □钳形电流表 □红外测温仪

其他：________________

异常记录：________________

5. 其他材料检查（需要/正常打√；不需要/不正常打 ×，并记录）

材料：□抹布 □绝缘胶布 □发动机机油 □齿轮油 □冷却液

其他：________________

异常记录：________________

三、操作流程

根据工作任务，小组进行讨论，确定工作计划（流程/工序），并记录。

警告：在没有断开高压线路之前，请勿用手直接触碰前机舱内的高压部件，如果不可避免请借助高压绝缘棒，或者以绝缘物质代替。

警告：检查个人安全防护设备，确保绝缘手套等防护设备在有效检验期内并可用！

项目 1：驱动电机控制器更换

参考车型：吉利帝豪 EV300/EV450

实训车型：________________

（1）拆卸程序

操作记录：________________

（2）安装程序

操作记录：________________

项目 2：驱动电机控制器高压电流检测

参考车型：上汽荣威 e50

实训车型：

（1）测试前安全防护

操作记录：________________

（2）使用钳形电流表测量驱动电机的 W 线束、V 线束、U 线束交流电流

交流电流数值（A）：W 线束：______V 线束：______U 线束：______

操作记录：________________

任务评价

一、自我评估

1. 判断题

（1）驱动电机控制器的作用只是为驱动电机提供交流电源。（ ）

（2）将驱动电机控制器与其他部件集成化是目前纯电动汽车与混合动力汽车驱动电机

控制器发展的一个趋势。（　　）

（3）IGBT 的作用是将动力电池的直流电转化为交流电，同时还承担电压的高低转换功能。（　　）

（4）驱动电机控制器会根据动力电池 BMS 的指令，控制 IGBT 的接通和断开。（　　）

（5）当驱动电机控制器检测到电机位置异常时，会输出故障码，并根据故障情况采取限速甚至停止电机工作等措施。（　　）

2. 单项选择题

（1）驱动电机控制器需要采集电机的信号包括（　　）。
A. 电压信号　B. 电流信号　C. 温度信号　D. 以上都是

（2）吉利帝豪 EV450 纯电动汽车的驱动电机控制器集成了（　　）的功能。
A. 空调驱动器　B. 车载充电机　C. DC/DC 变换器　D. 以上都是

（3）荣威 e50 纯电动汽车的驱动电机控制器集成了（　　）的功能。
A. 空调驱动器　B. 逆变器　C. DC/DC 变换器　D. 以上都是

（4）驱动电机控制器发生故障后，信息反馈对象是（　　）。
A. 动力电池管理系统 BMS　B. 整车控制器 VCU
C. DC/DC 变换器　D. 车身模块 BCM

（5）电机控制器端盖合盖时采取（　　）拧紧。
A. 逆时针顺序　B. 顺时针顺序　C. 对角法则　D. 没有特殊要求

二、自我评价

（1）通过本任务的学习，对照本任务的学习目标，你认为你是否已经掌握学习目标？

知识目标：（　　）
A. 掌握　B. 部分掌握　C. 未掌握
说明：____
____
____

技能目标：（　　）
A. 掌握　B. 部分掌握　C. 未掌握
说明：____
____
____

（2）你是否积极学习，不会的内容积极向别人请教，会的内容积极帮助他人学习？（　　）
A. 积极学习　B. 积极请教
C. 积极帮助他人　D. 三者均不积极

（3）工具、设备和零件有没有落地现象发生，有无保持作业现场的清洁？（　　）
A. 无掉地且场地清洁　B. 有颗粒掉地
C. 保持作业环境清洁　D. 未保持作业现场的清洁

（4）实施过程中是否注意操作质量和有责任心？（　　）
A. 注意质量，有责任心　B. 不注意质量，有责任心
C. 注意质量，无责任心　D. 全无

（5）在操作过程中是否注意清除隐患，在有安全隐患时是否提示其他同学？（ ）

A. 注意，提示　　B. 不注意，未提示

学生签名：________

____年____月____日

三、教师评价及反馈

参照以上填写的数据及内容，学生本次任务成绩（请在 □ 上打 ✓）：

□ 不合格　□ 合格　□ 良好　□ 优秀

说明：____

____

____

____

教师签名：________

____年____月____日

项目五　纯电动/混合动力汽车充电及辅助系统检修

实训工单 1　充电系统结构原理与检修

学生姓名		班　　级		学　　号	
实训场地		工作时间		日　　期	

技能操作

一、工作任务

本工作任务共有 2 项：

项目 1：充电口识别和检测。

项目 2：充电电流检测。

请根据任务要求，确定所需要的场地和物品，并对小组成员进行合理分工，制订详细的工作计划。

二、准备工作

阅读安全须知，检查及记录完成任务需要的场地、设备、工具及材料。

1. 安全要求及注意事项

请认真阅读以下内容：

（1）实训车辆按要求停在指定工位上，未经老师批准不准起动；经老师批准起动后，应先检查车轮的安全顶块是否放好，驻车制动是否启用，变速杆是否放在 P 位（A/T），车前有没有人在操作。

（2）禁止触碰任何带安全警示标示的部件。

（3）实训期间禁止嬉戏打闹。

异常记录：____

2. 场地检查

检查工作场地是否清洁及存在安全隐患，如不正常，请汇报老师并及时处理。

异常记录：____

3. 车辆、台架、总成、部件、充电桩检查（需要/正常打√；不需要/不正常打 ×，并记录）

□纯电动整车　□混合动力整车　□台架　□总成　□部件　□充电桩

其他：____

异常记录：________________

4. 设备及工具检查（需要/正常打√；不需要/不正常打 ×，并记录）

个人防护装备：□常规实训工装 □绝缘手套 □绝缘安全帽 □绝缘鞋 □护目镜

其他：________________

车辆防护装备：□翼子板布 □前格栅布 □地板垫 □座椅套 □转向盘套

其他：________________

设备及拆装工具：□举升机 □动力电池举升机 □普通拆装工具 □绝缘拆装工具

□故障诊断仪 □示波器 □数字式万用表 □绝缘测试仪

□钳形电流表 □红外测温仪

其他：________________

异常记录：________________

5. 其他材料检查（需要/正常打√；不需要/不正常打 ×，并记录）

材料：□抹布 □绝缘胶布 □发动机机油 □齿轮油 □冷却液

其他：________________

异常记录：________________

三、操作流程

根据工作任务，小组进行讨论，确定工作计划（流程/工序），并记录。

警告：在没有断开高压线路之前，请勿用手直接触碰前机舱内的高压部件，如果不可避免请借助高压绝缘棒，或者以绝缘物质代替。

警告：检查个人安全防护设备，确保绝缘手套等防护设备在有效检验期内并可用！

项目 1：充电口识别和检测

参考车型：吉利帝豪 EV300/EV450

实训车型：________________

（1）慢充口端子识别和检测

根据下图慢充充电口的标识，识别充电端子的定义，采用万用表检测电压数据，填写表格。

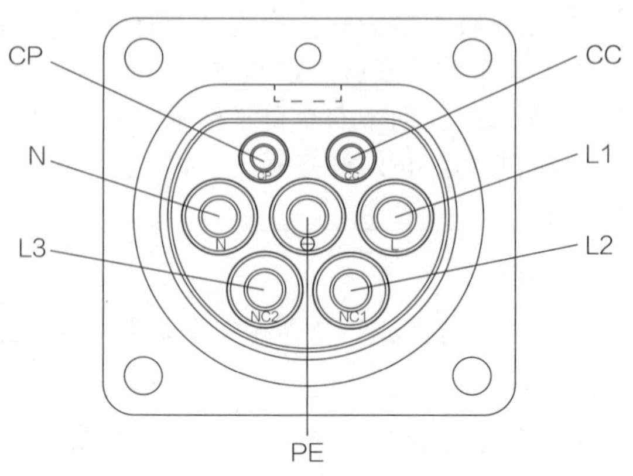

序号	端子名称	端子定义	上电时对地电压 /V	备注
1	CC			
2	CP			
3	PE			
4	N			
5	L1			
6	L2/NC1			
7	L3/NC2			

确认起动开关关闭，用万用表电阻档测量车辆充电口（插座）PE 与 CC 之间的阻值为______Ω。测量结果（是 / 否）正常。

按下充电枪的锁止开关，测量充电枪（插头）PE 与 CC 之间的阻值为______Ω；弹起充电枪的锁止开关，测量 PE 与 CC 之间的阻值为______Ω。测量结果（是 / 否）正常。

（2）快充口端子识别与检测

根据下图快充充电口的标识，识别充电端子的定义，采用万用表检测电压数据，填写表格。

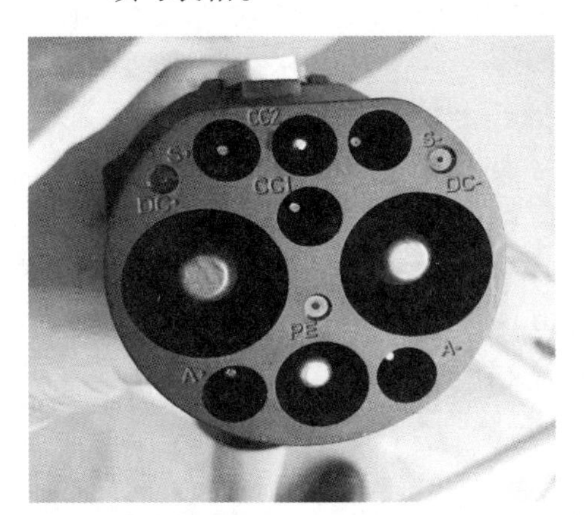

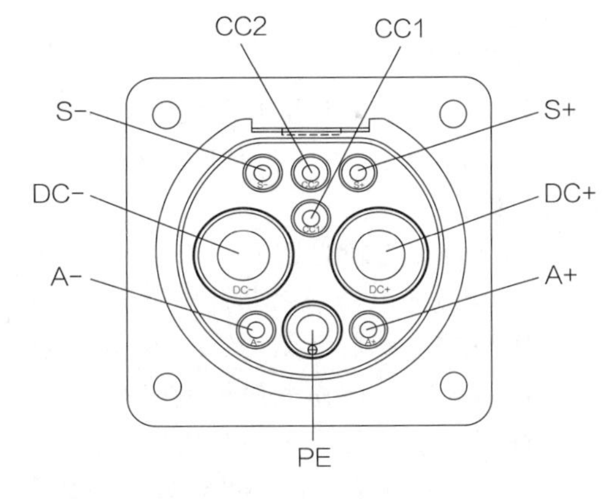

序号	端子名称	端子定义	上电时对地电压 / V	备注
1	DC-			
2	DC+			
3	PE			
4	A-			
5	A+			
6	CC1			
7	CC2			
8	S+			
9	S-			

确认起动开关关闭，用万用表电阻档测量车辆充电口（插座）CC1 与 PE 的电阻：______Ω；CC2 与 PE 的电阻：______Ω。测量结果______（是 / 否）正常。

项目 2：充电电流检测

参考车型：吉利帝豪 EV300/EV450

实训车型：______________________________

（1）使用慢充充电枪对车辆充电。

仪表显示充电电流：______A

（2）使用钳形电流表测量充电电流，读取电流数据。

充电交流输入 L1 电流值：______A

动力电池母线正极直流电流值：______A

任务评价

一、自我评估

1. 判断题

（1）交流慢充的充电电流经过车载充电机。（　　）

（2）所有的电动汽车都同时具备交流和直流充电口。（　　）

（3）交流充电的电流大于 16A 时，供电接口和车辆接口应具有锁止功能。（　　）

（4）慢充充电口的 CP 端子为充电连接确认。（　　）

（5）快充和慢充的流程均为：采用恒压 – 恒流充电方法。（　　）

2. 单项选择题

（1）以下不属于快充充电系统组成部件的是（　　）。

A. 充电桩　　B. 直流充电口　　C. 车载充电机　　D. 高压控制盒

（2）以下说法正确的是（　　）。

A. 交流充电口采用九针，直流充电口采用七针

B. 交流充电口采用七针，直流充电口采用九针

C. 交流、直流充电口都采用九针

D. 交流、直流充电口都采用七针

（3）以下关于充电口可能的位置，正确的是（　　）。

A. 前车标位置　　B. 后车标位置　　C. 车辆侧后方　　D. 以上都是

（4）慢充充电连接确认端子是（　　）。

A. CC　　B. CP　　C. PE　　D. L

（5）快充充电口端子确认电动车端充电枪是否插好的是（　　）。

A. A+　　B. S+　　C. CC1　　D. CC2

二、自我评价

（1）通过本任务的学习，对照本任务的学习目标，你认为你是否已经掌握学习目标？

知识目标：（　　）

A. 掌握　　B. 部分掌握　　C. 未掌握

说明：______________________________

____

技能目标：（　　）

A. 掌握　　B. 部分掌握　　C. 未掌握

说明：____

____

（2）你是否积极学习，不会的内容积极向别人请教，会的内容积极帮助他人学习？（　　）

A. 积极学习　　B. 积极请教

C. 积极帮助他人　　D. 三者均不积极

（3）工具、设备和零件有没有落地现象发生，有无保持作业现场的清洁？（　　）

A. 无掉地且场地清洁　　B. 有颗粒掉地

C. 保持作业环境清洁　　D. 未保持作业现场的清洁

（4）实施过程中是否注意操作质量和有责任心？（　　）

A. 注意质量，有责任心　　B. 不注意质量，有责任心

C. 注意质量，无责任心　　D. 全无

（5）在操作过程中是否注意清除隐患，在有安全隐患时是否提示其他同学？（　　）

A. 注意，提示　　B. 不注意，未提示

学生签名：________

____年____月____日

三、教师评价及反馈

参照以上填写的数据及内容，学生本次任务成绩（请在 □ 上打 ✓）：

□ 不合格　　□ 合格　　□ 良好　　□ 优秀

说明：____

____

____

____

教师签名：________

____年____月____日

实训工单 2　辅助系统结构原理与检修

学生姓名		班　级		学　号	
实训场地		工作时间		日　期	

技能操作

一、工作任务

本工作任务共有 3 项：

项目 1：DC/DC 变换器线路检测。
项目 2：暖风与空调系统部件更换。
项目 3：电动制动系统真空控制部件更换。

请根据任务要求，确定所需要的场地和物品，并对小组成员进行合理分工，制订详细的工作计划。

二、准备工作

阅读安全须知，检查及记录完成任务需要的场地、设备、工具及材料。

1. 安全要求及注意事项

请认真阅读以下内容：

（1）实训车辆按要求停在指定工位上，未经老师批准不准起动；经老师批准起动后，应先检查车轮的安全顶块是否放好，驻车制动是否启用，变速杆是否放在 P 位（A/T），车前有没有人在操作。
（2）禁止触碰任何带安全警示标示的部件。
（3）实训期间禁止嬉戏打闹。

异常记录：________________________________

2. 场地检查

检查工作场地是否清洁及存在安全隐患，如不正常，请汇报老师并及时处理。

异常记录：________________________________

3. 车辆、台架、总成、部件、充电桩检查（需要 / 正常打√；不需要 / 不正常打 ×，并记录）

□纯电动整车　□混合动力整车　□台架　□总成　□部件　□充电桩

其他：________________________________

异常记录：________________________________

4. 设备及工具检查（需要 / 正常打√；不需要 / 不正常打 ×，并记录）

个人防护装备：□常规实训工装　□绝缘手套　□绝缘安全帽　□绝缘鞋　□护目镜

其他：________________________________

车辆防护装备：□翼子板布　□前格栅布　□地板垫　□座椅套　□转向盘套
其他：________________
设备及拆装工具：□举升机　□动力电池举升机　□普通拆装工具　□绝缘拆装工具
□故障诊断仪 □示波器　□数字式万用表　□绝缘测试仪
□钳形电流表　□红外测温仪
其他：________________
异常记录：________________

5. 其他材料检查（需要 / 正常打√；不需要 / 不正常打 ×，并记录）
材料：□抹布　□绝缘胶布　□发动机机油　□齿轮油　□冷却液
其他：________________
异常记录：________________

三、操作流程

根据工作任务，小组进行讨论，确定工作计划（流程 / 工序），并记录。

警告：在没有断开高压线路之前，请勿用手直接触碰前机舱内的高压部件，如果不可避免请借助高压绝缘棒，或者以绝缘物质代替。

警告：检查个人安全防护设备，确保绝缘手套等防护设备在有效检验期内并可用！

项目 1：DC/DC 变换器线路检测
参考车型：吉利帝豪 EV300/EV450
实训车型：________________
（1）电机控制器线束接口识别
操作记录：________________
（2）DC/DC 变换器线路检测步骤
操作记录：________________
实测电阻值：________。测量结果（是 / 否）正常。

项目 2：暖风与空调系统部件更换
参考车型：吉利帝豪 EV300/EV450
实训车型：________________
（1）拆卸程序
操作记录：________________
（2）安装程序
操作记录：________________

项目 3：电动制动系统真空控制部件更换
参考车型：吉利帝豪 EV300/EV450
实训车型：________________
（1）拆卸程序
操作记录：________________
（2）安装程序
操作记录：________________

任务评价

一、自我评估

1. 判断题

（1）纯电动汽车灯光、电动车窗等系统采用动力电池的高压电。（　　）

（2）部分混合动力车型的发动机保留了发电机，低压电源系统由 12V 蓄电池、DC/DC 变换器和发电机三个电源共同提供。（　　）

（3）纯电动汽车暖风形成方式采用 PTC 电加热器，有加热空气和加热冷却液两种。（　　）

（4）电动空调制冷系统的电动压缩机采用 12V 电源。（　　）

（5）纯电动汽车与混合动力汽车都采用的转向系统与传统车型一致。（　　）

2. 单项选择题

（1）纯电动汽车和混合动力汽车保留了低压蓄电池的主要原因是（　　）。

A. 降低车辆的成本　　B. 确保电源的冗余度

C. A 和 B 都是　　D. A 和 B 都不是

（2）吉利帝豪 EV300/EV450 纯电动汽车的 DC/DC 变换器（　　）。

A. 集成在整车控制器内部　　B. 集成在车载充电机内部

C. 集成在电机控制器内部　　D. 独立安装

（3）电动空调压缩机采用的冷冻油型号是（　　）。

A. R134a　　B. POE　　C. R410a　　D. POP

（4）制动系统电动真空泵的额定电压是（　　）。

A. 12V　　B. 220V

C. 42V　　D. 与动力电池额定电压一致

（5）EPS 系统采用的电动机是（　　）。

A. 大型交流电动机　　B. 大型直流电动机

C. 小型交流电动机　　D. 小型直流电动机

二、自我评价

（1）通过本任务的学习，对照本任务的学习目标，你认为你是否已掌握学习目标？

知识目标：（　　）

A. 掌握　　B. 部分掌握　　C. 未掌握

说明：____

____

技能目标：（　　）

A. 掌握　　B. 部分掌握　　C. 未掌握

说明：____

____

（2）你是否积极学习，不会的内容积极向别人请教，会的内容积极帮助他人学习？（　　）

A. 积极学习　　B. 积极请教　　C. 积极帮助他人　　D. 三者均不积极

（3）工具、设备和零件有没有落地现象发生，有无保持作业现场的清洁？（　　）

A. 无掉地且场地清洁　　B. 有颗粒掉地

C. 保持作业环境清洁　　D. 未保持作业现场的清洁

（4）实施过程中是否注意操作质量和有责任心？（　　）

A. 注意质量，有责任心　　B. 不注意质量，有责任心

C. 注意质量，无责任心　　D. 全无

（5）在操作过程中是否注意清除隐患，在有安全隐患时是否提示其他同学？（　　）

A. 注意，提示　　B. 不注意，未提示

学生签名：________

____年____月____日

三、教师评价及反馈

参照以上填写的数据及内容，学生本次任务成绩（请在 □ 上打 ✓）：

□ 不合格　　□ 合格　　□ 良好　　□ 优秀

说明：______________________________

____

____

____

教师签名：________

____年____月____日